현대중국의 연극과 영화

강계철외 지음

보고사

현대중국의 연극과 영화

머리말

　　중국의 연극은 노래와 춤을 위주로 한 고대 가무극(歌舞劇) 형태의 다양한 공연예술 양식으로부터 그 기원을 찾을 수 있다. 설창(說唱)과 골계희(滑稽戲), 민간의 가무 등으로부터 시작된 중국의 연극은 송대(宋代) 이후에야 잡극(雜劇)이 등장하면서 본격적인 극 양식으로 자리잡기 시작하였다. 원대(元代)에 이르러 중국 연극은 절정의 기회를 맞이하면서 가장 발전된 형태를 선보였고 이후 명대(明代) 전기(傳奇)와 청대(淸代)의 지방희(地方戲)로 이어졌다. 중국의 연극은 근대 이후 서구 문물의 유입과 더불어 그 양식을 분화시키기에 이른다. 노래와 춤이 주요한 구성요소였던 전통극은 서구 연극의 영향으로 말미암아 '말'을 중심으로 하는 '화극(話劇)'으로 변모하였다.

　　과학기술의 발전과 더불어 1895년 '탄생한' 영화는 그 이듬해에 바로 중국에 유입되면서 새로운 예술 갈래의 등장을 예고했다. 1905년 최초의 영화가 제작된 이후 중국 영화는 서구적 요소에 자신만의 독특한 전통을 결합시킨 양식으로 자리잡으면서 오늘에 이르고 있다. 비록 영화가 연극과는 다른 독자적 예술 갈래이기는 하지만 그렇다고 둘 사이에 아무런 연관성이 없다고만 단정할 수도 없다.

두 갈래가 모두 관객을 대상으로 하는 종합예술이라는 측면에서 보면 영화는 근대적 의미의 '연행(演行)' 예술이라 할 수도 있다. 거기에다 중국 영화에 덧입혀진 연극적 전통은 물론이요 거꾸로 연극에 끼친 영화의 영향 등이 모두 둘 사이에 존재하는 모종의 유사성을 설명해주는 요소들이다.

이 책은 이러한 기본적인 문제의식에서 출발하여 현대 중국의 연극과 영화에 주목하고자 기획되었다. 글쓴이들은 나름대로 자신의 관심분야에 따라 원고를 집필하였다. 연극 분야에서는 초기 중국의 화극에 관한 일별부터 화극의 정착단계, 그리고 최근의 실험극에 이르기까지, 영화분야에서는 대륙 중국을 비롯하여 대만, 홍콩 영화 등을 다루고자 하였다. 아울러 작품 분석을 통해 그 구체적 실례를 살펴보려는 시도도 포함되었다. 비록 현대 중국의 연극과 영화를 역사적으로 다루거나 그 내면의 풍경들을 꼼꼼히 둘러보지 못한 아쉬움은 있지만 나름대로 중요한 각 지점과 길목들을 짚어보고자 노력하였다. 독자들은 다양한 필자들의 여러 주제들을 통해 현대 중국의 연극과 영화를 이해하는데 도움을 얻을 수 있을 것이다.

이 책은 글쓴이들에게 있어 또 다른 특별한 의미를 지니고 있기도 하다. 이 책을 처음으로 기획했던 때가 2002년 초, 마침 글쓴이들의 스승이신 갈산(葛山) 강계철 선생님의 회갑을 기념하기 위해 조촐하게 마련된 자리에서였다. 스승의 인생과 학문을 기리기 위해 글쓴이들은 기꺼이 단행본을 출간하기로 하였다. 선생님께서는 한국외국어대학교에서 20년이 훌쩍 넘는 시간 동안 제자들을 아끼고 가르쳐 주셨다. 선생님은 어렵고 힘든 일이 있을 때마다 쉬어갈 수 있는 큰 그늘이자 안식처이셨고, 언제나 제자들을 따뜻하게 품어주시는 어버이이셨다. 우리 제자들은 모두 그러한 선생님 밑에서 공부를 하면서 새로운 자각과 수련의 과정을 겪어 왔고, 그 모두가 우리들에게 있어서는 복된 일이었다 아니할 수 없다.

선생님께서는 당신의 회갑을 기념하는 책을 출간하는 일을 극구 만류하셨지만, 제자들은 이번만큼은 어쩔 수 없이 선생님의 뜻을 거역하기로 마음먹었다. 비록 작은 규모이지만 책을 출간함으로써 그동안 정성으로 우리들을 가르쳐주신 스승의 은혜에 조금이나마 보답을 드리고, 아울러 우리들 스스로에게도 새로운 계기가 될 수 있으리라는 생각이 앞섰기 때문이다. 다만, 연관성 없는 주제의 글을 나열하기보다는 좀더 집중된 관심을 묶어보자는 의도에 따라 책의 주제를 현대 중국의 연극과 영화로 한정하게 되어 더 많은 필자들이 참여하지 못했던 점에 대하여 죄송한 마음을 금할 수가 없다. 비록 집필에 참여하지는 못했지만 물심양면으로 도움을 주신 많은 분들께도 이 자리를 빌려 감사의 말씀을 드린다.

올해는 시대의 필요 때문에 미네르바의 라일락 향마저 사라져버리고 말았지만 강의실과 교정 곳곳에서 선생님과 함께 했던 추억들은 아직도 생생하다. 언제나 그 자리에서 변함 없이 제자들을 지켜주시는 선생님의 삶과 학문에 못난 제자들의 이름으로 이 책을 바친다.

2003년 4월
글쓴이를 대표하여
송 철 규

차 례

중국 초기 화극 극단 연구

중국 초기 화극 극단 연구

1. 들어가는 말

1840년 아편전쟁으로부터 시작하여 중국은 일련의 좌절과 패배를 겪었으며 1857년에는 영불연합군에게 패하고 1894년에 발발한 청일전쟁에서는 일본에게 참패당했다. 1900년 의화단사건이 발생하자 이로 말미암아 8개국 연합군을 불러들이는 결과를 초래하였다. 전쟁에 질 때마다 패배를 인정하고 배상해야만 했고 그 때마다 주권을 포기하는 치욕스러운 불평등 조약을 체결해야만 했다. 이로써 국민의 부채는 늘어만 갔고 국토를 할양함으로 열강들의 치외 법권을 인정하게 되고 중국은 열강들의 속국으로 전락해 버리고 말았다. 이렇게 비참한 지경에 이르고서야 중국인들은 비로소 중국이 처한 나약한 처지를 깨닫게 되었다. 따라서 서구 열강들과 대적하기에 앞서 타인의 장점을 취해 자신의 약점을 보완하지 않는다면 열강의 틈바구니속에서 계속 생존해 나갈 수 없을 것이라 여기고 이에 온건파는 변법유신을, 강경파들은 혁명을 제창하고 나섰다.[1] 중국은 마침내 역사에 그 유래를 찾아볼 수 없는 대변혁을 맞게 된 것이다. 중국의 급격한 변화를 촉진했던 것은 서구 열강의 동진(東進)으로 중국이 격변기에 모범을 삼았던 것은 바로 동쪽으로 전파되는 서구 사조였다.[2]

서구 사조의 파고가 중국으로 밀려들자 중국은 이를 받아들이기에 급급했다. 심지어는 자세히 생각해 보지도 못하고 서양의 영향을 받아들였다. 의식주 등 물질생활에 있어서 서구화 경향은 눈에 보이게 두드러졌다. 문화 영역에서 가장 현저하게 서구의 영향을 받아들인 것은 문학(신문학운동), 음악(서양 악기 및 성악이 유입되어 학계에 주도적인 위치를 차지하였다), 연극(신극 탄생) 및 영화와 TV(이 분야의 기술과 방법 등이 모두 서구에서 수입되었다) 부문이다.[3]

본고에서는 신극의 탄생, 문명희, 초기의 화극극단 그리고 초기화극 성장에 영향을 준 몇몇 요소를 중심으로 논의를 전개하고자 한다.

2. 신극의 탄생

신극이란 금세기 초 서양에서 도입되어 중국에서 상당히 발전된 것으로 전통극 및 지방극과 어깨를 나란히 하는 화극(話劇)[4]을 말한다. 지엔시아오(劍嘯)는 「중국의 화극(中國的話劇)」이라는 글에서 다음과 같이 말하고 있다.

---

1) 馬森文集, 「中國現代戱劇的兩度西潮」, 30면.
2) 上揭書, 30면.
3) 馬森文集, 「中國現代戱劇的兩度西潮」, 33면.
4) 재인용, 上揭書 34면 洪深, 「從中國的新戱說到話劇」

일반인들은 '화극'을 일컬어 '신극'이라 하는데 이른바 '신'이란 '구극'의 '구'자에 대한 상대적인 표현이다. 구극이 완벽하게 중국의 산물이냐 하는 것에 대해서는 근원적으로 볼 때 토론을 거치고 연구해야 할 문제가 많이 있으나 중국에서 구극이 생겨난 지 이미 수백 년이 흘렀고 몇 차례 변화 발전을 거듭했음을 생각할 때 오늘날 이것을 중국의 연극이라 부르는 것은 억지라고 할 수 없다. 신극은 이와 다르다. 신극은 외국에서 수입된 것으로 도입된 지도 얼마 되지 않아 이제껏 큰 변화가 없었으며 충분한 성장도 이루지 못했다. 오늘날에 이르러서도 신극은 굳건하게 뿌리를 내렸다고 할 수 없다.[5]

서양에서 들어온 새로운 극을 당시 사람들이 '신극'이라 불렀음을 알 수 있다. 이는 백화시(白話詩)를 '신시'라 불렀던 것과 마찬가지로 '구'에 대한 상대적인 표현에 불과했다.

신극의 탄생에 관해서는 일반적으로 1906년 말 일본 유학생들이 동경에서 '춘류사(春柳社)'를 조직하고 공연한 프랑스의 뒤마(Alexandre Dumesfils, 1824~1895) 원작의 《춘희(La Dame Auxcamelia, 1852, 중국명으로는 '茶花女')》를 중국 화극의 효시로 본다.

당시 청(清) 정부는 부패되어 이미 수습할 수 없는 지경에 이르렀다. 중국에서 뜻 있는

춘희(茶花女)

청년들은 계속 국외로 나가 새로운 지식을 구하고 학문을 이뤄 나라에 보답하고자 했다. 이 때 일본은 중국으로부터 가장 가까운 거리에 있어 많은 학생들이 일본으로 유학하였다. 일본은 명치유신 후 이미 서양 연극의 공연이 성행하였는데 일본에서는 이를 '신파극(新

5) 재인용, 上揭書 34면, 劍嘯, 「中國的話劇」

派劇'이라 불렀다. 중국의 일본 유학생들은 이 같은 공연을 보고 크게 흥미를 느꼈다. 중국 학생들은 대화가 위주이고 노래(唱)를 쓰지 않는 연극이 사회를 개혁하고 혁명을 선전하는 가장 좋은 무기라고 여겼다. 그래서 연극을 애호하는 유학생들이 시험삼아 해 보다가 정식으로 연극을 공연하게 되었다. 그 연극이 바로 《춘희(茶花女)》다. 사실 이 연극은 학예회성 성질의 공연으로 처음 시도하는 것이어서 전체 중에서 제3막만을 공연했다. 이 연극은 중국인이 처음으로 정식 공연한 화극이다. 비록 장소가 국내가 아닌 외국이긴 했으나 기념할만한 일이었고 또 화극사적으로는 계몽적 역할을 한 공연이라 할 수 있다. 그러나 실은 이 보다 앞서 중국인들이 신극을 경험해 보기 이전에 극단을 조직하고 서양 연극을 공연한 일이 있다. 아편 전쟁 이후 상하이(上海)나 광저우(廣州) 등 무역항에서는 상거래를 위해 서양으로부터 교민들이 유입되었다. 그들은 스스로 즐기기 위해 연극을 공연했다. 예를 들어 상하이의 서양 교민들이 조직한 '낭자극사(浪子劇社)'와 '호한극사(好漢劇社)'가 바로 그것이다. 이들 아마추어 극단은 1866년 '상하이 아마추어 연극클럽(Amateur Dramatic Clup of Shanghai, 약칭 A.D.C극단)'으로 합병되었다. 또 자금을 모아 공연장소로 '난심(蘭心)극장'을 건축하고 해마다 몇 차례씩 세계적인 명작을 공연했다. 관중의 대부분이 서양 교민이긴 했지만 소수의 중국인들도 이 곳에서 연극을 관람했다. 후에 신극운동에 종사했던 쉬반메이(徐半梅), 정정치우(鄭正秋)도 이 곳에서 처음으로 서양 연극을 접했다.[6]

이 외에 상하이의 성요한서원과 같은 교회학교에서도 성탄절을 경축하기 위해 성극을 공연하였다. 또 천주교회에서 경영하는 쉬후

---

6) 葛一虹, 「中國話劇通史」, 6~7면.

이공학(徐匯公學)이라는 학교에서도 학부형들을 초대해 셰익스피어의 《햄릿》 등을 공연하였다.[7] 일설에 의하면 1899년 성요한서원의 학생들이 영어 연극 외에도 중국 시대극을 한 편 공연하였는데 당시 이를 관람했던 왕중시엔(汪仲賢)의 회고에 따르면 연극제목은 《관장혼사(官場魂史)》이고 내용은 3막 짜리 구극을 합쳐 만들어진 것으로 시대극이기는 하나 여전히 구극과 다를 바 없다고 했다.[8]

또 다른 자료에서는 신극의 발원지가 상하이 쉬지아후이(徐家匯)의 「남양공학」(南洋公學)이며 시기는 1900년 이라고 하였다. 기말고사를 끝내고 연극을 사랑하는 학생들이 교내에서 《무술정변기(戊戌政變記)》를 공연했다고 하는 데 사전에 각본이 있었던 것이 아니라 후에 '문명희(文明戲)'에서 널리 이용된 '막표희(幕表戲)'의 연출기법이 사용되었다고 한다.[9]

1905년에는 왕중시엔이 조직한 '문우회(文友會)'가 《착나안득해(捉拿安得海)》 등을 공연했는데 연극용 징과 북을 사용했으며 대체로 구극의 연출기법을 절반 이상 사용했고 또 극본이 없었던 관계로 어떤 장면에서 그칠 줄을 몰라 중간에 흐지부지되는 경우도 있었다. 그러나 특기할만한 것은 그들의 공연내용이 당시의 시사성이 있는 사건들을 다루었고 또 이를 빌어 청 정부를 비난했다는 점이다. 따라서 이들 연극이 정치적인 색채를 띠고 있었다고 할 수 있겠다.[10]

상술한 학생들의 연극은 연극을 사랑하는 학생들, 그리고 정치를 비판하고 사회를 개혁해 보고자 하는 마음이 간절했던 것이다. 그 당시 중국은 시국이 불안정하고 인권이 유린되는 국난의 시기로 뜻

---

7) 吳若・賈亦棣, 「中國話劇史」, 5면.
8) 馬森文集, 36면.
9) 재인용, 上揭書 37면, 鴻年, 「二十年來之新劇變遷史」
10) 재인용, 上揭書 37면, 汪優游, 「我的俳優生活」

을 품은 지식인들과 청년들은 누구나 구국을 자신의 의무로 여겼고 어떤 일을 하든지 구국을 위하지 않은 것이 없었다. 연극 또한 자연히 구국을 위한 것이었으며 이는 바로 신극이 초창기부터 사회개혁이라는 큰 뜻을 품고 있었음을 잘 설명해주는 이유이기도 하다.[11] 그러나 연극의 형식에 있어서 맹아기의 연극이 서양 연극의 계몽을 받기도 했지만 아직까지 화극의 형식을 갖추지는 못했다. 천바이천(陳白塵)과 동지엔(董健)도 『중국현대화극사고(中國現代話劇史稿)』에서 다음과 같이 말하고 있다.

> 예술적인 형식을 놓고 볼 때 학생 연극은 혼잡하고 과도기적인 상태에 놓여 있었다. 이는 교회학교에서 공연된 유럽 연극의 영향을 받아 산문화된 언어 및 비정형화된 동작 위주의 표현기법으로 나아가는 한편으로 연극의 구성 및 연출기법에 있어서 그 당시 유행하던 개량경극(改良京劇)을 뚜렷이 모방하고 있다. 당시 학생 연극에 참가했던 한 사람의 기억을 빌자면 '학생 연극은 경극 극장에서 공연되던 신극과 다를 바 없다고 말할 수 있다. 차이가 있다면 징과 북이 쓰이지 않고 노래가 없다는 것뿐이다. 그러나 극단에 피황(皮簧)을 몇 마디 할 줄 아는 학생이 있을 경우 극중에 요판(搖板) 몇 구절 부를 수도 있어 종종 이도 저도 아닌 그런 형식을 만들어 내기도 한다.[12]

그러므로 진정한 의미의 話劇의 형식을 갖춘 공연으로는 '춘류사'의 《춘희(茶花女)》를 효시로 보아야 할 것이다. 왜냐하면 《춘희》가 순수한 서양 현대 무대극의 형식(노래 및 징과 북이 없는)으로 공연된 첫 번째 중국 화극이기 때문이다.

---

11) 馬森文集, 37면.
12) 陳白塵·董健, 「中國現代戲劇史稿」, 38~39면.

3. 문명희

신극이 탄생하고 성장할 때 화극이란 말은 없었다. '화극'이란 말의 출현은 비교적 뒤늦게 나타났다. 당시의 신극과 문명희(文明戲)는 형식은 다르지만 취지는 같았다. 예컨대 춘류사, 신민사(新民社), 민명사(民鳴社) 등 극단 배우들이 문명희 각 극단의 설립자이거나 단체의 중심 인물들이었다. 이로 볼 때 초기의 신극과 문명희는 실제로 혈연의 관계를 가지고 있어 엄격하게 나누기가 어렵다. 어우이양위치엔(歐陽予倩)은 「문명희를 논하다(談文明戲)」에서 다음과 같이 말하고 있다.

> 문명희는 원래 나쁜 뜻을 가지고 있지 않았으며 오히려 좋은 의미를 지닌 말이었다. 초기 화극단원들이 공연한 모든 것들을 신극이라 불렀고 문명신희라고는 부르지 않았다. 신극이란 구극과 구별된 신형의 연극이란 뜻이며 '문명'이라는 것은 진보 또는 선진의 뜻을 가지고 있다. 문명신희에 대한 적합한 번역은 진보적인 신희극이다. 초기에 광고에서 그렇게 불려지자 후에 가서는 사회적으로 통용되는 명사가 되었다. 약칭으로 '문명희'라고 한다.[13]

'문명'이라는 단어가 들어간 말은 모두 서양에서 수입된 것이고 어우이양위치엔의 말처럼 '진보'의 뜻이 있었다. 샹관롱(上官蓉)은 「문명희와 화극(文明戲與話劇)」에서 다음과 같이 말하고 있다.

> '문명'이라는 두 글자가 중국에서 대단히 유행하고 있다. 유신의 의미만 담고 있으면 무엇이나 '문명'이라는 두 글자를 넣을 수 있다. …… 징과 북을 사용하는 경극에 대해 이미 많은 사람이 식상

---

13) 재인용, 馬森文集, 65면, 歐陽予倩, 「談文明戲」

했다. 이 때 서양에서 대화를 위주로 하는 연극이 들어오자 경극처럼 어려운 말을 쓸 필요가 없을 뿐 아니라 간단 명료하여 대중의 인기를 모았다. 이것은 사실 화극이지만 사람들은 이것을 문명희라 불렀다.[14]

상술한 두 인용문을 통해 알 수 있는 것은 문명희는 서양에서 들어온 신문물이고 문명희는 화극의 별칭임을 알 수 있다. 어우이양위치엔은 '문명희'의 기원에 대해 다음과 같이 말하고 있다.

> 춘류극장의 극연이 처음에는 비교적 완전한 화극 형식을 가지고 있었으나 점차 중국의 전통극과 결합하게 되었다. 당시 상하이(上海)의 극장들은 화극의 형식에 대해 익숙하지 않았고 쉽게 적응도 되지 않아 그들이 학교에서 배운 경험을 따라 무대 앞에 막을 걸어 놓고 일을 시작했다. 당시 그들이 보았던 것은 경극과 곤극(昆劇)뿐이었고 극본 또한 대부분이 길거리에서 파는 가사집류뿐이었다. 공연시에는 그들의 눈과 귀에 이미 길들여진 구극 무대의 전통적 공연 방식을 사용하지 않을 수 없었으며 최소한 이들의 영향 하에서 자유로울 수 없었다. 그래서 나 개인적으로도 문명희란 초기 연극이 외래의 예술 형식을 본받아 자신의 토지 위에서 뿌리를 내리고 성장한 것이라 본다.[15]

춘류사뿐 아니라 화극 형식에 익숙하지 않았던 상하이(上海)의 극단들이 전통 구극의 영향을 받았음을 알 수 있다. 따라서 이 때 공연된 연극은 서양의 예술형식인 대화위주와 분막 형식을 제외하고는 자신의 토양 위에서 발전한 연극이라고 할 수 있다. 그러므로 서양 무대극에서 이식되어 온 화극과 자신의 토양 위에서 뿌리내리고

---

14) 재인용, 上揭書 66면, 上官蓉, 「文明戲與話劇」
15) 재인용, 上揭書 67면, 歐陽予倩, 「談文明戲」

성장한 문명희는 같다고 볼 수 없다.[16) 이렇게 볼 때 1907년부터 1919년 5·4운동 전까지 중국의 신극단이 공연한 연극은 모두 문명희라 할 수 있다.

　문명희가 비록 구극의 요소를 가지고 있기는 했으나 지방극과는 많은 차이가 있다. 그 중 가장 큰 차이점은 대화를 위주로 공연했고 가끔 노래가 가미되었다. 형식상으로 막을 나누고 무대 배경을 설치했으며 조명도 갖추었다. 더욱 중요한 것은 당시의 사회적 사건들을 무대에 올렸다는 점이다. 따라서 문명희는 중국 전통극과 서방 현대극 형식에 의거 발전한 과도기적 형식을 띠고 있었다고 말할 수 있다.[17)

4. 초기 신극단

　버나드 쇼는 "극장은 주의를 선전하는 곳이다"라고 했다. 이는 문명희 초기의 활동에 대해 묘사한 말인데 적절한 표현이다. 초기 문명희는 비록 일부 계층 사람들이 극장에 들어가 떠들썩하게 여가를 즐기며 관람하던 것이기는 했으나 엄격히 말해서 만일 관객이 연극을 보고 감동을 받지 않았다면 문명희는 결코 그렇게 안정된 위치를 확보할 수는 없었을 것이다. 그러므로 극장은 "주의(主義)를 선전하는 곳이다"라는 말이 문명희라는 연극에 가장 잘 어울리는 표현이라 할 수 있다. 초기 문명희 극단은 후일에 범람했던 것처럼 그렇게 많지 않았다. 문명희와 극단이 전부 혁명을 고취하는 선전의 역할을 한 것도 아니다. 당시 관중들로부터 가장 호평받던 문명희 극단은

---

16) 馬森文集, 67면.
17) 上揭書, 71면.

대부분 모종의 임무를 지니고 있었다.

1) 광동(廣東)지역의 문명희 극단

이 지역 극단은 상하이(上海)보다 더 일찍 발전했다. 조직면에서도 완벽했다. 광동성(廣東省)에는 그 자체로 지방극(粤劇)이 있었다. 당시 조직이 비교적 큰 것으로 채남가극단(采南歌劇團)가 있다.

(1) 채남가극단

1904년부터 1905년 사이 청즈이(程子儀)가 오극(粤劇)을 개량해서 신극으로 만들고 혁명을 고취하는 일에 역점을 두었다. 당시 관중의 대부분이 글을 모르기 때문에 단순히 문자에 의지해서 선전해서는 효과를 거둘 수 없다는 것을 알고 청즈이는 천시아오바이(陳小白), 리지탕(李紀堂) 등과 상의하여 연극학교를 세울 것을 제의하였다. 리지탕의 도움으로 광저우(廣州) 해동사(海憧寺)에서 채남가극단을 설립했다. 80명의 학생을 모집해서 1년간 훈련을 거친 후 각 지역을 순회하며 공연하는 한편 홍콩과 아오먼(澳門) 등지에서도 공연했다. 공연작품은 모두 천시아오바이가 편극했으며 애국을 호소하는 극본이었다. 공연 레퍼토리는 《황제정치우(黃帝征蚩尤)》, 《아녀영웅(兒女英雄)》, 《유화교(榴花橋)》, 《육국조종(六國朝宗)》, 《문천상순국(文天祥殉國)》, 《협남아(俠男兒)》 등이다. 주제는 시국풍자, 미신타파, 이민족 배척, 충의선양 등 민족주의를 발양하고 혁명정신을 고취하는 내용을 담고 있다. 민중으로부터 호평을 받았고 혁명연극의 서막을 열었다.

채남가극단은 고정적인 경비가 없어 보조금을 필요로 했다. 그럼에도 불구하고 혁명을 고취하고 지원하기 위해 각지를 돌며 공연을 했다. 리지탕 역시 혁명사업을 위해 가산을 탕진하게 되자 더 이상 경비를 지원할 수 없게 되어 공연 1년을 끝으로 해산했다.

(2) 우천영극단(優天影劇團)

혁명지사인 황루이(黃魯逸)가 설립한 극단이다. 그는 본래 홍콩 신문사의 기자였다. 1898년 당시 혁명 원조라 불리던 중국시보(中國日報)에서 황루이는 혁명을 고취할 목적으로 「고취록(鼓吹錄)」이라는 칼럼을 통해 희곡 가요를 연재했다. 일시에 광저우를 비롯한 홍콩과 아오먼 등지의 각 신문사에서도 앞다투어 「고취록」을 모방하는 사태가 일면서 유행이 되었다. 거리와 골목 어디서나 시국을 풍자하고 애국 영웅을 찬양하는 소리를 들을 수 있었다. 황루이는 당시 대중의 혁명에 대한 열렬한 반응을 목격하고 연극 동업자을 찾았다. 황쉬엔웨이(黃軒胄), 황스중(黃世仲), 루루어훈(盧騍魂) 등과 같이 아오먼에서 '우천사(優天社)'를 조직했다. 처음에 이들은 스스로 얼굴에 분칠하고 무대에 올라 연기하면서 '채남가극단'의 뒤를 이을 생각이었다. 그러나 글을 쓰며 생활해왔던 기자 출신들의 신분에서 모든 것이 생각과 같지는 않았다. 이들은 공연 한 번 해보지 못하고 해산했다. '우천사'가 비록 해산되기는 했으나 황루이는 이 일로 사기가 저하되지 않고 오히려 또 다른 극단을 조직해서 혁명을 고취시키겠다는 결심을 하고 얼마 후에 황쉬엔웨이, 천티에쥔(陳鐵軍) 등과 '우천영극단'을 만들었다. 몇 년간의 준비 끝에 각종 어려움 극복하고 연극을 공연하게 되었으니 공연작품은 《화소대사두(火燒大沙頭)》였는데 의외로 큰 호응을 얻었다. 연극의 서막은 청 정부 관리가 추근(秋瑾)을 살해한 사건을 도화선으로 하고 있다. 이 외에 《흑옥홍련(黑獄

紅蓮)》, 《몽후종(夢後鐘)》 등을 공연하였는데 내용은 도박에서 손을 떼도록 권하는 등 낡은 습관을 고치도록 하는 것이 대부분이었다. 이 극단은 얼마 뒤 해체되기는 하였으나 당시 거리낌없이 혁명을 고취한 극단이었다.

(3) 진천성극단(振天聲劇團)

'우천영극단'이 해산된 후 1906년 천티에쥔(陳鐵軍)이 천시아오바이(陳小白)의 지원 아래 '진천성극단'을 조직했다. 당시는 혁명사조가 팽배한 때여서 '진천성극단'이 공연한 신극은 이미 전 극단인 '우천영극단'보다 진일보한 내용으로 군주제를 뒤엎는 일에 편중되었고 또 대담하게 만주족 청 정부의 학정과 무능을 폭로하는 일에 중점을 두었다. 첫 번째 공연작품은 천시아오바이가 편극한 《웅비기의(熊飛起義)》였다. 송 왕조 유민인 시웅훼이(熊飛)가 의병하여 원(元)에 대항하여 싸우다 류화교(榴花橋)에서 전사한다는 내용이다.[18] 이 외에 《박랑사격진(博浪沙擊秦)》, 《체두통(剃頭痛)》, 《학비보(虐婢報)》 등이 있는데 모두 혁명을 고취하고 있다. 《체두통(剃頭痛)》은 관중으로부터 큰 반응을 일으켰다. 이 극단의 연극 공연을 청 정부에서는 항상 간섭하였다. 광서(光緖)년간에 모자가 사망하자 청 정부는 연극을 공연하지 못하게 하였다. 이로 해서 진천성극단은 박해를 받아 멀리 남양 각지를 돌며 공연을 했는데 가는 곳마다 교민들의 열렬한 환영을 받았다. 그러나, 왕정 중심주의자(保皇黨)들이 淸 정부에 진천성극단이 이재민을 돕기 위해 돈을 모금한다는 구실을 삼아 밀고하였다. 이 일로 이 극단을 모든 행동에 있어 청 정부의 감시를 받게 되고 다시는 공연할 수 없게 되어 부득불 해산하게 되었다.

---

18) 재인용, 中央月刊 第二卷 第四期, 104면.

(4) 성천몽극단(醒天夢劇團)

1909년에 진천성극단과 동시에 조직된 극단이다. 이 극단은 신극인 《원숭환독사(袁崇煥督師)》, 《웅비기의(熊飛起義)》를 자주 공연하였다. 성천몽극단의 조직에는 특이한 점이 있다. 린즈미엔(林直勉)과 모지펑(莫紀彭)이 극단 조직을 계획할 당시 린즈미엔은 미성년인데다 재산을 그의 백부가 관리하고 있어 돈을 융통할 방법이 없었다. 극단 조직이 무산될 찰나에 16살 먹은 혁명동지인 장보허(張伯和)가 그에게 방법을 가르쳐 주었다. 집에 가서 보원(伯文)에게 정신 나가게 하는 약을 먹여 실신시킨 다음 집에서 돈을 훔쳐 나오게 한 것이다. 극단 '꿈에서 깨어나다(醒天夢)'는 이렇게 해서 조직되었다. 이 극단이 동완(東莞)에서 홍콩으로 옮겨 처음 공연한 장소가 고승희원(高陞戲院)이다. 이 때 그 곳의 동맹회(同盟會) 홍콩지부가 특별한 관심을 보였다. 후한민(胡漢民)이 린즈미엔과 사귀면서 성천몽극단의 전 배우가 동맹회에 가입했다. 오래지 않아 린즈미엔이 그의 백부로부터 전 재산을 인수받고 극단을 위해 재산을 헌납했다. 이 극단의 상당한 금전적 지원 하에 동맹회 남방지부가 조직되고 이어 1910년에 발생한 신해혁명 전초전의 역할에서 큰 몫을 하게 된다. 두 차례에 걸친 의거는 모두 성천몽극단과 밀접한 관계가 있었다.

(5) 진천성백화극단(振天聲白話劇團)

신해혁명 발발 반 년 전에 천샤오바이(陳少白)가 조직한 극단이다. 그는 진남천극사 해체 후에도 연극을 통한 혁명 고취 작업을 멈추지 않았다. 이 극단에서는 신식 배경을 사용했고 광주(廣州) 지역에서 공연한 순수 화극의 시작이기도 했다. 천샤오바이 자신이 《자유화(自由花)》, 《도박세계(賭世界)》, 《부지과(父之過)》, 《우야직(憂也直)》등 신극 대본을 직접 썼는데 이 극들은 모두 신식 배경을 사용함으로써 관중의 이목을 집중시켰고 당시 상당한 반향을 불러일으켰다. 이 극단에 이어 조직된 극단으로 「린랑환경극단(琳琅幻境劇團)」, 「청평악극단(淸平樂劇團)」, 「천인관사(天人觀社)」 등이 있다. 이들 극단이 혁명을 고취하는 일에 비록 전력을 다하지는 않았지만 그래도 대부분의 극본이 사회 기풍을 혁신시키는 것을 주제로 한 내용의 연극을 공연하였다. 그러므로 사회 혁신에 대해 큰 공헌을 했다고 할 수 있겠다.

2) 상하이(上海)지역의 문명희극 사단

상하이는 신극의 발원지다. 1906년 주수왕원(朱雙雲), 왕환선(王幻身), 왕이어우어우(汪優遊) 등이 '개명연극회(開明演劇會)'를 조직하고 6가지 개량을 제창하면서 연극 공연의 중심으로 삼았다. 이 극단이 공연한 연극은 대부분이 개량을 선전문구로 삼았다. 엄격히 말해서 개명연극회의 공연목적은 사회개혁에 있었다. 옛 것을 철저히 파괴하고 새로운 것을 건설하고자 하는 혁명의지는 없었으나 그래도 사회개혁을 촉진시키고자 노력한 단체로서 화극 운동의 선구적 역할을 했다고 할 수 있다.

1907년부터 상하이에는 문명희 극단이 많이 생겨났다. 그 원인은 당시 상하이에는 이미 자본주의 시장이 형성되었고 또 매판계급과 일부 투기꾼들이 문명희가 흥성하면서 이를 계기로 극단을 설립해 이윤을 챙겼기 때문이다. 이런 가운데에서도 일부 문명희 극단은 혁명을 고취하기 위해 연극을 공연했다. 신해혁명을 전후해서 상하이의 몇몇 문명희 극단은 관중들의 환영을 받았다. 춘양사(春陽社), 진화단(進化團), 여군신극사(勵群新劇社), 춘류극장(春柳劇場) 등이 바로 그런 극단들이다.

(1) 춘양사(春陽社)

왕종성(王鐘聲)이 조직한 극단인데 그는 전기적인 인물로서 그 실체에 대해 알려진 것이 없다. 그는 교제와 화술에 능했고 또 조직의 천재이기도 했다. 당시 상하이는 각양의 인종이 거주하는 복잡한 도시였다. 왕종성은 그러한 상하이의 정객, 매판가, 학생,

왕종성(王鐘聲)

기업인은 물론 심지어는 하층의 사람들과도 친하게 지냈다. 그런 관계로 그가 상하이에서 극단을 조직하는 데는 어려움이 없었다. 춘양사 구성원 역시 각 계층의 인물로 구성되었다.

춘양사의 첫 공연작품은 《흑노유천록(黑奴籲天錄)》이다. 왕종성은 춘류사가 일본에서 공연한 《흑노유천록(黑奴籲天錄)》에 영향을 받은 것으로 보인다. 그러나 연출방식은 춘류사와 많이 달랐다. 극본은 쉬시아오티엔(許嘯天)이 다시 썼고 개량 경극의 형식에 따라 징과 북, 피황(皮黃)을 사용했다.[19] 그러나, 분막과 무대세트, 조명, 의상 등은 모두 현대적이고 새로운 것이었다. 춘양사의 첫 번째 작품이 전통적인 경극도 아니고 신식 화극도 아닌 어설픈 형식의 연극이었던 것이다. 그러나, 분막 방식과 무대세트의 기능을 중국 관중에게 선보인 공은 대단히 큰 것이었다.

춘양사의 두 번째 공연은 신가화원(新家花園)에서의 《장문상자마(張汶祥刺馬)》이었는데 춘양사는 이 공연을 끝으로 해산했다. 춘양사가 조직된 지 반 년도 못되어 해체되기는 했으나 왕종성의 연극에

---

19) 馬森文集, 「中國現代戲劇的兩度西潮」, 53면.

대한 믿음은 조금도 동요되지 않았다. 그는 런티엔즈(任天知)와 더불어 통감학교(通鑒學校)를 창설하고 왕이어우이어우(汪優遊)와 차티엔잉(查天影)을 참여시켰다. 이 극단은 수저우(蘇州), 항저우(杭州), 상하이 등지에서 공연을 했고, 특히 상하이의 우원(愚園)에서는 7일간 《장문상자마(張汶祥刺馬)》를 공연하였다. 통감학교는 곧이어 해체되었다. 왕종성의 연극공연 목적은 혁명을 선전하고 정부의 부패와 무능을 풍자하고 폭로하는 데 있었다. 당시 문명희 극단이 공연한 연극의 대부분이 새로운 것이 없었다. 이들 극단이 자주 공연한 레퍼토리는 《가인소전(迦因小傳)》, 《맹회두(猛回頭)》, 《관장현형기(官場現形記)》, 《추근(秋瑾)》, 《열혈(熱血)》 등으로 전부가 선전을 목적으로 하고 있다. 그래서 당시 정부에서는 연극인들을 모두 혁명당원으로 보고 그들의 행동을 암암리에 감시하였다. 불행하게도 왕종성은 티엔진(天津)에서 천쿠이(陳夔), 이양이더(楊以德)에 의해 피살되었다.

(2) 진화단(進化團)

런티엔즈(任天知)

신극 발전 과정에서 초기 화극의 주요 극단으로 런티엔즈(任天知)가 창립한 진화단(進化團)을 들 수 있다.[20] 런티엔즈는 초기에 활동한 연극인인데 왕종성(王鐘聲)과 마찬가지로 베일에 싸인 인물로서 신분에 대해 알려진 것이 없다. 어우이양위치엔(歐陽予倩)은 다음과 같이 말하고 있다.

런티엔즈가 비록 연극을 좋아했으나 연극에 대해서 그다지 전문가는 아니었다. 아마도 연극운동을 평생 사업으로 삼고자 결심하지도 않았던 듯하다. …… 아마도 종래 동맹회 같은 혁명조직에도 참

---

20) 吳若, 「中國話劇史」, 19면.

여해 본 적이 없었던 듯하다.[21]

런티엔즈가 혁명단원도 아니고 연극을 통해 혁명을 선전하지 않고 또 연극을 일생의 사업으로 삼지 않았다면 그가 무엇 때문에 생명의 위험을 무릅쓰고 정부를 상대로 대립했을까? 그는 분명 혁명당원이었다. 그는 연극공연 때마다 강연방식으로 직접 정치문제를 거론했고 간접적으로는 혁명을 고취했다. 언론파(言論派) 노생(老生)이 무대에서 연설할 때마다 관중들은 열렬한 박수를 보냈다. 그의 연설에는 선동성이 충만해 호응을 얻었다. 1910년 런티엔즈는 상하이에서 신문에 광고를 내고 단원을 모집했다. 왕이어우이어우(汪優遊), 왕환션(王幻身), 천다베이(陳大悲), 구우웨이(顧無爲) 등과 같은 우수한 단원들이 많이 참여했다.

런티엔즈는 「천지파(天知派) 신극」을 극단의 선전광고로 삼았다. 진화단의 활동은 1910년에서 1912년 사이에 이루어졌다. 진화단은 중국 제1의 직업극단이며 당시 사회문제를 제재로 한 작품 등을 공연했다. 중국 초기 화극은 두 계통으로 나뉘어 파벌을 형성했는데 하나는 런티엔즈의 진화단이고 다른 하나는 신극동지회(新劇同志會)였다. 런티엔즈의 진화단은 정치·사회적으로 부패한 문제를 폭로하고 부패한 관료를 풍자하였기에 거둔 효과는 컸다.[22] 실례로서 진화단은 《안중근이 이또오 히로부미를 암살하다(安重根刺伊藤)》를 공연하여 일본의 제국주의적 침략을 비판하였다. 진화단이 불과 2년 남짓 짧은 시간동안 활

안중근

21) 재인용, 「中國話劇運動五十年史料集」 第六十一, 2면.
22) 吳若, 「中國話劇史」, 21면.

동했지만 그 영향은 실로 대단했다. 상하이에서는 기존의 무대 격식에 구애받지 않고 시사성이 강한 '천지파(天知派)' 연극을 창시했고 이후의 문명희에 큰 영향을 미쳤으며 상하이 이외의 지방에서도 신극의 씨앗을 뿌렸다. 예를 들면 진화단의 단원이었던 원이야훈(溫亞魂)이 전장(鎭江)에서 '성세신극단(醒世新劇團)'을 창단하고 화극 활동에 종사했다.

(3) 여군신극사(勵群新劇社)

1911년 리유이저우(劉藝舟)가 조직했다. 그의 원명은 비청(必成)이고 후에 무두어(木鐸)로 개명했다. 그는 춘류사가 공연한 《흑노유천록(黑奴籲天錄)》과 《열혈(熱血)》을 보고 감동을 받아 동맹회에 가입했다. 왕종성(王鐘聲)과 더불어 연극을 공연한 바도 있다. 연극에 대한 그의 포부는 연극을 통해 관중을 독려하고 애국하도록 하는 데 있었다. 그래서 그는 살아있는 동안 부지런히 대중을 격려하면서 비록 분골쇄신할지라도 애석해하지 않았다. 그는 극단을 조직할 때 다음과 같은 한 편의 거침없는 짧은 글을 발표했다. 이 글을 통해 그의 포부를 엿볼 수 있다.

내 마음의 방향은 인권을 제창하는 것이며 내 의지가 따르는 바는 나라의 도적들을 없애버리는 것이다. 사람들은 검붉은 피를 흩뿌리지만 나는 마음의 피를 흩뿌림으로써 나라를 이롭게 하고 자신을 이롭게 할 것이다. 내 뜻을 아직 이루지 못했으니 내 마음은 죽지 않을 것이다. 우리나라가 하루라도 강하지 않으면 내 혀는 하루라도 닳아지지 않을 것이다. 태어남이 있는 날, 바로 내가 힘써 달리고 고취하는 해부터 분골쇄신하여 또한 나는 그것을 헤아리지 않을 것이다. 부자들은 스스로 가진 체 하고 위대한 사람들은 스스

로 위대한 체 하나 나는 행동하고 겸손할 뿐이다! 나를 아는 이들
이 속된 노래를 부르는 사이에는 또한 나라를 사랑하여 힘쓰는 무
리들의 도를 구가할 터이니 나의 길은 외롭지 않을 것이다.[23]

이 글에는 비분강개함이 가득 차 있다. 당시 사회는 보편적으로
연극인을 경시했다. 그러나 리우이저우는 이런 기회를 이용해 필요
성을 확실하게 표명했고 또 연극이 구국의 길이라는 마음의 소지를
표현했다. 당당한 이 문장은 중국 화극사에 있어 한 편의 좌우명이
라 할 수 있다.[24]

리우이저우의 '여군신극사'는 상하이와 장강 중하류 각 부두를 돌
며 연극을 공연했다. 그는 무대에 올라 의논을 발표하기를 좋아했다.
언론가의 자태로 무대에서 연설하며 관중을 감동시켰다. 정부를 비
판하자 가는 곳마다 정부 관리의 주의를 받기도 했다. 그가 공연한
작품들은 《살자보(殺子報)》,《사하하남(四下河南)》,《하수고출가(何秀
姑出家)》,《화소화패루(火燒花牌樓)》,《왕선생유학(王先生遊學)》 등이
다. 그가 공연한 작품들은 전형적인 문명희였다. 그러므로 여군신극
사는 예술면에서는 어떤 공헌도 하지 못했다고 할 수 있다.

(4) 신극동지회(新劇同志會)

일본에서 귀국한 루징루어(陸鏡若)가 1912년에 조직한 극단이다.
진화단 이후 상하이(上海)에서 가장 중요한 신극단의 하나이다. 루징
루어(1895~1915)는 일본에 유학해서 일본 신파극 명배우인 등택천이
랑(藤澤淺二郎)에게서 연극을 배웠다. 신극동지회에 참여했던 사람으

---

23) 上揭書, 23면.
24) 上揭書, 23면.

로 마지앙스(馬絳士), 루어만스(羅曼士), 우휘이런(吳惠仁), 지앙징밍(蔣鏡明) 등이 있다. 신극동지회는 프로 극단이었으나 공연 수입은 많지 않았다. 극단 운영비는 루징루어에 의해 유지되었다. 상하이 이외 지역으로 수저우(蘇州), 우시(無錫), 상저우(常州), 항저우(杭州) 등에서 공연했고 한커우(漢口)까지 진출했다. 어우이양위치엔의 회억춘류에 의하면 신극동지회가 공연했던 레퍼토리는 80여 개에 이르고 있다. 그러나, 대부분이 즉흥적으로 공연한 '막표희(幕表戱)'이었고 극본을 갖고 있던 것으로는 《가정은원기(家庭恩怨記)》, 《불여귀(不如歸)》, 《맹회두(孟回頭)》, 《사회종(社會鐘)》, 《열혈(熱血)》, 《원앙검(鴛鴦劍)》 등에 불과했다. 이 중 《맹회두(孟回頭)》, 《사회종(社會鐘)》은 신극동지회의 기본 레퍼토리가 되었다. 《가정은원기(家庭恩怨記)》는 신극동지회의 가장 인기 있는 공연작품이었다. 당시 상황의 인물과 사건을 실감 있게 묘사하여 이후의 가정 희비극의 모범이 되었다.

루징루어는 1914년에 장징지앙(張靜江), 우웨이후이가정(吳惟暉)의 도움으로 난징로(南京路) 와이탄(外灘)의 입구의 모더리(謨得利)회관을 빌려 동지회의 명의로 춘류극장을 설립했다. 후이런(胡依仁), 선이양시아(沈夬霞) 등이 참여했었고 그 후 춘류극장의 명의로 공연했다. 사실 신극동지회가 다른 지방에서 공연할 때는 종종 다른 이름을 사용했다. 신극동지회에는 많은 인재들이 있었으나 공연의 대부분이 임기응변식으로 진행되었고 마침내 적자를 이기지 못하여 1915년 루징루어가 병사한 후 해체되었다.[25]

___

25) 上揭書, 18면.

(5) 신민사(新民社)

정정치우(1880~1935)가 조직한 극단이다. 본명은 보창(伯常)이며 광동(廣東) 차오저우(潮州) 사람이다. 선비 집안의 부유한 집에서 태어났다. 어우이양위치엔에 의하면 그의 부친은 아편을 매매하는 상인이었다. 정정치우는 사업에 뛰어난 수완이 보였다. 그는 특히 영화에 심취했다. 1913년 정정치우는 장스츠완(張蝕川), 징잉산(經營三), 두쥔추(杜俊初) 등과 합작하여 '아시아영화사(亞細亞影片公司)'를 만들고 《난부난처(難夫難妻)》, 《老少易妻》, 《바람둥이와 스님(風流和尙)》, 《골계애정(滑稽愛情)》 등의 영화를 찍었다. 그 후 이들은 또 '신민영화사(新民影片公司)'를 만들고 배우들을 모집했다. 1913년 상반기 상하이(上海)의 신극은 별다른 활동을 못했다. 그 해 가을 신민영화사가 해체되었다.

정정치우

정정치우는 1913년 상하이(上海)에서 「도서극보(圖書劇報)」를 만들었는데 이는 당시 전국에서 유일하게 연극 이론과 연출을 비평하는 간행물이었다. 그는 또 「중화시보(中華時報)」와 「민권보(民權報)」를 운영하면서 연극 칼럼을 통해 경극을 개량하고 신극을 제창할 것을 극력 주장하기도 했다. 정정치우가 비록 영화사업에 종사하기는 했으나 여전히 화극에 깊은 애정을 가지고 있었다.

(6) 민명사(民鳴社)

장스츠완(張蝕川)이 징잉산(經營三)과 같이 조직한 극단이다. 정정치우(鄭正秋)의 신민사가 관중의 환영을 받으며 돈을 벌게 되자 장스츠완과 징잉산이 신민사에 가입하려고 했으나 정정치우가 거절했다. 두 사람은 곧 민명사를 조직하고 탄탄한 자본금을 바탕으로 신민사에 있던 일류 배우들을 스카웃했다. 이로 해서 정정치우는 운영상의

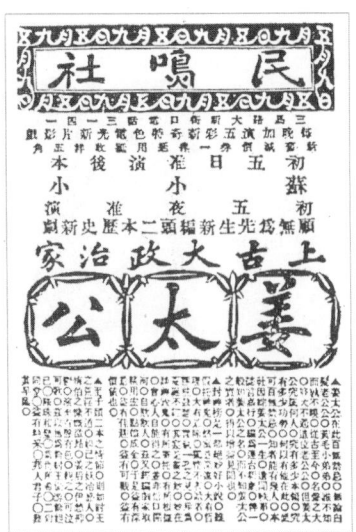
민명사의 광고지

문제로 부득불 민명사와 합작했다. 민명사는 상하이(上海)에서 최대의 극단으로 서게 되었다. 민명사는 순전히 영리를 목적으로 운영되었으며 신극은 더 이상 혁명고취와 사회개혁을 목표로 하지 않았다. 《서태후(西太后)》, 《삼소인연(三笑因緣)》 등을 공연하면서 상당한 인기를 얻기도 했다. 그러나 공연작품의 한계로 점차 쇠락하다가 1916년 마침내 해체되었다.

3) 기타 소극단

소극단들은 상술한 극단들의 성공에 비할 수 없다. '개명사(開明社)'는 주쉬동(朱旭東)이 1912년에 설립했다. 개명사의 단원은 주쉬동의 친척 친구들로 구성되었으며 스츠완(四川)과 상하이(上海) 등지에서 공연했다. 공연작품은 서양작품을 개편한 《부활(復活)》, 《춘희(茶花女)》 등이다. 이 외에 수스이(蘇石疑)가 조직한 '민흥사(民興社)', 정

소무대의 공연장면

정치우(鄭正秋)가 조직한 '대중화극단(大中華劇團)', 주수왕윈(朱雙雲)·왕이어우이어우(汪優遊)·쉬반메이(徐半梅) 등 7인이 발기해서 조직한 '소무대(笑舞台)', 순위성(孫玉聲)이 조직한 '계민사(啓民社)'가 있다. 1914년 3월

상하이(上海)에는 신극공회(新劇公會)가 성립되었는데 이는 하나의 신극연합조직이었다. 이 해 4월 신민, 민명, 계명, 문명, 개명 등 극단이 민명사에서 연합대공연을 거행했다. 이는 신극사에 있어 기록할만한 가치가 있는 한 사례이다.[26]

5. 초기 화극의 성장에 영향을 미친 요소

화극은 신문학의 일환이다. 신문학의 발전사에서 볼 때 화극은 소설이나 산문, 시가보다 발생이 이르다. 만일 요한서원의 학생들이 공연했던 새로운 형식의 연극으로부터 계산한다면 화극의 역사는 20여 년을 더 거슬러 올라가야 한다. 또 춘류사가 일본에서 공연한 《춘희(茶花女)》를 중국 화극의 시작으로 본다고 해도 중국 화극은 신문학운동이 일어나기 10년 전에 이미 시작된 셈이다. 화극이 비록 소설이나 시가, 산문보다 일찍 발전하긴 했으나 성장시기는 오히려 늦다. 중국 화극은 오히려 서양 연극의 내용이나 예술형식도 받아들이지 못한 상태에서 전통극의 속박에서 벗어나지 못했고 결국 어중간한 위치에 선 채 비난만 받았을 뿐이다. 화극의 발전이 왜 이렇게 늦어졌을까? 중국의 초기 화극이 성장하는데 걸림돌이 되었던 요소는 다음 3가지를 들 수 있겠다. 첫째 정치적 요소, 둘째 사회적 문제, 셋째 경제적 조건이다.

1) 정치적 문제

중국 화극은 시작부터 정치와 불가분의 관계를 맺는다. 처음 상하

---

26) 上揭書, 32면.

이(上海)의 요한서원에서 공연한 「관장혼사(官場魂史)」를 비롯해 왕시아오농(汪笑儂)의 《곡조묘(哭祖廟)》, 《육군노(六軍怒)》, 《마염라(罵閻羅)》, 《도화선(桃花扇)》, 《장송헌지도(張松獻地圖)》 등 작품들은 전부가 시국을 비판하는 내용으로 가득찼고 또 현실주의 정신을 반영했다. 왕시아오농의 경우 그 자신이 직접 무대에 올라 창을 하고 격렬하게 소리를 질러대며 정부를 빗대어 비난하고 대사를 통해 정치를 풍자하고 시국을 비판했다. 왕시아오농의 이 같은 행위는 화극의 형식을 빌어 정치를 개선하고자 하는 목적이었다. 초기 화극의 정치적 배경에는 내적인 문제와 외적인 문제가 있었다.

내적인 정치적 배경은 정국의 변동으로 야기되는 정치적 압력이고 외적인 배경으로는 열강의 침략으로 해서 받게 되는 영향이었다. 이 두 가지가 바로 초기 중국 화극이 발전하는 데 장애가 되었던 홀시할 수 없는 요소였다.

(1) 내적인 압력

중국 화극이 탄생하던 시기는 때마침 정치적으로는 대변동의 시기였고 또 혁명열기가 고조되던 시기였다. 그러나, 수천 년 동안 이어져 온 군주정치 전통을 뒤엎고 새로운 민주주의를 수립한다는 것은 대단히 어려운 일이었다. 그러나, 만에 하나 민주를 실행한다고 할 때 무력으로 제압하는 것 외에 할 수 있는 방법은 문자를 빌어 민주사상을 전파하는 것인데 이는 신문이나 잡지를 활용하는 것이 최상이었다. 그리고 언어를 통해 군중을 선동하고 그들의 동정을 얻기 위해서는 연설을 통해 요구할 수밖에 없었다. 그러나 길거리에 서서 연설하는 것은 무대 위에서 공연하는 연극만큼 그렇게 충동적 힘을 발휘할 수는 없었다. 그래서 1906년 주수앙윈(朱雙雲), 왕이어우이어우(汪優遊), 왕환션(王幻身) 등이 '개명연극회'를 조직하고 6대 개량사업을 구호로 내걸었다. 그 여섯 가지는 첫째 정치개혁, 둘째 군사개혁, 셋째 승가개혁, 넷째 사회개혁, 다섯째 가정개혁, 여섯째 교육개혁이었다. 개명연극회는 이 6개 개혁사업을 편극의 원칙으로 삼고 정치와 사회개혁을 적극적으로 추진했다. 그리고 혁명을 고취하고 대중을 선동하는 일에도 적극 참여했다. 개명연극회는 이를 통해 상당한 효과를 거두었다.

청말민초에는 혁명을 고취하고 사회를 개혁코자 하는 극단이 많았다. 추동력이 강하고 행동이 격렬했던 극단으로 왕종성(王鐘聲)이 이끄는 춘양사, 런티엔즈의 진화단, 리우이저우의 여군신극사가 있었다. 이들 극단에 종사했던 연극인들은 생명의 위협을 무릅쓰고 무대에서 공연했다. 이들은 이처럼 두려움을 겁내지 않는 정신과 임무를 지니고 있었다. 임무와 예술은 부인할 수 없는 두 가지 일인 바, 중국 초기 화극은 이미 예술의 범위를 벗어나 정치문제를 향해 가고 있었다. 신해혁명이 성공한 후 화극은 응당 적극적으로 예술을 향해 발전해 가야 했다. 그러나 청 정부가 무너지면서 이어 군벌이 할거하고 일본이 중국에 대해 21개 조건을 제시했다. 이런 상황에서 중국은 주권을 상실한 채 국위는 떨어지고 말았다. 이렇게 되자 화극은 또 다시 정부를 성토하는 책임을 지게 되었다. 예컨대 춘류사의 단원이었던 린티엔민(林天民)이 조직한 '문예극사'가 《매국노의 말로(賣國奴的末路)》를 공연했는데, 이 연극은 위엔스카이(袁世凱)의 매국행위를 풍자했다.[27] 상하이(上海)에서는 《신화춘몽(新華春夢)》을 공연했는데 역시 위엔스카이의 정권찬탈을 풍자했다.[28] 이렇게 정부와 위엔스카이를 비난하자 연극 공연을 금지시키고 단원들을 체포하는

---

27) 재인용, 「中國話劇運動五十年史料集」, 86면.
28) 재인용, 田漢, 「中國話劇藝術發展的徑路和展望」, 4면.

소동이 벌어졌다. 내적인 압력하에 당시 신극단들은 하는 수 없이 내용을 정치적인 것에서 가정극 쪽으로 바꾸었다. 초기 화극은 이렇게 정치적 압박 속에서 좌절을 보게 되었다.

2) 사회적 문제

모종의 주장이 만일 사회발전과 더불어 공존할 수 있다면 그 주장은 시간이 흐르면서 하나의 운동을 형성하게 된다. 중국의 화극운동도 처음 시작할 때는 사회의 발전과 더불어 발전했다. 그러나 한 순간에 이르러서 시대에 역행하게 되었다. 이렇게 문제를 형성하게 된 주요 원인은 화극 자체가 과도하게 세속을 쫓은 데 있다. 화극이 사회를 개혁하는 일에 앞장을 서야함에도 불구하고 오히려 세속과 영합하였기 때문에 이 점이 바로 화극이 실패한 요소 중에 하나가 되었다 후스니엔(傅斯年)은 다음과 같이 말하고 있다.

> 이러한 사회심리가 있으니 바로 이러한 연극의 사상이 있는 것이며, 이러한 연극사상이 있으니 이러한 연극 심리를 더욱 촉발케 하는 것이다. 두 가지 일은 서로를 위해 쓰이면서 서로 인과관계를 이룬다.29)

이 같은 사회심리가 후기 문명희의 연극사상이 되었다. 연극사상이 사회심리와 영합함으로써 신극이 실패하게 되었다. 당시 연극에 대한 일반적인 사회심리는 어떠했을까? 여전히 전통적이었다. 다시 말해 신기한 것을 좋아하고 유물적이며 보수적이었다. 시대와 더불어 변천해 가면서도 새로운 요구에 부응하지 못했다.

---

29) 재인용, 傅斯年, 「戱劇改良各面觀」『中國新文學大系文學論爭集』, 387면.

(1) 호기심

인성에 반하는 연극을 중국인들은 즐긴다. 이런 심리는 서방의 연극 원리와는 근본적으로 차이가 있다. 그들은 다만 연극을 통해 신경을 한 차례 자극하는 표현에 만족하고 답답함을 풀어주고 극정을 통해 약간의 동정의 눈물을 흘리게 할 뿐 연극을 통해 정신적으로 기탁하고 위안을 받지 못하기 때문에 비인성을 표현하는 연극이 보편적으로 관중에게 환영을 받는다. 역대로 전해오는 연극을 가지고 볼 때 절대 다수의 연극이 충성됨과 간사함의 두 가지에서 떼어놓을 수가 없다. 뿐만 아니라 충성됨과 간사함을 대대적으로 과장한다. 충성됨을 보고 사람들로 하여금 충성심에 불타게 하고 충성됨을 또 특별한 것으로 부각시킨다. 간사함의 역을 맡은 배우는 천지가 수용 못하는 괴물로 만들어 다시는 못된 짓을 할 수 없게 만든다. 둘 사이에는 결코 하나의 보통 인성유형이 형성되지 못한다. 그래서 극중에서 단역배우에 불과하고 관중들의 눈에는 근본적으로 대단한 작용을 못하는 역할로 치부하게끔 한다. 때로는 오히려 평범한 인물로 여기게 한다.

모든 극본의 인물 안배를 모두 이렇게 하나의 고정된 형식으로 만들어 버린다. 소재와 구성 면에서도 관중의 호기심리에 부응하기 위해 결국 극정은 인성과 유리된 채 일상생활의 표현에서 멀어지고 때로는 교묘하게 사람의 생각 밖의 일에 머물게 한다. 그러나 대단한 호기심으로 신기를 과장하여 관중들은 극을 보면서 오히려 흥미 있어 한다.

(2) 현실성

연극에 대한 중국인의 관념이 서양인과 다른 점이 바로 '유물적'

이라는 것이다. 즉 현실의 정욕과 연극을 분리할 수 없다는 의미이다. 그러나, 서양의 연극은 대부분 유심적이다. 그래서 정신적인 면에 기탁한다. 정욕을 중시하는 만큼 '사물'에 대해서는 할 수 있는 한 과장을 많이 한다. 『금옥노(金玉奴)』에서 주인공은 머리에 가득 진주와 비취를 달고 꾸미고는 과시하며 뽐낸다. 『서상기(西廂記)』에서 홍낭(紅娘)이 분장한 모습을 보면 거의 주인공인 앵앵(鶯鶯)과 구분이 안 될 만큼 비슷하다. 이는 관중으로 하여금 계집종이라는 신분을 소홀히 할 수 없게 하는 것이다. 곤경에 빠진 선비가 미인을 만날 때 비록 며칠을 굶었다 해도 때가 되면 보석을 주고 그녀와 결혼한다는 줄거리 구조는 지식인, 미인, 재상, 부자의 돈을 빼앗아 가난한 자를 구제한다든지 장원급제를 한다든지 하는 현실 인생의 문제와 분리할 수 없다. 물질문제가 해결되면 기타 문제는 쉽게 풀린다. 중국 연극의 사회심리는 바로 이렇게 물질의 어려움 속에서 해탈을 구함으로써 정신적 식량에서 심령을 만족시키고 생활의 향상을 촉진시킨다.

(3) 보수성

중국 전통 구극은 인과응보의 테두리를 벗어나지 못하고 비뚤어진 결말로 치우친다. 충성됨과 간사함이 양립할 수 없어 결국 공식화로 흐르면서 사악한 자를 죽이고 이를 통해 관중들의 마음을 후련하게 해준다. 해피엔딩으로 결말을 내기 위해서는 지식인과 미인(才子佳人)이 학대받고 고통받는 일은 피할 수 없다. 상사병에 걸리고 임을 기다리는 괴로운 심정에서 사람을 감동시키는 애절한 노래를 부를 때 관중들은 서로 만나는 해피엔딩을 갈망하게 된다.

인과응보를 과장해야 하기 때문에 음란하고 사치스러운 생활과 또 잔혹한 연출로 연극이 시작되어야 한다. 이렇게 되어야 결말의 보응은 비로소 관중의 박수 갈채를 받게 된다. 중국 희극의 수법이 언제나 이렇듯 영원히 인과응보의 틀에 박힌 형식에 머물고 있다. 전통 구극이 매양 이렇다 보니 신극 작가들도 시대에 역행하며 배우들과 더불어 전통 연극 형식을 유지했다. 후기의 문명희가 흥성하지 못한 이유가 바로 사회심리에서 벗어나지 못한 데 있다.

3) 경제적 문제

초기의 화극 발전은 1917년 이후부터 서서히 쇠퇴하기 시작하면서 근거지를 잃고 적당한 출로를 찾지 못한 채 구극의 길로 접어들었다. 이는 실로 어쩔 수 없는 일이었다. 그 때 신극 작가들은 정치적인 압박을 받으면서 부득불 가정극 쪽으로 방향을 전환할 수밖에 없었다. 가정극이 인기를 얻자 여타 극단들도 따라서 시세에 편승하게 되었다. 이 때부터 극단은 바로 사회심리에 적응하기 시작했다. 그래서 통속적이고 전기적이며 음란 색채가 짙은 연극들이 널리 공연되었다. 엄격히 말하면 이런 수법은 수용할 수 없는 것이었다. 그러나 당시의 작가들에게는 그들만의 고충이 있었다. 그 원인이 바로 경제 문제였다. 여기서 말하는 경제문제는 반드시 두 측면이 언급되어야 한다. 즉 극단경비 수지면에서 평형을 유지하기 위해 부득불 흥행 성적에 맞출 수밖에 없었다. 다른 한 면은 바로 신극이 구극의 길로 접어들면서 극본을 비경제적으로 길게 끌었고 동시에 관객들도 동일한 극본을 오랫동안 공연하자 연극 보기가 시간적으로 손해라고 여겨 극장을 찾지 않게 되었다. 이것이 바로 상호 간에 인과로 작용했고 또한 초기 화극 발전에 영향을 주었다.

(1) 극단 경비

많은 사람들이 극단을 운영하면 큰 돈을 번다고 여겼다. 그래서
신극이 한 때는 확실히 투기꾼들에게 막대한 부를 안겨준 바 있다.
그러나 동시에 많은 사람들에게 낭패를 주고 곤경에 빠지게 했다.
당시 극단을 운영했던 사람들 중에는 목숨을 걸고 혁명을 고취하면
서 혁명가들의 지원 하에 지원을 받으며 극단 운영을 했다. 혁명이
성공한 후 보조비가 끊기면서 극단 경비는 전적으로 매표 수입에 의
존해야만 했다. 왕중시엔(汪仲賢)은 그의 「우유실극담(優遊室劇談)」에
서 당시 상하이(上海) 신극단 매표상황을 다음과 같이 말하고 있다.

가장 많은 날은 1천 4백원을 팔았고 가장 적은 날은 5백원을 팔
았다. 이번 신극은 토요일부터 화요일까지 계속해서 공연했다. 첫
째 밤에는 모두 3백원을 팔았고, 둘째는 3백 30원을 팔았으니 평상
시의 가장 적은 날 보다도 1/5이 적은 좌석을 팔았다.

상술한 극장표 수입으로 볼 때 공연에서 돈을 벌었음을 알 수 있
다. 천다베이(陳大悲)는 당시 극작가들이 자본가들의 손에 놀아나고
있어 좋은 연극을 공연할 수 없다고 여겼다. 그는 비직업적인 성격
의 아마추어 극작가들을 동원하여 극단 경비의 어려움을 해결하고
좋은 연극을 연출할 수 있다고 보았다. 그러나 천다베이는 사실 그
때까지만 해도 중국인들의 연극 보기의 특성을 파악하지 못했었다.
그 당시 어느 정도 이름이 알려진 배우의 보수는 상당히 높았다. 이
는 무형 중에 극단 측에 부담을 증가시켰다. 극단의 지출이 많아지
면서 책임자도 신경을 써야했다. 이런 상황이 신극단을 상품화로 이
끌었다.

(2) 시간상의 경제문제

당시 신극단의 공연작품은 가정극과 통속극이 주를 이루고 있다. 극단의 매표 수입은 좋았다. 이처럼 매표상황이 호전되자 각 극단들은 공연 회수를 늘리고 연장해서 공연을 했다. 《혈누비(血淚碑)》같은 극은 3일간을 계속해서 공연했는데 이런 경우 극본의 시간이 경제적인 면에서 이상적이지 못했다. 다만 억지로 시간을 늘려 공연할 뿐이었다. 이렇게 되자 자연히 전체 극의 중심에 영향을 주게 되고 연극이 이미 그 중심을 잃게 되면서 극단 운영을 어렵게 만들었다. 무엇 때문에 초기에 이런 연극에 관객들이 몰려들었을까? 이는 배우에 대한 관객들의 선호에서 형성된 것이었다. 그러나 날이 갈수록 점차 연극 보는데 식상하게 되고 다른 한편으로는 사실 연극을 보는데 너무 많은 시간을 허비한다고 깨닫게 되고 또 싫증이 난 것이다. 이는 관객이 연극을 보는데 있어 시간적으로 경제적이 못된다고 판단한 연쇄반응이다.

정치적인 배경과 사회적 심리, 그리고 경제문제는 동시에 화극 발전에 영향을 끼친 요소들이다. 이런 영향으로 해서 신극은 곧 타락 현상을 낳게 되고 문명희는 당시 관객들로부터 버림받게 되었다.

6. 나오는 말

현대 중국화극의 발전을 상하이(上海)의 요한서원에서 공연한 《관장혼사(官場醜史)》를 시작으로 보든 또는 일본에서 춘류사가 공연한 《춘희(茶花女)》를 시작으로 보든 간에 이미 90여 년의 역사를 가지고 있다. 그러나 화극은 영화에 비해 홍성했다고 말할 수 없다. 이는 영화 산업이 화극보다 급속히 발전했기 때문이고 화극 자체는 시간 적으로나 공간적으로 또는 인력 면에서 여러 가지 제한을 받았기 때문이다. 이는 표면적인 견해이다.

측면에서 보면 근 100여 년 동안 중국은 역사적으로 대변동의 한 세기였다. 중국 화극은 때마침 이런 세기 중에 탄생했다. 화극은 사회를 개혁해야 할 필요성에 직면해서 고된 임무를 짊어지게 되었다. 이런 상황에서 자연히 자신의 임무에 적응해야 했고 화극이 정상적으로 발전하는데 장애에 부딪치게 되었다. 화극의 발전과정을 놓고 발전이 있었느냐 없었느냐 하는 문제는 진전이 없었다고 볼 수 있으나 이는 다만 무대의 각도에서 말할 수 있을 뿐이다. 그러나 예술적 가치 외에 화극은 그 자신의 문학적인 면에서 언급할 가치가 있다. 현대문학의 영역에서 중국 화극은 분명 좋은 작품들을 갖고 있었다. 이들 작품이 산문이나 신시보다 더욱 사람들의 뇌리 속에 남아있을 것이다.

중국 화극의 발전을 국내적 운동의 영향 하에서 고저의 현상을 나타냈다. '운동'의 추진력에 따라 좌우되었다고 할 수 있다. 화극 자체가 어떤 운동을 촉진시킨 힘은 없었지만 어떤 운동이 발생하면 무엇과도 비교할 수 없는 큰 위력을 발휘했다. 그 이유는 어떤 운동도 선전에 의지하기 때문이다. 화극은 바로 하나의 가장 힘있는 선전 도구였다.

최초로 화극의 모형을 갖춘 문명희를 가지고 말하면 극단들은 혁명 고취를 위해 연극을 공연할 수밖에 없었다. '창'으로는 선동적 역할을 충분히 발휘할 수 없기 때문에 '노래를 바꾸고 대사를 사용하는(改唱用白)' 식으로 인심을 감동시켰다. 소위 '개창용백'으로 전통 구극을 개혁하겠다는 것은 다만 명목에 불과한 것이다. 당시 극장의 관객은 연극을 보러 온다기 보다는 연설을 들으러 온다고 말하는 편이 좋겠다. 왜냐하면 극장에 가서 큰 소리로 외치고 갈채를 보내고 현실 불만을 토로할 수 있기 때문이었다. 당시 '연극을 관람(看戲)'하는 것은 제한적 효능만 있었을 뿐 관객을 끌어들이는 흡인력은 없었다. 왕종성(王鐘聲)의 춘양사, 런티엔즈의 진화단, 리우이저우의 여군 신극사는 당시 관객들로부터 절대적인 호응을 받았는데 바로 그런 이유 때문이었다.

혁명이 성공한 후 일반 극단의 공연목표가 주의를 선전하는 것에서 오락물로 발전했다. 이렇게 되자 문명희는 쇠퇴의 길로 접어들었다. 이 외에 정치적인 문제와 사회적 심리, 경제 문제 등에도 화극 발전에 영향을 주면서 문명희는 관객으로부터 멀어졌다.

(강계철, 한국외국어대학교 교수)

전한(田漢)과 현대연극

전한(田漢)과 현대연극

1. 들어가는 말

전한(田漢)은 1898년 장사에서 태어나 1968년 옥중에
서 자신의 생을 마감하기까지 화극과 전통극·영화시
나리오·시와 산문 및 기타 문학이론 저서를 다량 남
긴 저자이다. 중국 최초로 화극 운동을 전개한 작가는
구양여천이지만 이를 성장시키고 확립한 작가는 전한
으로, 그의 일생 자체가 곧 '중국 화극사'라고 평가한
조우의 주장[1]이 전한의 문학사적 중요성을 대변해 주
는 좋은 예라 할 수 있다.

전한(田漢)

중국현대화극사에서 전한이 가장 중요한 자리를 차
지하고 있음에도 불구하고 우리는 아직 전한의 삶과 그의 극작에 대

---

1) "早在40年代, 曹禺就曾說過, 田漢是一部中國話劇發展史." 송보진, 「關於
   田漢南國戲劇的再考察」, 『희극·희곡연구』, 1999년, 2기.

해 잘 모르고 있는 것이 사실이다. 연구가 미흡하고 국내에 소개된 작품 역시 거의 전무하기 때문이다.

이 글에서는 전한의 삶과 중국현대연극의 관계를 그의 생애를 바탕으로 하여 풀어 나가보려고 한다. 이를 통하여 전한에 대한 이해와 전한의 중국현대연극에 대한 작가의식을 살펴보고 중국현대연극에 대한 초보적인 이해를 도모하고자 한다.

2. 전한의 생애

전한의 생애를 연구한 자료로 참고할만한 것에는 『전한평전』과 『전한연보』가 있다. 하인태·이달삼의 『전한평전』은 작가 개인사에 대한 연구를 통해 폐쇄적인 호남 산마을의 농가 자제로 태어난 전한이 성장하면서 위대한 연극가가 될 수 있었던 인생역정을 논술하였다. 장향화의 『전한연보』는 전한의 생애나 인생역정을 체계적인 연보형태로 정리하여 전한 연구자들에게 필수적인 자료로 이용되고 있다. 그러나 날짜와 사건 중심으로 전개하다 보니 전생애를 관통하는 사실에 대한 증빙자료일 뿐이지 극작에 대한 직접적이고 심도 깊은 연구 분석이 부족하기 때문에 참고할 수 있는 영역에 한계가 있다.

여기서는 상기 자료 등을 토대로 전한의 생애와 화극 창작활동을 계통적으로 살펴보기 위하여 먼저, 격변의 시대를 살아간 전한의 생애 전반을 화극 창작 활동과 연계하여 시기별로 살펴본 이후, 논란이 컸던 정치 역정과 항일 운동·격렬한 좌우대립의 사상적 소용돌이 속에서 전개하였던 문예창작 활동 등을 살펴보고자 한다.

1) 유년기부터 화극 창작 이전까지(1898년 ~ 1919년)

전한은 1898년 3월 12일 호남성 장사현 동향 화과원 전가단 모평의 한 가난한 농민의 가정에서 3남중에 맏이로 태어났다. 어릴적 이름을 전수창(田壽昌)이라 지었는데 어릴적 이름에는 오래 살기를 기원하는 의미에서 화상 즉 스님의 의미가 있는 화아(和兒)가 있다.[2] 전한의 집안은 대대로 대가족을 이루고 살았는데 비교적 부유한 편이었으나 그가 태어날 즈음 식구가 너무 많이 늘어나 가세가 점차 기울게 되었다.

전한의 부친 전우경은 조부 전계천의 다섯째 아들로 태어나 어려서부터 글은 읽었지만 집안이 가난해지자 학업을 그만 두었다. 학업을 중도에 포기한 이후 집안에서 농사일에 힘쓰다 나중에는 외지로 나가 요리사 일도 하였으며, 호남 악양의 이금국[3]에서 하급관리로 일하였다. 이후 소양과 형양 등지에서 일하다가 직장을 잃은 후 각지를 전전하다 폐병에 걸려 34세의 젊은 나이로 집에서 숨을 거두었다. 전한의 모친 역극근은 전씨 집안과 4리 정도 떨어진 곳에서 맏이로 태어났다. 15세에 전씨 집안으로 시집을 와 맏며느리로서 온갖 고생을 하다가 남편이 세상을 떠난 이후 분가하여 홀로 세 명의 아들을 장성시켰다.[4]

전한은 어려서부터 총명하여 학교에 다니지 않았던 4·5세 때에 이미 몇몇 글자를 스스로 터득하였고, 6세 때부터 서당에 들어가 정

---

2) 전한의 모친은 전한이 태어나기 6년 전에 한 사내아이를 낳았었는데, 그 아이는 3개월도 채 못되어 신생아 파상풍으로 요절하고 말았다. 그래서 전한이 오래 살기를 바래는 마음으로 '화아'라는 이름을 지었다 한다. 전본상·오과·송보진, 『전한평전』, 중경출판사, 1998년, 4면.

3) 이금국(厘金局) : 청말 각 성마다 설치한 상품 통과세를 징수하던 관청.

4) 전한에게는 전수강과 전수린 형제가 있었다. 장향화, 『전한연보』, 중국희극출판사, 2면.

식으로 글을 깨치기 시작하였다. 1907년 전한의 나이 9세 때 부친 전우경이 34세의 나이로 세상을 떠나자 전씨 집안의 상황은 날이 갈수록 궁핍해져 어머니는 분가하여 혼자 힘으로 아이들을 키울 수밖에 없었다. 모친은 가세가 너무나 기울어 더 이상 전한의 공부 뒷바라지를 할 수 없게 되자 어쩔 수 없이 잠시 그의 학업을 그만 두게 하였다. 얼마 후 외숙부 역상5)의 도움으로 신당교 장정의 집으로 이사를 가 공부를 하게 되었다. 신당교는 차 사업을 하는 상북의 중요한 마을로6) 일찍부터 미국 선교사들이 진출하였던 곳이다. 전한이 외국인을 만나 서양 서적 특유의 석유냄새를 처음 맡은 곳이 바로 신당교였다.

전한이 11세 되던 해 사당을 학교로 개조한 풍림항의 청원암에 있던 서양식 초등학교에 진학하였다. 그 곳에서 전한은 문언문 외에도 지리와 역사·산술 등의 과목과 단편적이긴 하지만 일부 현대지식도 공부하였다. 12세 되던 해에 전한은 좋은 성적을 이유로 상징 선생의 추천으로 중학교에 해당하는 장사선승학교에 시험을 쳐 합격하였다. 당시 선승학교의 선생들은 거의 대부분이 신사상을 가지고 있었으며 학교에서『장사일보』와 상해의『시보』등 여러 종류의 신문을 열람할 수 있었다. 1911년 여름 전한은 비교적 진보적인 색채를 띤 수업중학에 시험을 쳐 1등으로 예과에 합격하였다. 전한은 이 때부터 그의 이름을 수창에서 한이라고 고쳤다. 그 해 10월에 전

---

5) 역상, 자는 매신(梅臣)이고, 일찍이 동맹회에 참가하여 손중산을 따라 신해혁명에 참가한 경력이 있다. 남사 시인으로 활동하였으며 후에 장사에서 38세의 나이에 군벌 조항척에 의해 살해당하였다. 하인태·이달삼, 『전한평전』, 호남인민출판사, 1984년, 24면.
6) 전한이 1935년 12월에 창작한 단막 화극《호각》은 차농사를 하는 시골을 배경으로 한 작품이다. 이 작품은 그해 12월 21일 남경『중앙일보』에 발표하였고, 1936년 상해잡지공사『대중극선(1)』에 수록하였다.

한은 혁명당의 무창기의를 시작으로 하여 신해혁명이 폭발하자 몇 명의 학우들과 연합하여 구국의 열정으로 결사의 의지를 품고 학생군에 참가하였다.

1912년 2월에 전한은 서특립이 교장을 맡고 있는 장사사범학교에 합격하였다.[7] 그 해 가을에 할아버지께서 병으로 세상을 등지자 기울어 가던 가세가 더욱 기울었다. 전한은 이 때부터 문장을 써서 신문이나 잡지에 기고하기 시작하였는데, 당시 창작한 자신의 최초 창작 극작품인 경극《신교자》는 나중에 『장사일보』에 게재되었다.[8]

1916년 초여름 18세의 전한은 장사사범학교를 졸업하고 서특립 교장의 추천과 당시 일본에 유학생 경리원으로 파견되어 있던 외숙부 역상의 도움을 받아 유학길에 올랐다. 20세가 되던 1918년에는 동경사범고등학교에서 수많은 서방의 문예 서적을 접하였고, 또 일본의 신파극운동의 영향을 받아 연극 문학에 대한 연구를 시작하였다. 전한이 동경에 갔을 때 일본은 시마무라 호게쓰(島村抱月)와 유명한 여배우 마쓰이 스마코(松井須磨子)의 예술운동이 성숙기를 맞이하고 있었다. 가미야마 소진(上山草人)의 근대극협회 역시 활동이 대단히 많았다.[9] 전한은 당시 일본에서 쌓은 인연으로 중국을 방문한 동시대 일본 작가와 교류한 최초의 신문학 작가로 평가받는 등 중·일 신문화 교류에 있어 중요 창구 역할을 하였다.[10]

---

7) 서특립은 장사사범학교 교장 시절에 학생들을 친아들처럼 사랑하여 항상 가난한 학생들을 도왔다 한다. 사범학교에 입학한 전한이 돈이 없어 모기장을 구입하지 못한 것을 본 서교장은 모기장을 사서 전한에게 전해주었다 한다. 「徐特立 ─ 一生剛烈寫傳記」, 『중화망』, 2001년, 5월 30일.

8) 극본이 산실되어 현재 전하여지지 않고 있다.

9) 전한, 「창작경험담」, 『전한문집』, 제 1권, 460면.

10) 小谷一郎, 「日中近代文學交流史の中における田漢 - 田漢と同時代日本人作家往來」, 『중국문화』, 한문학회회보 55호, 1997년, 66면.

2) 최초 화극 창작부터 남국사 시기까지(1919년 ~ 1929년)

　전한은 1919년 7월 이대조·왕광기 등이 창설한 소년중국학회에 가입하여,『소년중국』을 통해 장편 논문과 신시 외에 외국 문예작품을 번역·발표함으로써 점차 국내에 이름이 알려지게 되었다. 전한은 이 때 처음으로 화극《바이올린과 장미》를『소년중국』에 발표하여 반향을 불러 일으켰고, 이후 자칭 출세작이라고 말하는《커피점의 하룻밤》을 발표하여 정식으로 연극 창작의 길로 접어들었다.

　1921년 외숙부 역상의 죽음을 전해듣고 비통함에 빠져 경제적 지출도 줄이고 상호 정신적으로 위로하기 위해 역상의 딸인 역수유(易漱渝)와 동거 결혼하였다.[11] 1921년 창조사의 설립에 적극 참여하여 활동하다가 1923년『창조계간』제4기 이후 창조사를 탈퇴하였다. 1923년 가을에는 상해대학 국문과에 교수로 부임하여 문학개론과 근대연극 등의 과목을 가르쳤다.

　1924년 1월 상해에서 아내 역수유와 함께 반월간으로『남국』을 창간하였다. 이 간행물은 두 사람이 직접 자금을 대고 인쇄와 교정·교열을 맡아 발행한 것이다. 제 3기부터는『남국신문』을 덧붙여 간행하고, 각종 예술 즉 연극·영화 및 출판물에 대한 비평에 주력하였다. 창작·평론·문예 통신을 실었는데 경제적·정신적으로 지나친 부담이 된데다가 아내의 심장병으로 겨우 4기까지만 출간하고 그해 3월에 정간하게 되었다. 그 후 얼마되지 않아 아내 역수유가 산후 조리병에 걸린 데다가 엉터리 의사의 잘못된 처방으로 병이 더욱 악화되자 함께 호남으로 돌아가 요양하였지만 1925년 1월 14일에 세상을 떠나고 말았다.

---

11) 역수유는 전한의 일본 유학을 도왔던 역상의 딸이다. 전한과 역수유는 어릴 적 소꿉친구로 결혼후 역수유는 첫째 아들 전해남(田海男)을 낳은 지 얼마 되지 않아 사망하였다. 「田漢之子說田漢」,『북경일보』, 2001년 4월 22일.

이후, 잠시 장사에서 머물면서 장사 제1사범학교에서 교편을 잡았다가 '5·30' 운동발생이후 상해로 돌아갔다. 같은 해 8월에는 좌순생의 권유로 『성사주보』의 주편이 되어 부간으로 『남국특간』을 만들었으며, 동년 가을에는 상해대학과 복단대학의 초빙을 받아 교편을 잡았다. 1927년 2월에 아내 역수유의 유언에 따라 황대림(黃大琳)[12]과 재혼한 전한은 동년 5월에 남국영화극사 동인들과 함께 남경으로 가서 국민당 정부의 총정치부 선전처 예술과 고문으로 초빙되어 영화 반을 담당하였다. 가을에는 사립상해예술대학 여금휘의 요청으로 문예과를 맡게 되었는데 얼마 후 이 학교의 학교장이 되었다. 전한은 예술대학에서 구양여천과 당괴추·고백세 등의 연극계 인사와 교류하면서 '예술어룡회'를 조직하여 활발한 연극 공연 활동을 펼쳤다.[13] 전한과 구양여천·서비홍은 하비방에서 여러 번 모임을 가지면서 논의 끝에 남국영화극사를 '남국사'로 개명하였다.

당시 여타 연극단체들이 외국 연극을 가지고 와서 공연할 때 전한은 스스로 창작한 극본으로 독특한 문학의 맛과 연출 풍격을 가지고 직접 공연을 하였다. 남국사에서 했던 공연의 레퍼토리는 전한이 직접 창작한 극작이 중심이 되었다. 이후 남국사는 1928년 말 상해에서 두 번 공연하고 광주와 남경 지역에서도 공연을 가지는 등 중국 남부지역의 화극 붐을 조성하였다. 전한은 1929년에도 계속해서 남국사를 이끌고 남경·광주·무석 등지에서 공연하였다. 남국사는

---

12) 황대림은 서특립의 제자이자 전한의 첫째부인 역수유의 유치원 친구였다. 역수유는 1925년 병으로 세상을 떠나기 전 전한이 황대림에게 구혼하기를 희망하였다. 전한과 황대림 두 사람의 결혼 생활은 2년 8개월 밖에 지속되지 않았다. 「田漢第二任婦人遺稿在寧發現」, 『신화망』, 2001년 6월 4일.

13) 전한은 구양여천 등과 같은 사람은 예술에 있어서 이미 탁월한 성취가 있기에 '용(龍)'이라 하고, 대학의 학생들은 아직 세상의 험한 풍랑을 겪지 않은 '물고기(魚)'라 하여 이를 '예술어룡회'로 부른다고 하였다. 왕위국 외 『중국화극』, 문화예술출판사, 1998년, 29면.

1929년 7월 7일부터 12일까지 대중교 옆 통속교육관에서 제 2차 남경 순회공연을 하였다. 그러나 원래 계획되었던 《손중산의 죽음》은 국민당의 제지로 무대에 올리지 못하였다. 전한은 『남국』 반월간에서부터 1930년 남국사가 폐쇄 당하기 전까지의 활동을 '남국예술운동'이라 하였다. 전한의 작품은 당시 청년들의 공감을 얻었고 이로써 20년대 주요 극작가가 되었다. 남국사의 연극은 새로이 부흥되는 화극에 생기를 불어다 주고 화극 운동을 활성화시키는 역할을 하였다.

3) 좌련시기(1930년 ~ 1937년 6월)

1929년 8월에 중국 공산당이 이끄는 상해예술극사가 창설되어 '무산계급의 연극'을 주장하였다. 예술극사는 1930년 4월에 국민당 정부에 의해 폐쇄 당하였지만 좌익 극단의 성립을 촉진하는 역할을 하였다. 전한은 1930년 4월 15일 『남국월간』에 「我們的自己批判」을 발표하고, 5월 1일에는 「從銀色之夢裏醒轉來」라는 두 문장을 발표하여 공개적인 사상 '전향'의 뜻을 밝혔다.

전한은 7월에 남국사를 대표로 하여 예술극사와 신유극사·대하극사·모던극사·희극협사·광명 등 7개 연극단체와 결탁하여 '좌익극단연맹'을 결성하였다. 그러나 남국사가 국민당에 의하여 폐쇄됨에 따라 여타 극단 역시 활동을 중지할 수밖에 없어 좌익극단연맹은 유명무실하게 되었다. 따라서 1931년 1월에 개인의 자격으로 참가하는 '좌익희극가연합회'가 결성되었고 전한은 책임자로 추대되었다.[14] 이 연합회는 좌련 성립 이후 중국 공산당이 직접 이끄는 첫 번째 문

---

14) "田漢同志……, 任左翼戲劇家聯盟黨團書記." 모순, 「傑出的無産階級戰士 — 田漢」, 『전한문집』, 제1권, 代序, 3면.

예조직이었다. 전한은 유보라와 역걸·노사·이춘림·주백훈 등과 함께 좌익연극가연합회의 가장 중심이 되는 극단인 '대도극사'를 조직하여 학생·노동자들과 함께 연극 운동을 전개하였다. 그 해 8월 8일, 안아(安娥)와의 사이에서 둘째 아들 전대외(田大畏)가 태어났다.

1932년 1월에 '1·28'사변이 발생하자 2월 3일에 노신·모순 등 상해 지역 문인과 함께 일본 제국주의에 항의하는 문장을 발표하였고,[15] 그 해에 장광자 등의 영향으로 중국 공산당에 가입 신청을 하였다. 전한은 1933년 2월 상해에서 발족한 영화문화협회의 집행위원으로 활동하였으며, 공로를 인정받아 중국 공산당 상해 중앙국 문화공작위원회 위원이 되었다.

전한은 1935년 2월 상해에서 국민당 정부에 의해 체포되어 용화 송호 경비사령부에 압송되어 갔다가 남경의 헌병사령부로 이감되었다. 동년 8월에 전한은 등에 종기가 나자 서비홍과 종백화의 도움으로 장도번을 통해 진과부에게 손을 써 간신히 보석으로 풀려나올 수 있었지만 국민당 정부는 전한을 남경에 연금시킨채 연극활동만 할 수 있게 하였다.[16] 전한은 국민당 정부의 우대를 받으며 응운위·마언상·왕진생 등과 함께 아마추어 화극 단체인 '중국무대협회'를 조직하여 연극 활동을 전개하였다. 전한은 국민당 정부의 간섭을 막기 위하여 협회의 조직이나 연출자, 심지어 배우까지 남경과 상해 등지에서 임시로 초빙하여 극을 올렸으며, 공연한 연극의 내용도 모두 항일을 주제로 한 것이었다. 전한은 남경에서의 연극 활동은 좌익운

---

15) 노신·모순·주양·하연·양한생 등과 더불어 43명이 서명하여 『상해문화계 고세계서』를 발표하였다. 장향화, 앞의 책, 162면.

16) 전한은 당시 다음 세가지 조건 하에 석방되었다. 첫째, 출옥 후 남경을 떠나서는 안된다. 둘째, 정치활동에 참여하여서는 안된다. 셋째, 연극활동은 할 수 있다. 「田漢抗戰前夕在南京的演劇活動」, 『南京名人』, http://www.jltour.com//jltour/celeb/celeb-42.htm.

동에서 항일민족통일전선으로 발전되어 가는 경향을 보였다. 그러나 당시 상해 좌익문예계의 인사들은 전한이 남경에서 국민당의 도움으로 공연하는 것에 대해 못마땅하게 여겼다.[17] 이러한 이유로 전한은 톨스토이 소설《부활》을 개편[18]하여 6막으로 된 같은 이름의 화극을 만들어 3차례에 걸친 공연을 끝으로 활동을 중단하였다.

4) 항일운동부터 중화인민공화국 수립까지
(1937년 7월 ~ 1949년)

1937년 7월 7일 일본이 '칠칠사변' 즉 '노구교사건'을 일으켜 중국 침략을 개시한 이후 얼마되지 않아 중국 공산당 대표단은 남경에 있던 전한을 조사하고서는 그와 당조직간의 관계를 회복시켰다. 그리고 9월 『전면항전』창작의 자료 수집을 위하여 아우인 전홍(田洪)을 데리고 남경을 떠나 항일 최전선인 상해로 갔다. 10월 3일, 곽말약·구양여천·우경·증환당 등과 함께 유명한 평극 배우인 주신방·고백세·금소금 자매 등과 '上海戱劇界抗敵協會'를 창설하여 항일 선전활동에 적극적으로 참가하였다. 이후, 남경·강서를 돌아 무한으로 갔다가 다시 장사로 돌아와 '중화전국희극계항적협회' 위원으로 피선되어 마언상과 『항전희극』반월간을 주편하였다.[19] 그리고 『抗戰與戱劇』이라는 책을 써서 장사의 상무인서관에서 출판하였다.[20] 1938년

---

17) 하연은 「悼念田漢同志」에서, 당시 노신까지 이러한 사실을 못마땅하게 여겼지만 공산당에 입당한지 2~3년밖에 되지 않는 전한이 공산당의 요청에 따라 조직을 위해 공연을 중지한 것에 대해 높게 평가하고 있다. 『전한문집』, 제1권, 대서, 4~5면.
18) 이 극본은 9월 상해잡지공사에서 처음 발표되었다. 이후 1957년 중국희극출판사에 의해 단행본으로 재출판되었다.
19) 1937년 11월 16일 무한에서 창간하였으며 1938년 7월 13기로 종간하였다.
20) 이 책은 「抗戰與戱劇」·「話劇作戰」·「歌劇作戰」의 세 부분으로 나뉘어져 있다.

초에는 장사에서 요말사·장서·장수세 등과 더불어 『항전일보』를 창립하고 발행하였다. 1월 29일에는 '중화전국전영항적협회'가 무한에서 성립되었는데, 이 때 제1기 이사로 당선되었다. 이어 3월부터 11월까지는 무한에서 3청제6처 처장(예술선전 업무 담당)을 맡았고, '전국문예계항적협회'(간칭 문협) 이사가 되었다. 전한은 3청에서 거행하는 항전 확대 선전 주간과, 쌍십절 연출을 맡았으며 또 '가극연원전시강습반' 등의 활동을 주관하고, 화극·전통극·가무(잡기 포함)의 항적 연극단과 선전대를 조직하였다. 11월 정세가 점차 긴장되자 3청을 따라 무한으로 흩어졌다가 다시 장사로 이동하였다. 12월 장사에 큰 화재가 있은 후, 요말사·공소람 등과 함께 『신장사보』를 편집·발행하였다. 또 연이어서 장사 '가극연원전시강습반'을 운영하여 전통극 예술가를 양성하고 항전 공작에도 참가하였다. 1939년 봄이 되자 장사에서 '가극연원전시강습반' 기저로 하여 여러 개의 상극 선전대와 평극 실험선전대를 조직하였다. 또 직접 각 지역을 인솔하고 다니면서 노동자와 군인들을 상대로 연출하였다. 초여름이 되자 호북의 전세가 더욱 급박해짐에 따라 평극 선전대를 인솔하여 장사를 떠나 서쪽 계림으로 갔다. 가을에 이르러서 호북의 정세가 약간 호전되자 다시 평극 선전대를 이끌고 계림을 떠나 호남으로 돌아와 형양과 장사 일대에서 활동하였다.

1940년 10월이 되자 국민당 정부는 진보 문화인사에 대한 억압을 강화하기 위해서 정치부의 이름에서 3청을 떼고 '문화공작위원회'라고 고쳤다. 전한은 계속 남아서 이 위원회를 맡기로 결정하고, 제2조 조장을 맡아 예술 선전 활동을 주관하였다. 1941년 '환남사변' 이후 정세가 악화되자 중경으로 쫓겨났다가 호남으로 돌아와 노모를 봉양하며 남악산 아래서 약 4개월 정도 칩거하였다. 어머니를 위하여 자전체 산문인 《母親的話》라는 약 수 십만 자에 달하는 긴 글을 썼다.[21] 일본군이 장사를 점령하자 전한은 어머니와 셋째 아우 전홍 부부 등 모든 가족과 함께 계림으로 이주하였다. '문화공작위원회'의 위원이란 신분 때문에 정치적인 압박과 경제적인 곤란을 받아 해체 위기에 처한 3청의 각 연극단원을 적극적으로 도와주었다.[22]

1942년 6월에는 연초에 계림으로 흘러 들어온 상극선전 4대 부분 예술인을 지원하여 '중흥상극단'을 조직하고 항전 선전 활동을 전개 하였다. 1944년 2월에는 구양여천·구백음 등과 함께 '서남제일회희 극전람회'를 개최하였다. 1944년 8월에 일본군이 호남의 계림 일대 를 침범하자 계림문화계협회 공작대에 참가하여 신중국극사와 사유 아동극단을 이끌고 계림을 떠나 서남 각지를 전전하며 선전도 하고 위문 공연도 하였다.

1945년 8월 14일 일본군의 무조건적인 항복소식 이후에도 전한은 계속해서 운남 등지에서 공연하였다. 12월 서남 연합 대학생의 '1 2·1'학살사건 소식을 듣고 중경 연극계 동인들과 더불어 '중국희극 공작자연의회'를 발기·조직하였다. 5월에는 곽말약과 함께 연이어 상해로 가 문화계를 단결시키고 민주반전운동에 종사하였다. 그 해 에 조경심·정총 등과 '상해예문단체연의회'를 성립시키고 상무이사 를 맡았으며, 우령·이건오·오조광 등과 함께 '중국극작가협회'를 창설하였다. 전한은 당시 국민당 정부가 추진하였던 예술인 등록제

---

21) 1942년 10월 15일, 《母親的話》를 발표하였다. 어머니의 입을 통하여 자신의 집안사와 유년, 소년생활을 상세히 말하고 있다. 이 날부터 1943년 11월 계림 『인간세』1권 1기에서 6기 및 1944년 6월 계림 『당대문예』1권 5, 6기 합간에 연 재되었으나 未完刊이다. 현재, 『전한문집』, 제14권에 게재되어 있다.

22) 예를 들면, 두선과 구백음 등이 '신중국극사'를 성립시킨 것을 찬조하는 것과 이미 해산된 평극 선전대의 일부 대원이었던 이영춘·정역추 등을 모아서 '문 예가극단'을 만들어 항전 신전을 유지해 나가는 것 등이었다.

의 시행을 적극적으로 반대하는 한편, 매란방·주신방·고백세·마언상·홍심·구양여천·웅불서·응운위·황좌림을 소집하고, 또 곽말약·정진탁·허광평·하연 등과 함께 여러 차례 '평극개혁좌담회'와 '화극부흥좌담회'를 개최하였다. 당시 전한은 창작에 열중하여 국민당 정부에 반대하는 작품을 발표하였을뿐만 아니라 『신문보』와 『문휘보』에 연극계의 단결과 개혁을 주장하는 문장을 발표하였다.

5) 중화인민공화국 수립 이후(1949년 이후 ~)

전한은 1949년 2월 인민해방군을 따라 북경으로 들어가 천안문에서 개최된 평화해방경축대회에 참가하였다. 3월에는 곽말약·서비홍·정령·조우·정연추 등과 함께 58일 동안 프라하에서 거행된 세계 평화수호대회에 참석하고 소련도 방문하였다. 7월에는 중화전국문학예술가대표대회에 참가하여 주석단의 성원이 되었다. 또 전한은 전국문련의 상임위원으로 피선되었고 중화전국연극공작자협회 주석, 중화전국문학공작자협회 위원, 영화공작자협회 위원이 되었으며, 중화인민공화국이 수립된 이후 중앙인민정부정무원 문화교육위원회 회원으로 임명받아 중앙문화부 전통극 개진국 국장이 되었다. 나중에는 '북경희곡실험학교' 교장을 겸임하였다.

중화인민공화국의 관리가 된 전한은 적극적으로 전통극 개혁을 추진함과 동시에 전국 각지를 다니면서 여러 극단을 탐방하고 배우들의 생활을 이해하려고 노력하는 등 인재 양성과 이론 개발에 헌신하였다. 1954년 1월, 전국극협에서 창간한 『희극보사』의 사장을 맡았고, 1957년에는 중국희극출판사 사장의 직책을 맡아 『희극논총』(계간) 편집위원회를 열어 하연·구양여천·양한생과 더불어 「擧辦話劇運動五十周年紀念及搜集整理話劇運動資料 `出版話劇史料的

建議」를 제출하였다. 또 구양여천·장경 등과 「整理著名老藝人(戱曲)表演藝術經驗籌備委員會」를 조직하였다. 1959년 2월, 『희극논총』과 『희곡연구』를 합간하여 『희극연구』(쌍월간)를 발간하였다. 1961년에 서안에서 섬서 전통극 완완강23) 《여순안》의 공연을 보고 이를 경극 《사요환》으로 개작하였다.

전한은 1954년부터 1964년 강청과 강생 등이 《사요환》을 문제삼아 대독초라는 비판을 가함으로써 공산당에서 축출될 때까지,24) 전국을 돌아다니면서 각종 연구좌담회와 전통극 및 화극 시연대회 등에 참여하였다. 전한은 1964년 7월 정풍운동이 시작되자 핍박을 당하기 시작하여 저작활동도 정지 당하였다. 사상검사를 받았고 북경교외 순의현 우란산에서 노동훈련을 하였다. 1966년 6월에 문화대혁명이 시작되자 격리되어 심사를 받았으며, 12월 4일에 팽진·만리·유인·임풍·하연 등과 함께 체포되어 투옥되었다. 1967년 '반역자' 또는 '간첩'이라는 모함을 당하여 심한 고문을 당해 몇 번이나 의식을 잃다가 '이오(李伍)'라는 이름으로 301 병원으로 보내지기도 하였으나 결국 1968년 12월 10일 감옥에서 병사하였다.

전한은 1979년 4월 25일 중화인민공화 중앙의 결정에 의해 복권됨으로써 1차 명예회복을 이룩하였다. 또한 1992년 8월에는 하연과 파금·빙심·양한생·조우·장경 등 15명의 문예계 인사들이 연명하여 「전한기금회」 설립을 중앙 정부에 건의하자 이붕과 이서환이

---

23) 섬서성에서 행해지는 지방극의 일종으로 '피영희'에서 발전되어 섬서성 위남과 대려 일대에서 유행하였다.

24) 《사요환》에서 주인공 사요환은 백성들의 고난을 해결하기 위해 굳센 투쟁을 벌이나 끝내 희생을 당하고 만다. 이로 인하여 극좌적인 성향을 띠고 있었던 사인방과 임표에게 공격을 당하게 되고 결국 1966년 2월 『인민일보』에 공개적으로 《사요환》은 '반당, 반사회주의의 대독초'라는 비판을 받게 된다. 진백진·동건, 『중국현대희극사고』, 중국희극출판사, 1989년, 238~239면.

찬성을 표시하고 이후 주용기가 관심을 갖게되어 1996년 3월 14일 북경에서 기금설립대회를 갖는 등 현재는 완전한 명예 회복이 이루어 졌다고 평가될 수 있다.[25]

3. 정치 역정과 화극 창작 경향

1) 공산당원으로의 사상전향

전한이 공산주의에 주의를 기울이기 시작한 것은 일본 유학시기인 1917년 러시아에서 10월혁명이 일어났을 때였다. 당시 전한은 신문에 보도된 경제관련 자료를 수집하여 「俄國今次之革命與貧富問題」라는 글을 써서 혁명의 원인과 필연성에 대해 분석하였다. 이 문장은 이대구의 주의를 끌어 전한은 그로부터 격려의 편지를 받기도 하였다. 전한은 일본 동경에 모인 각국 혁명가 및 학생들과 함께 'cosmo club'을 조직하여 일본 경찰로부터 요주의 인물로 지목받아 특무의 방문을 받기도 하였지만, 당시 그의 사상은 공산주의와 무정부주의를 분명하게 분별하지 못하는 모호한 상태였던 것으로 자술하고 있다.[26]

1921년 7월 1일 중국에서 공산당이 창당된 이후 얼마되지 않아 곽말약과 성방오·욱달부 등과 함께 모여 '창조사' 설립을 계획하고, 동년 9월 29일 「『창조계간』출판예고」를 발표하는 등 창조사 활동에 참가하여 진보적 인물들과 교류하였다. 그러나 전한의 창조사 탈퇴 배경이 성방오와의 개인적 감정에 의한 것이라는 점에서 살펴볼 수

---

25) 전한기금회는 북경시 동성구 세관호동9호에 위치하며, 중앙문화부 소속 전국 규모의 법인체이다.
26) 전한, 「我所認識的十月革命」, 『전한문집』, 제 16권, 275면.

있듯이,[27] 정치적 신념이 문예활동의 우위에 있지 않음을 알 수 있다. 이러한 점은 남국사 활동이 한창이던 1929년 국민당 정부의 초청 연회에서 전한이,

> 예술과 정치는 어떤 때는 친구이지만, 어떤 때는 적이다. 현명한 정치세력은 그것의 성장을 도와준다. …… 정치는 항상 현상을 유지하려는 자세를 보인다. 그렇지만 예술은 늘 정체되어 있고 고정되어 있는 현상을 깨뜨리려고 하는 힘이다.
>
> 藝術同政治有時是朋友, 有時是敵人。 賢明的政治勢力能助他滋長。 …… 但政治時常是維持現狀的, 而藝術時常是對於將要停滯、將要固定的現狀之衝破力。[28]

라고 말하여, 정치와의 관계설정에서 고뇌와 경계심을 보이고 있는 것에서도 자명하여 진다. 그러나 전한이 본격적으로 극작 활동을 전개하였던 1920년부터 1950년까지의 중국은 좌우 대립속에서 계급투쟁이 격렬하게 전개되던 시기였다. 따라서 전한은 예술운동과 사회참여라는 양자택일의 기로에 서서 번민을 거듭할 수밖에 없었다. 전한은 당시(1929. 10. 25) 창작한 아래의 시《연기》에서 다음과 같이 자신의 감정을 술회하고 있다.

> 번민이 매일같이 찾아오니, 단지 저주만 할 뿐.
> 머리는 하루하루 하얗게 새어가고, 사람은 나날이 야위어만 가네.
> 좌우에 모두 길이 나 있건만, 도대체 어디로 가야만 하나!
> 네가 결정을 못하고 있다면, 번뇌로부터 벗어날 수 없으리.

---

27) 성방오가 그의 연극 작품을 혹평하는 평론을 썼는데, 인쇄직전에 이를 목격하고 홧김에 창조사를 탈퇴하였다. 조총 저, 박재연 옮김. 『중국현대작가론 I』, 온누리, 1988년, 133면.
28) 전한, 「南國社的事業及其政治態度」, 『전한문집』, 제 14권, 217면.

전혀 담배를 가까이 가지도 않던 내가,
지금은 잠시도 내려놓을 수가 없네.
번뇌여 짙은 연기와 함께 날아 가다오.
우리는 사회의 내일을 위해 투쟁해야 하리니!
煩惱是一天天的來, 盡管你向他詛咒,
頭髮是一天天的白, 人也一天天的瘦.
左右都有路啊, 你到底走哪一條好?
當你總不決定的時候, 你休想逃開煩惱!
老不愛抽香烟的我, 這些時不離香烟.
讓煩惱化濃烟吹去罷, 我們要爭社會的明天![29)

　　남국사 활동당시 전한은 자칭 이원론적 관점을 지니고 있었다. 그는 "나는 사회활동과 예술활동에 대해 이원론적 견해를 가지고 있었다. 사회운동에 있어서는 네 번째 계급이 되어 싸우기를 희망하였으나 예술의 분야에서는 오히려 예술지상주의를 유지하고 있었다"[30) 라고 밝혔다. 사회적으로 비판적인 현실주의 의식을 소유하고 있지만 낭만적인 색채를 가진 유미주의를 예술로서 반영하는데 따른 지식인의 고뇌가 반영된 것이었다.

　　전한이 고민에 빠져 있을 때 문예계에 불어온 '혁명문학'의 바람은 그에게 새로운 방향을 제시하여 주었다. 1928년을 전후하여 연극계에서도 '민중 연극의 혁명화'문제가 제기되었다. 전한은 당시 좌익계열인 '예술극사'에서 공연한 《탄갱부》와 《양상군자》·《애여사적각축》을 관람한 이후 감흥을 받아 남국사 단원들을 독려하였고, 이후 하연과 풍내초·장광자 등의 좌익작가들과 교류하게 되었다.

29) 전한, 《연기》, 『전한문집』, 제12권, 91면.
30) "我對於社會運動與藝術運動持着兩元的見解. 即在社會運動方面很願意爲第四階級而戰, 在藝術方面却仍保持着多量的藝術至上主義." 전한, 「我們的自己批判」, 앞의 책, 326면.

전한은 1930년 4월 『남국월간』 제2권 제1기에 「我們的自己批判」을 공개적으로 발표하여 그동안 전개하여 왔던 남국사 활동을 "저 낮은 땅으로부터 쏟아져 나오는 신흥계급의 광명이 소자산계급의 감상적이고 퇴폐적인 것에 의해 아주 깊게 뒤덮여 있었다고 생각한다"[31]라 하여 그동안 표방하였던 예술지상주의 경향을 비판적으로 청산하였다. 그는 또한 "현재 세계문화발전의 조류를 고찰하여, …… 우리 중국청년이 마땅히 어떻게 예술운동을 할 것이며 그런 연후에 민중들의 요구를 저버리지 않고, 또한 새로운 시대의 실현에 공헌할 것이다"[32]라고 전향을 선언하였다. 이어 1930년 5월에는 「從銀色之夢裏醒轉來」라는 문장을 발표하여 일본의 谷岐潤一郎의 영화관의 영향을 받은 '영화는 꿈이다'라는 관점이 잘못되었음을 인정하고 처음으로 마르크스 레닌주의 계급분석 이론을 도입하여 미국과 일본의 영화를 비판하고 소련영화를 찬양하기도 하였다.[33]

그러나 전한이 선언적 사상 전환에서 실제 창작 활동을 통해 좌익으로 완전 전환한 것은 '정부의 창작 활동 간섭'이라는 외인적 요소 때문에 촉발되었다. 1930년 6월, 남국사가 프랑스 메리메의 동명 소설을 개편한 6막 화극 《카르멘》을 상해에서 두 차례 공연하였지만 반항색채가 너무 풍부하다는 이유로 국민당에 의해 공연금지 당하였다. 국민당 정부의 창작 활동에 대한 억압적 간섭은 그동안 국·공에 편향되지 않았던 전한에게 좌익화를 강요한 꼴이었다.[34]

---

31) "想從地底下放出新興階級的光明而被小資産階級的感傷的頹廢的霧籠罩得太深了." 전한, 「我們的自己批判」, 앞의 책, 352면.
32) "考察現在世界文化發展的潮流, …… 我們中國青年應做何種藝術運動然後才不背民衆底要求, 才有貢獻於新時代之實現." 전한, 「我們的自己批判」, 앞의 책, 353면.
33) 전한, 「從銀色之夢裏醒轉來」, 『전한문집』, 제 14권, 358~362면.
34) 1929년 겨울 중국좌익작가연맹을 조직하기 위한 준비작업에 착수하였을 때에 장광자가 전한을 발기인으로 추천하자 많은 이들이 그가 좌익이 아니라는 이

전한이 「我們的自我批判」을 발표한 이후 좌익으로 전향한 것은 중국 연극계에 광범위한 영향을 끼쳤을 뿐만 아니라 좌익연극운동 의 발전을 촉진하였다.[35] 전한은 1930년 7월에 남국사를 대표로 하여 상해예술극사와 신유극사·대하극사·마등극사·희극협사·광명 등 7개 연극단체와 연락하여 '상해극단연합회'를 설립을 계획하고 이를 조직하였다. 이 연합회는 8월 1일 '좌익극단연맹'이라는 명칭으로 정식 성립하여, 다음 해 1월 '좌익희극가연합회'로 개명하였는데 전한은 연합회의 책임자로 추대되었다. 전한은 1932년 장광자 등의 추천으로 중국 공산당에 정식으로 입당하였다.[36]

2) 항일 구국 운동

1937년 7월 7일 중일전쟁이 발발하자 중국내 새로운 사회변혁을 지향하던 세력들이 표방하는 이념은 좌우를 막론하고 침략자에 대해 항거하는 투쟁을 민족의 최대 과제로 삼는 민족주의적인 이념을 공통적으로 가질 수밖에 없었다.

당시 전한은 "문맹이 90%이상을 차지하는 중국에서, 민중을 동원할 수 있는 가장 효과적인 수단이 바로 연극"[37]이라는 인식을 가지고 있었다. 따라서 전쟁 발발 직후인 1937년 8월에 7·7 사변을 극화한 4막 화극인 《노구교》를 창작하여[38] 항일의 의지를 불태우는

유로 반대하였다 한다. 그러나 문예계내 남국사의 영향력을 고려하여 전한의 발기인 추천에 동의한 것으로 보아 1929년 겨울까지는 사상 전향이 이루어지지 않았음을 알 수 있다. 하연, 「悼念田漢同志」, 앞의 책, 4~5면.

35) 유평, 「關於田漢研究的幾點思考」, 『중국현당대문학연구』, 1994년, 12기.
36) 당시 구추백이 중공중앙문화공작위원회를 대표하여 선서의식을 주관하였다.
37) "在文盲占百分之九十以上的中國, 動員民衆的最有效的手段就是戲劇!" 전한, 「抗戰與戲劇」, 『전한문집』, 제 15권, 14면.
38) 《노구교》는 8월 9일, 남경 대화희원에서 처음 공연되었다.

한편, 연극을 통한 대일 선전활동 업무를 책임지는 위치에서 연극계의 협력을 주도하고 선전 활동 도구로서의 연극 창작과 이론 개발에 전력을 다하였다.

항일시기의 전한의 연극 활동은 연극계의 일치 단결을 주도하는 단체 활동과 항일시기 연극의 이론 개발, 그리고 창작 등의 3분야에서 찾아볼 수 있다. 먼저, 전한은 항전시기에 처한 당시 연극계를 항일투쟁에 적합하도록 조직하고 지도하는 일에 주력하였다.

전한은 항전 초기 잡이등희원(지금의 장강극장)에서 개최된 '상해희극계구망협회' 창립대회에 참가하여 "적에 대항하여 나라가 망하는 것으로부터 벗어나야 한다는 공동의 목표 아래 통일하고 협력하여야 한다. …… 우리는 자신의 모든 것을 희생하고, 구망사업을 펼쳐 자신을 구해내야 한다"[39]라고 주장하여 전체 연극계가 합심·협력하여 대일 투쟁에 나설 것을 주문하였다. 이후 1937년 10월 3일, 곽말약·구양여천·우경·증환당 등과 좌담회를 갖고 '상해희극계항적구망협회'를 조직하였다. 1937년 11월 상해가 함락 당하기 전날 밤, 남경과 강서를 돌아 무한으로 갔다가 다시 장사로 돌아와 '중화전국희극계항적협회'(간칭 극협) 위원으로 피선되었다. 1938년 3월부터 무한에서 3청제6처처장을 맡아 예술선전 업무를 담당하였으며, 1939년에는 '오페라단원 전시강습반'을 토대로 여러 개의 상극 선전대와 평극 실험선전대를 조직하여 직접 각 지역을 다니면서 노동자와 군인들을 상대로 공연하였다. 1940년 10월에 국민당 정부가 정치부에서 3청을 떼고 '문화공작위원회'를 설립하자 제2조 조장을 맡아 예술 선전 활동을 주관하였다. 1942년 6월에는 항적상극선전 4대 분야

---

39) "在抗敵救亡這一共同的目標下統一, 合作起來。 …… 我們要犧牲自己的一切, 從救亡工作中來救自己。" 상해, 『구망일보』, 10월 8일, 장향화, 앞의 책, 241면.

예술인으로 '중흥상극단'을 조직하여 항전연극단체의 지원과 지도에 힘썼다. 1943년 연말에 구양여천·구백음 등과 함께 '서남제일회회극전람회'를 발기하고 1944년 2월에 계림 광서성 예술관에서 서남연극전람회를 개최하였고, 8월에 일본군이 호남의 계림 일대를 침범하자 계림문화계협회 공작대에 참가하여 신중국극사와 사유아동극단을 이끌고 계림을 떠나 서남 각지를 전전하며 선전 활동 겸 위문 공연을 가졌다. 1945년에는 귀양에서 3개월간 머물면서 각계 인사들이 문화인을 구제하기 위한 일을 전개하는 동시에 사유아동극단을 이끌고 노동자와 군인들을 위한 자선공연과 의연금 모금 공연을 하였다. 4월에는 곤명에 도착하여 신중국극사와 사유아동극단의 생활과 공연 문제로 바쁘게 뛰어 다니는 등, 그 해 8월 14일 밤 일본군이 무조건 항복할 때까지 항일 연극 공연을 중단하지 않았다.

둘째, 전한은 항전시기에 연극관련 잡지와 신문 등의 발간을 통해 항전 시기에 적합한 연극 이론을 정리하고 소개하는 한편 연극계가 나아갈 길을 제시하였다.

1937년 장사에서 『항전희극』 반월간을 주편하고 『抗戰與戱劇』이라는 책을 출판하였으며, 1938년에는 장사에서 『신장사보』를 편집·발행하였다. 1940년 11월에는 계림에서 『희극춘추』잡지를 주편하여 창간하였는데, 이 때를 전후로 '희극춘추사'의 명의로 중경·계림 등지의 저명한 문화계 인사인 곽말약·모순·두국상·양한생·호풍·노사·유아자·홍심·능학·광미연·사동산·응운위·마언상·갈일홍·진백진 등 수십 인을 초청하여 '연극의 민족형식 문제'와 '역사극 문제'와 관련있는 중요한 좌담회를 주최하였다. 전한은 위의 간행물을 통해 항전시기의 연극에 대해 다음과 같은 인식을 가지고 있었다.

연극은 민중을 동원하는데 가장 효과적이고 적합한 방법이다.
戲劇就是動員民衆的最有效的手段和合適的辦法。[40]

연극은 가장 좋은 항전 선전의 무기이다.
戲劇是最好的抗戰宣傳的武器。[41]

　　연극은 항일운동을 전개하고자 민중을 동원할 때 가장 훌륭한 선전도구라는 주장인 것이다. 따라서 전한은 연극이 본연의 효능을 충분히 발휘할 수 있도록 전국 각지에 흩어져 있는 연극계 인사들을 한데 모아 단일 항일 투쟁대오 확립에 주력하는 한편, 이들 간행물을 통해 창작된 극작품에 대해 비평하고 소개하는 작업을 병행하였다. 당시 발표한 연극계 이론중에서 주목할 만한 것으로는 연극의 민족 형식 문제에 대한 견해였다. 전한은 중경에서 거행한 '연극의 민족형식문제 좌담회'에서, 갈일홍의 "민족형식문제는 과학적인 세계관과 현실주의의 창작방법, 생생한 현실생활을 학습해 나감으로써 해결해야 한다는 것"[42]에 대해 동의하면서 다음과 같이 말하였다.

　　　결코 비판적으로 구형식을 받아들이는 것을 반대하는 것이 아니라, 민수주의적[43] 편향에 빠질 가능성에 스스로 주의하여야 한다는 것이다. 가령 이러한 편향이 발생하였다면 반드시 즉시 그것과 투쟁하여야 한다.
　　　立非反對批判地接受舊形式，　而是自注意可能陷入的民粹主義

---

40) 전한, 「抗戰與戲劇」, 앞의 책, 14면.
41) 전한, 『희극춘추』, 「발간사」, 『전한문집』, 제 15권, 73면.
42) "要解決民族形式問題得向科學的世界觀, 現實主義的創作方法, 活生的現實生活去學習。" 장항화, 앞의 책, 292면.
43) 民粹主義(나로드니키주의) : 1860~90년 러시아에서 지식인들이 제창한 농본주의적 급진사상.

的偏向。假使發生了此種偏向必須立卽和它鬪爭。44)

전한은 「關於抗戰戲劇改進的報告」와 「抗戰演劇隊之編成及其工作」이란 문장 등을 통해 항전 연극운동의 경험을 종결하고 있는데 이는 현대 연극사에 있어서 중요한 문장이 되었다.

셋째, 항전시기 전한은 직접 창작을 통해 일본제국주의자들의 침략행위와 반침략 투쟁의 전과정을 화극과 전통극·영화 등을 이용해 고발하였다.

항전시기 화극 작품 중 전한의 대표작을 살펴보면 다음과 같다. 중일전쟁 발발 직후인 1937년 8월 7·7 사변을 극화한 4막 화극《노구교》와《최후의 승리》를 창작하여 항일의 의지를 불태웠다. 1941년 후반기에 5막극《추성부》를 창작하였고, 1942년에 화극《안녕, 홍콩》을 합작·발표한 후 이를《비바람 속에 배로 돌아가다》로 바꾸어 다시 공연하였다. 이 외에도 1942년에 창작한 4막 화극《황금시대》가 있다.

3) 억압에 대한 반항의식 표출

전한은 평생 창작 활동을 전개함에 있어 한번도 사회와 민족 그리고 역사적 사명에서 벗어난 적이 없었다. 전한은 스스로 "나는 무술정변이 나던 그 해에 태어났다. 비록 시골에 있었지만, 친척들이 부쳐오는 책과 신문을 통해서 나라가 위험에 처해 있음을 알 수 있었다. 그래서 창작의 뜻을 가지고 있었다"45)고 하였다. 전한은 조국

---

44) 전한, 「話劇要有鮮明的民族風格」, 『전한문집』, 제 16집, 240면.

45) "我是戊戌政變那年生的, 雖在鄕村, 却由親戚們寄來書報知道些國勢阽危, 頗有問世之志。" 전한, 「淸談之月」, 『전한문집』, 14권, 394면.

이 처한 상황에 대해 깊은 관심을 가졌고, 또 시대 정신과 더불어 호흡하는 지식인이었다.

전한은 기설한 바와 같이 20년대에 직접 남국사의 예술운동을 조직하고 지도하였고, 30년대에는 좌익 연극·영화·음악 운동 조직에 참여하고 영도하였으며, 또한 40년대에는 항일 민족 연극운동을 조직하고 직접 영도하였다. 그는 이러한 문예 운동을 전개함에 있어서 집권정부에 아첨하거나 결탁하지 않았다. 그는 "예술운동은 반드시 민간으로부터 일어나야만 하는 것이지 절대로 남의 권세를 등에 업고 해서는 안되는 것이다. …… 자신의 힘에 의지하여 자신의 계획을 실행해야만 하는 것이다"[46]라고 말하였다. 이는 국민당과 공산당으로부터 모두 끝까지 지지를 받지 못하는 까닭이기도 하였다. 문예계 특히, 연극계를 대표하는 인물로 대일 항전활동 및 반국민당 활동을 주도적으로 전개했음에도 1967년 임표와 4인방에 의해 '반역자' 또는 '간첩'이라는 모함을 당해 감옥에서 병사한 그의 개인 내력을 살펴보더라도 이를 쉽게 짐작할 수 있다.

전한은 항전시기 일본 제국주의 침략에 대항하여 분명하고도 단호한 목소리를 낼 때를 제외하고는 정치적인 문제에 있어서 국민당과 공산당에 완전 경도되지 않았다. 좌와 우의 격렬한 계급투쟁이 난무하던 사회적 책무를 고려해야 했던 연극가로서 민족우선 정신에 위배되는 양진영의 유혹을 수용할 수 없었던 것이다. 국민당 통치하에서는 국민당의 부패에 반대하고 공산당 통치하에서는 공산당의 비리를 단호하게 비난하는 반항의식은 작가의 옥사를 예고한 것이었다. 그는 일생을 통해 창작활동을 억누르는 정치적 억압에 단호하게 대응하는 다음 몇가지 사건을 가지고 있다.

---

46) "我覺得藝術運動是應該由民間硬幹起來, 萬不能依草附木, …… 所以我們要靠自己的力去實行自己的Plan." 전한,「我們的自己批判」, 앞의 책, 280면.

첫째, 전한은 1927년 5월에 국민당 정부의 총정치부 선전처 예술과 고문으로 초빙되어 영화반을 담당하였다. 이는 정부의 힘을 빌어 영화와 연극을 부흥시키겠다는 의도에서 시작된 것이나 활동을 시작한지 얼마되지 않아 국민당 정부로부터 간섭이 가해지기 시작했다. 전한은 자신의 창작 활동이 제약을 받게되자 자신의 연극·영화 창작 활동이 사회현실을 그대로 보여주고 사회를 진보시키고자 하는 것에 있음을 밝히고 협조를 거부하였다. 결국, 1930년 6월 공연한 프랑스 메리메의 동명소설을 개편한 6막 화극 《카르멘》이 반항색채가 너무 지나치다는 이유로 국민당에 의해 공연 금지 당하자 좌련으로 진영을 바꾸게 되었다.

둘째, 1935년 2월 중국공산당 강소성위원회와 상해문예위원회가 국민당 정부에 의하여 파괴당할 때 전한은 양한생·두국상 등과 함께 같은 날 체포당했다. 남경에서 간신히 보석으로 풀려 나왔으나 국통구인 남경에서 진보적 색채의 항일을 주제로 하는 공연을 계속하였다.[47] 국민당 정부가 문예를 통한 선전 활동의 일환으로 전한을 풀어줬음에도 불구하고 이에 적극 협조하기 보다는 항일을 주제로 한 공연 활동을 전개함으로써 항일에 소극적이었던 국민당 정부에 오히려 부담을 안겨준 격이었다. 그러나 전한의 남경에서의 활동에 대해 심한 거부감을 느낀 진영은 노신을 포함한 공산당 진영 문예계였다. 결국 전한은 하연 등의 좌련 계열 문인의 수차에 걸친 요청에 마지못해 톨스토이 소설 《부활》의 개편극을 마지막으로 활동을 중단하였지만 항일을 주제로 한 공연을 비판하는 주장에 끝까지 동조

---

47) 전한은 1막 2장의 《홍수》(황하의 수재를 씀)·《싸움》(마언상과 합작), 단막극 《동트기 전》·《호각》·《저녁 모임》(양한생과 합작) 등을 창작하였다. 또 《비판을 기다리며》와 《약동하는 마음》이란 두 문장을 통해 공연의 목적을 밝히는 등 양진영으로부터의 비난을 모면하고자 하였다.

하지 않았다.

전한은 항일시기 국공합작 기간동안에 비록 정치부 3청에 적을 두고 잠시 재야의 신분에서 벗어났으나 마음은 항상 민족문제에 치우쳐 있었다. 따라서 그는 신중국극사와 중흥상극단과 같은 비관방 예술단체를 적극적으로 지지하였다. 바로 재야의 예술운동을 통하여 풍부한 신문화 사조를 전파하였을 뿐만 아니라 현대성을 갖춘 연극·영화·시가 작품들을 창작하였고 또한 많은 우수한 문예인재를 배양할 수 있었다.

중화인민공화국 수립 이후 전한은 중앙인민정치정무원 문화교육위원, 문화부 전통극 개선국 국장, 전국문련 부위원장 등을 연임하면서 정부관원이 되었다. 그러나 전한은 보수적인 문예관원이기 보다는 여전히 불같은 열정을 가지고 연극에 더욱 혼신의 힘을 기울이는 예술인이었다. 중화인민공화국 수립 이후 그의 창작 연극《관한경》과《백사전》·《서상기》·《어미인》등은 은연중 공산당 정부의 비리를 비판하는 것이었다. 1956년에는 서남지역을 시찰하고 돌아와 배우들의 처우개선 문제를 제기한 두 편의 글을 써서 중화인민공화국의 연극인에 대한 박한 대우를 폭로하였다. 그가 쓴『연극 50년 운동사료집』또한 중화인민공화국 수립 이후 빈곤한 연극 활동을 30년대의 휘황찬란하였던 활동과 비교하여 모택동으로부터 미움을 사게 되었다. 많은 작가들이 중화인민공화국에 의하여 숙청되어도 전한은 어용적인 글을 쓰는 법이 없었다.《사요환》은 중국 공산당의 비리를 폭로하는 대표적인 작품이었다. 그는 1964년 강청이 현대극을 연출했을 때에도 아부하거나 동조하지 않았다. 결국 공산당의 정책을 제대로 집행하지 않는다 하여 극작가협회에서 자아비판을 강요당하고 1966년 홍위병에 의해 끌려가 1968년에 옥사 당하였다.

그 밖에 전통극과 영화사업 및 외국 작가의 극작 뿐만 아니라 외국의 연극사와 연극 이론도 번역 소개하였다. 이외에도 전한은 음악에도 관심이 많아 장서·섭이·여기·안아·임광 등과 더불어 '소련자매사'라는 중국 신음악 연구회를 만들어 혁명음악 창작활동도 전개하였다. 1934년 가을과 겨울 사이에는 영화《봉황열반도》의 시나리오를 쓰고 주제가인《의용군진행곡》을 완성하였는데, 지금은 중화인민공화국의 국가가 되었다.[48]

4. 나오는 말

전한은 중국의 근본적인 변화를 알리는 무술정변이 일어나던 해(1898년)에 태어나 5·4 신문화운동이 한창이던 1920년대에 본격적인 극작가로서 활동하면서 중국 민중들이 제국주의로부터 억압받는 어두운 현실을 직접 목도하게 되었다. 전한이 구국애민의 원대한 포부를 안고 일본에서 돌아 왔을 때, 그가 본 것은 전란으로 인해 황폐한 중국사회와 그 속에서 고통받는 민중들의 모습이었다. 이와 같은 상황 속에서 전한은 연극 작품을 통해 애국·애민의 열정과 꿈을 실현하고자 노력하였다.

전한과 더불어 중국의 화극 운동을 주도하였던 수많은 극작가들

---

48) 1949년 전한이 직접 참가한 제1차 정치협상회의에서 국가 제정문제가 논의되었을 때 梁思成과 張奚若 등이 전한이 작사한 《의용군행진곡》을 국가로 제정할 것을 건의하였다. 그러나 '中華民族到了最危險的時候'라는 구절이 이미 과거의 일이기에 옳지 않다는 의견이 제기되어 곽말약에게 다시 작사하여 줄 것을 청하게 되었다. 이 때 장해약이 또다시 이견을 제시하자 모택동과 주은래가 장해약의 의견에 동의하여 건국일을 몇 일 앞둔 9월 25일에 전한이 작사한 《의용군행진곡》을 국가로 채택하였다. 「毛澤東與藝術家」, 『중화독서보』, 2001년 4월 29일.

은 그를 흔히 '田老大 · 湖南牛'라고 부른다.[49] 이는 전한이 대가족의 맏아들로 태어났기 때문에 붙여진 이름이기도 하지만, 20년대 남국사 활동을 시작으로 그를 몰락으로 몰아갔던 문화대혁명 이전까지 화극 뿐만 아니라 전통극 · 영화 등의 분야에서 열정적으로 창작 활동을 전개하였기 때문에 붙여진 별칭이었다.[50]

전한은 극본 창작에만 전력을 다하는 극작가가 아니었다. 그는 수많은 문예 분야에서 활동을 전개한 다재다능한 문예가였다. 특히 남국사 활동을 전개할 때는 문학 · 화극 · 영화 · 회화 · 음악을 창작하고 또한 비평하는 활동을 한 몸에 짊어지고 있었다. 따라서 그는 화극의 개창자로, 전통극 개혁의 선구자로, 영화 사업의 개척자로 알려지게 되었다.

전한은 특히 화극 운동을 전개함에 있어 그의 의식은 항상 시대를 선도하였다. 당시 여타 연극단체들이 외국의 연극 극본을 그대로 들여와 번안 공연에 열중할 때, 전한은 스스로 창작한 극본으로 독특한 문학의 맛과 연출 풍격을 드러내었다. 남국사에서 했던 공연의 레퍼토리는 전한이 직접 창작한 극작이 중심이 되었다. 뿐만 아니라 전통극에 대해서도 전통극 개량(改戱) · 사람의 개조(改人) · 제도의 변화(改制) 등의 주장을 통해 옛 것을 현대에 맞게 개혁하는 작업을 병행하였다. 그는 중화인민공화국 수립 이후에 전통극 개량을 전면적으로 전개하여 고전 전통극 명작을 개편하고 직접 전통극 극본을 창작하였으며 현대 화극에 민족 전통의 풍격을 도입하여 자신만의 독특한 풍격을 연출하였던 것이다.

---

49) 육위, 『전한극작론』, 남경대학출판부, 1995년, 26면.

50) 전한의 50회 생일 때, 곽말약은 "壽昌是一位精力絶倫的人, 爲了前進的事業, 爲了能服務大衆, 他比任何人都能够吃苦, 衣食住就到最低的水平, 先顧大衆然後管私人。"라 하였다. 곽말약, 「선구자전한」, 1947년 3월 13일 상해, 『문회보』, 『전한전집』, 강소인민출판사, 1984년, 248~249면.

이상에서 전한은 이론과 실천, 창작과 공연이라는 측면에서 중국 현대연극인 화극을 중국에 뿌리내리는데 큰 공헌을 하였으며, 이로 써 전한과 현대연극과의 관계를 미흡하나마 알아 볼 수 있었다.

(권수전, 한국외국어대학교 강사)

III

전한(田漢) 《백사전(白蛇傳)》의 신화 읽기

전한(田漢) 《백사전(白蛇傳)》의
신화 읽기

1. 들어가는 말

매년 단옷날이 되면 중국 경극(京劇) 무대에서는 《백사전(白蛇傳)》을 무대에 올린다. 또한 강남 지역의 사람들은 《백사전》의 백낭자(白娘子)를 백낭자라 부르지 않고, 백낭낭(白娘娘)이라는 존칭을 쓴다. 특히 미스와 젊은 아낙네들은 백낭낭이 그들의. 애정과 혼인을 순탄하게 보우해준다고 믿는다.[1]

경극 《백사전》: 소청 역의 오소영(吳素英), 백소정 역의 두근방(杜近芳), 허선 역의 엽성란(葉盛蘭)

설화는 전승 범위에 따라서 세계적 분포를 보이는 광포설화와 어느 특정지역에서만 전승되는 민족설화로 나누어진다. 세계적 분포를 보이는 설화가 대체로 신화나 동화로서 인류의 보편적 심층의식 세계를

1) 朱眉叔, 『白蛇系列小說』, 遼寧敎育出版社, 116~124면 참조.

반영한 것이라면, 어느 지역이나 특정 민족에게서만 전승하는 설화는 그 지역 주민의 특정한 역사체험 속에서 만들어진 것으로서 경험의 세계를 반영하고 있다. 《백사전》은 신화적 성향을 띤 민간전설, 또는 신개념의 신화로 정의된다. 총체적으로 《백사전》은 민간설화라 지칭할 수 있다.

전한(田漢)은 전대의 민간설화 《백사전》에 자신의 정치적 열정과 혁명에 대한 정의감을 투영하였고[2], 사회주의 사상에 입각하여 무산계급의 부녀자 인물 전형에 초점을 맞춰 백낭자를 형상화했다. 그러나 전한은 경극 《백사전》을 무대에 올리면서 신화극의 문제점을 깨닫고 여러 차례 수정하여 작품의 완성도를 높였다. 바로 《백사전》을 현실적 문제로만 해석해서는 안 된다는 것을 인식했던 것이다. 무대 공연을 지켜보던 관객들은 자신들에게 유전되던 집단 무의식의 세계에서 백낭자를 받아들였던 것이다.

《백사전》이 무대에 올려질 때, 이야기 문학의 관습적 전통 속에서 살아 온 대중들은 작품의 통속적인 내용에도 불구하고 작품에 쉽게 감동된다. 이는 《백사전》의 극적 구조가 그들이 가진 공동의 설화적 체험을 기반하고 있기 때문에 케케묵은 이야기를 통하여 항상 새로운 사회적 결속과 일체감을 가질 수 있기 때문이다. 본고에서는 《백사전》의 어떠한 점이 고전으로서의 생명을 이어 가고 있으며, 무엇이 오랜 세월 동안 대중의 마음을 감동시켰는가 하는 문제를 해결하고자 한다. 고전 작품에서 《OO전》이라는 양식적 특색이 전기적임을 보여주며, 영웅신화의 영웅 유형에 속한다는 사실은 이미 주지하는 바이다.[3] 《백사전》은 영웅소설의 구조와 같이 영웅의 일생 전

---

2) 梁會錫, 「田漢의 <白蛇傳> 小考」, 『中國人文科學』 第九輯, 中國人文科學研究會, 452면.
3) 金烈圭, 『韓國民俗과 文學研究』, 일조각, 92면.

개과정을 그대로 보여주고 있다. 우리는 신화에서 영웅의 일생 패턴
을 만나게 된다. 본고는 영웅의 일생 패턴과 연관지어 백낭자의 출
생과 통과의례를 통해 겪는 시련과 극복, 그리고 회귀의 순서로《백
사전》의 신화 읽기를 시도하고자 한다.

2. 백낭자(白娘子)의 일생

1) 신이한 탄생

전한의 《백사전(白蛇傳)》에서 백낭자(白娘子)는 신
성을 지닌 사선(蛇仙)이다. 1984년 중국 전역 27개
성에서 새로 채록된『백사전』고사 자료 등을[4] 제
외하고는 백사의 신이한 탄생에 대한 자료는 만날
수 없다. 백사란 백지리, 백화사로서 백화사 중에서
도 영약으로 취급하는 종류는 백화증(白化症)에 걸
린 구렁이이다. 백화증은 열성형질로 유전되기 때문
에 출현빈도가 대단히 낮다. 그러나 옛날이나 지금
이나 희귀한 흰 뱀이 죽어가는 사람을 살린다는 이
야기이든가 백지리가 특효약이라는 것은 과학적 근
거가 없는 이야기이다.[5] 생물학적 의미에서 주목할
수 있는 것은 백사의 희귀성이다. 이 희귀성이 옛사
람에게는 신이함으로 작용했을 것이다.

경극《백사전》:
백소정 역의 조연협(趙燕俠)

변신설화 《백사고사(白蛇故事)》의 신화적 주인공은 특이한 출생

---

4) 莫高,「<白蛇傳>硏究的新信息」,『<白蛇傳>論文集』, 浙江古籍出版社, 284
  ~285면 참조.
5) 백남극 · 심재한,『뱀』, 지성사, 108면.

과정을 겪고 있다.6) 시조신화에서 신이한 탄생을 엿 볼 수 있다. 여기에서 우리는 신에서 제왕으로 그리고 비범한 사람의 탄생으로 전이되는 것을 발견할 수 있다. 여인의 임신은 영적인 존재가 여인의 몸에 접촉되어 일어난 변화이며, 접촉에 의한 잉태이다. 통과의례는 유년세계와의 돌이킬 수 없는 결별을 불러온다. 융에 의하면, 그동안에 부모의 원형은 손실되고(상징적 죽음을 통해서), 에고는 보다 큰 집단(흔히 한 토템부족의 단일성을 구현하는 한 동물 혹은 물체)과 통합한다. 결혼은 또 다른 유형의 입문 제의이다.7) 바로 이런 큰 집단의 통합이란 관점이 비인간적 존재와의 교혼을 가능케 하며, 이 교혼의 결과로 임신한 여인이 출산하는 경우, 아이를 출생하는 경우가 대부분이며, 드물게 이류(異類) 즉, 뱀새끼를 낳는 경우도 있다.

《강자아참요(姜子牙斬妖)》8)에서 강자아의 여동생 강새화(姜賽花)는 수신의 정령 가짜 신랑과 신방에 들어 관계를 맺고 난 후, 100마리의 새끼를 낳는다. 모두 강자아에게 죽임을 당하지만, 마지막 태어난 백사만은 죽임의 그림자를 모면한다. 백사는 강씨 모친과 새화에게 머리를 조아리며 절을 올리는 행동을 취한다. 강새화는 백사에게 용이 되라고 당부의 말을 남긴다. 강새화가 뱀을 낳았다는 것은 이미 백사가 보통의 뱀이 아님을 보여준다. 뱀은 수신, 창조신, 약신, 우신, 그리고 업신 등 다양한 신적 기능을 담당하고 있다.9) 강새화가 사람을 해치지 말고, 용이 되라고 한 점 역시 민간 신앙의 신적 의미를 보여주는 것이며, 용과 뱀의 관념이 상통하거나 혼재되고 있음을 보여준다. 바로 강새화가 낳은 백사는 신의 하강으로 해석할 수

---

6) 拙稿, <白蛇傳> 硏究, 제3장 <白蛇故事> 참조.
7) 황패강, 『日本神話의 硏究』, 지식산업사, 138면 참조.
8) 江蘇民間文學工作者協會和鎭江分會編, 『白蛇傳』(資料本), 채록자: 吳林森, 方範, 구연자: 高國泰, 전래지역: 江蘇성 淮安 지역, 《姜子牙斬妖》.
9) 拙稿, <白蛇傳> 硏究, 제2장 뱀의 신화적 원형 참조.

있다. 그리고 그 백사는 아미산(峨嵋山)에서 정진 수련하여 사선이 되고, 백낭자로 변신한다. 여기에서의 변신은 자의변신이다. 신이나 신격화된 인간의 변신인 자의변신을 취하고 있다. 사선이된 백낭자의 변신은 변신능력을 터득한 신의 변신이다. 백사가 여인으로 변신한 것은 여신의 하강이다.

백사는《은정미료도소항(恩情未了到蘇杭)》[10]에서 동해 용왕의 외증손녀, 전당(錢塘) 용의 증손녀요, 양자강 용 정령의 수양 증손녀이며, 조상 대대로 모두 교룡 정령이다. 그녀의 조부 용 정령이 늘 나쁜 짓을 하며 백성들을 해쳤기에 전당 용왕에게 내쫓겨 양자강 용 정령에게 투항한 후, 그의 수양아들이 된다. 허진군(許眞君)과 그의 제자들에게 붙잡혀 그녀의 조부는 감금되었고, 그녀의 아버지는 참수되었으며, 그녀의 어머니는 그녀를 임신하고 있었기에 친정인 동해 용궁으로 피신한다. 그 후, 그녀의 어머니는 감극(甘戟)과의 대전에서 칼에 맞아, 한 마리 어린 백사 암컷(백낭낭)을 낳고, 자신은 산골짜기로 굴러 떨어져 죽는다. 바로 백사는 보검에 칼을 맞고 죽은 어머니에게서 태어난다. 감극은 용의 딸, 백사의 효심에 감복하여 비늘만 벗겨 살려준다. 백낭낭은 신화의 영웅처럼 버려진 뒤 약초 캐는 어린아이의 도움으로 길러지게 된다. 다시 방생된 백사를 용왕의 셋째 공주가 자신의 조카임을 알아보고 용궁으로 데리고 간다.《백사전》의「수만금산(水漫金山)」대목에서 백낭자는 용의 딸이기에 동해 용왕, 서해 용왕, 남해 용왕, 북해 용왕에게 군사를 빌려 법해(法海)와 일전을 펼친다.

백사의 출생은 보은설화로 이어진다.《救白蛇》[11]에서 어느 가난

---

10) 절강분회, 앞의 책, 채록자: 陳其培, 전래지역: 江西성, 吉水현,《恩情未了到蘇杭》.
11) 절강분회, 앞의 책, 채록자: 曹조山, 전래지역: 河南성 焦作시,《救白蛇》.

한 사냥꾼은 독수리에게 사로잡힌 백사를 화살을 쏴서 구해준다. 이 백사는 용왕의 아들이었다. 용왕이 사신을 보내 사냥꾼을 용궁으로 데리고 간다. 용왕이 사례로 야명주, 금은보화, 진수성찬을 제시하자, 사냥꾼은 모두 거절하고 용왕의 귀염둥이 고양이와 부지깽이를 받아 돌아온다. 고양이가 여인으로 변신하여 사냥꾼과 행복한 가정을 이룬다. 이후 아둔한 왕이 사냥꾼의 아내를 탈취하기 위해 3가지 시합을 제의한다. 사냥꾼은 부지깽이의 도움으로 아둔한 국왕과의 시합에서 승리한다. 이로 인해 사냥꾼은 국왕이 되고, 용녀는 왕후가된다. 여기에서 백사의 수신적, 우신적 기능을 다시 도출할 수 있다.

《백사여타적부모(白蛇與她的父母)》[12]에서 백사는 무관 백효렴(白孝廉)의 딸로 태어난다. 아주 먼 옛날, 장강 상류 쪽에 살던 무관 백효렴과 부인 굴(屈)씨 사이에는 40살이 되도록 슬하에 자녀가 없었다. 신령과 부처님께 자녀를 달라고 간절히 기도하였다. 그 기도로 굴씨는 남자도 여자도 아닌 식지만한 한 마리 백사를 출산한다. 여기에서 주목할 사실은 백사의 신이한 탄생이 기자(祈子)에 의한 것이라는 점이다. 일반적으로 신화의 주인공이 신이한 출생 과정을 겪는 것처럼 백사의 출생은 주인공의 특수성을 드러내고 있다. 이 출생과정은 주인공이 위대한 인물이 될 것이라는 복선으로 암시되며, 문학의 결말 구조와도 유기적 관계를 맺고 있다.

생명의 점지는 신의 능력에 의한 것이고, 신의 영역이므로 신의 마음을 움직이도록 정성을 들이는 것이며, 또 훌륭한 자식을 얻기 위해서는 더더욱 정성을 들여야 하는 것이다. 그래서 신에게 기자 행위를 하는 것이다. 기자 행위에는 대체로 치성기자(致誠祈子)와 주술기자(呪術祈子)의 방법이 있다. 치성기자에는 천지신명(天地神明),

---

12) 절강분회, 앞의 책, 구연자: 陳伯行(당시65세, 은퇴 예술인), 채록자: 陳明釗,
전래지역: 四川성 長寧현, 《白蛇與她的父母》.

일월성신(日月星辰), 명산대천(名山大川)에 기원하는 산천제(山川祭)와 가내치성(家內致誠)이 있으며, 불공(佛供), 무공(巫供)이 있다. 산신공(山神供)은 대부분 산에 음식을 장만해 가고, 불공은 비용을 내서 절에 가서 행하며, 가내치성은 정화수 정도의 공물을 바쳐 가내에서 축원하며, 무공은 무당을 데려다가 또는 찾아가서 음식을 장만해 놓고 빌게 한다.[13] 주술기자는 주술적인 힘으로 자녀를 출산하려는 원시적 신앙 형태라 하겠다. 기자주술은 갖가지 소지물 또는 유사물을 대상으로 차력(借力), 연기유감(緣起類感)의 방법에 의하여 소망을 만족시킨다.[14] 즉 프레이저의 '유사는 유사를 낳는다'[15]는 유사법칙의 동종주술(同種呪術)에 의한 방법이라 할 수 있다.

백효렴 부부가 신령과 부처님께 올린 기자 행위는 산신공과 불공으로 지극 정성을 다한 치성기자이다. 여기에서 불공은 불교가 중국에 전래된 이후 기자 습속이므로 이 설화의 전승시기를 추론할 수 있는 부분이기도 하다. 모든 설화에서 기자의 동기가 늙도록 자식이 없다는 이유에서 인데, 그러한 동기는 고전소설에서도 마찬가지 양상을 보인다. 신령에게 치성기자를 올렸다는 점은 신화 주인공의 신성과 관계가 있다. 산을 예를 들어 살펴보면 산의 의미는 단순한 지형으로서의 산이 아니라, 성산(聖山) 즉, 세계의 중심이라는 의미를 갖는다. 이 거룩한 공간은 하나의 우주적 영역에서 다른 영역에로의 이행(천상에서 지상으로, 그 역으로 지상에서 지하로)을 가능케 하는 출구로서 상징된다. 거룩한 산은 지상을 천상과 접촉시키는 세계의 축(axis mundi)이므로 그것은 어떤 의미에서 천상에 닿아 있다. 따라서

13) 朴湧植, 『고소설의 원시종교사상연구』(고려대학교 민족문화연구소, 1986), 81
~82면.
14) 吳出世, 『고소설에 나타난 기자설화 연구』, 동국대 대학원 석사학위논문, 1978,
32면.
15) 프레이저, 김상일 옮김, 『황금의 가지』, 「제3장」 공감주술, 37~81면 참조.

세계의 가장 높은 지점을 표시하기도 한다.[16] 천상의 세계에서 오는 인물을 기다리는 것은 바로 그가 올 세계와 맞닿은 성산에서만이 가능한 것이다. 이 점은 고대인의 관념에서 볼 때, 산에 기자하고 얻은 자식은 후에 훌륭한 인물이 될 것이라는 기대가 그 밑바탕에 깔려 있는 것이다. 이미 생산능력을 상실했을 지도 모르는 나이 많은 부모가 성산에서 기도하고 낳은 백사는 비범한 인물이라는 것은 이미 그녀의 출생 기자모티프에서 나타난다.

이와 같은 기자모티프는 영웅담에서 전형적인 것으로 인식되기도 한다. 이는 신화적 영웅이 비인간적 존재와 교혼으로 출생하는 것과 같은 모티프이다. 그러므로 백사의 부모 백효렴 부부가 치성으로 기도하여 백사를 얻었다는 것은 신분의 고귀함, 보통 사람들과 다른 탁월한 능력을 소유하고 있는 신화적 영웅의 일생 패턴을 전승하고 있다는 것이다. 백사의 출생은 원래 그의 본향이 인간세가 아니라, 신성을 의미하고, 인물이 출중하고 뛰어난 인격의 소유자임을 의미한다. 이 출생담은 그녀가 비록 신분의 차이로 어려움에 처하는 사랑을 하지만, 비난을 받는 것이 아니라 격이 다른 사랑을 하고 고결한 품위를 지속시킬 수 있는 인물이며, 이후 온 천하의 칭송을 받을 인물임을 예견하는 대목이 되기도 한다.

백사는 영웅 신화에서 보이는 것처럼 버림을 받게 된다.《백사여 저적부모(白蛇與她的父母)》에서도 그녀는 백효렴에 의해 버려진다. 영웅 신화에서 영웅이 버림을 받은 이후, 동물이나 신분이 낮은 사람에 의해 구조 되듯이 백사 역시 몸종의 도움으로 죽임을 모면한다. 즉, 몸종은 백사의 기이함과 가여운 마음에 뱀을 후원에 있는 화원 고죽림(苦竹林) 안에 놓아준다. 이는 주(周) 민족의 시조 후직(后稷)

---

16) 엘리아데, 정진홍 옮김,『우주와 역사』,「중심의 상징」, 26~34면과 조셉 캠벨, 빌 모이어스, 이윤기 옮김,『신화의 힘』, 181면.

이 강원(姜嫄)에 의해 버림 받은 이후, 다시 거둬 키워지는 신화 영웅의 일생 패턴을 전승하고 있다. 버림받는다는 모티프는 중국과 한국의 영웅 고사에만 국한되는 것이 아니라, 전세계의 신화 영웅 일생에서 공통으로 나타나는 특징이다.[17]

이러한 보편적 유사성의 존재는 이 모티프가 실제적 사건의 반영이 아니라, 신화적 사건임을 말해주는 것일 수 있다. 외형상으로 보면 갓난아기 영웅이 버림받는 이유는 알로의 탄생, 처녀의 출산, 또는 불법적 출생이라는 기이한 탄생 배경 때문인 것처럼 비쳐진다. 하지만 좀더 자세히 관찰해 보면 이 모티프가 고대 관습들, 예를 들면 차자계승의 관습과 갓 태어난 아기를 일정 기간 버리는 관습과 관련이 있음을 알 수 있다.[18] 또한 제의적 인물의 제의적 사건으로도 해석하고 있다. 그리고 탄생은 통과의례이며, 신의 아들이 처음으로 겪어야 할 시련인 것이다.

중국 팔선 가운데 유일한 여선(女仙) 하선고(何仙姑)의 머리카락이 바닷물에 떨어져 백사로 변신하였다는 것[19]은 물의 상징, 재생과 부활에서 알 수 있듯이 백사는 물에 침수했다 부상하였으므로 새로운 탄생을 의미하며, 이 새로운 탄생은 하선고의 샤머니즘 신화로의 회귀를 의미한다. 허선고는 13세 때, 산에서 약초를 캐다 순양선사(純陽仙師) 여동빈(呂洞賓)을 만난다. 그녀가 여동빈이 준 선도(仙桃)를 먹고, 앞날의 화복길흉을 예언할 수 있는 신통력을 갖게 됐다는 것은 하선고가 무당에서 신선으로 격상됐음을 의미한다.[20] 또한 이는 신화적 세계로의 회귀를 의미한다. 이 백사의 신이한 탄생은 동감주

---

17) 이인택, 『중국 신화의 세계』, 풀빛, 156~161면 참조.
18) 이인택, 『중국 신화의 세계』, 159면.
19) 절강분회, 앞의 책, 구연자: 吳奇强(당시 65세), 채록자: 吳福文, 王賢淼, 전래
　　지역: 福建省 閩安 일대, 《何仙姑一髮成蛇精》.
20) 진기환, 『중국의 토속신과 그 신화』, 지영사, 44~45면.

술 모티프가 운용된 것으로 머리카락이 뱀으로 변신되고, 이 뱀은 다시 약초를 잘 아는 약신(藥神)의 기능을 담당한다.《백사전》에서 백낭자와 허선(許仙)이 사랑을 일구기 위해 개업하는 것은 다름 아닌 약방이다.《보화당(保和堂)》21) 전설에서 백낭자가 수련 중에 약초에 대해 뛰어난 지식을 터득하고 있음을 보여 주고 있다. 이 역시 백낭자의 약신적 기능을 대변하는 것이다. 이는《백사여저적부모(白蛇與她的父母)》에서 버림받았던 백사가 아미산 구룡동(九龍洞)에서 아버지의 동향 사람을 만나 자신의 아버지가 병중에 있음을 알게 되자, 아버지를 구하기 위해 약초 한 포를 동향 아저씨에게 보내는 대목과 일치 한다. 이외에도 백사의 수련 과정을 다룬 많은《백사전》설화

《백사전》의 「시약제빈(施藥濟貧)」 대목(우표)

등에서 백사가 약초를 캐는데 심혈을 기울이고 있는 대목이 발견된다. 백사의 부친 백효렴은 딸이 보내준 약을 복용하고 금방 호전된다. 그리고 백사가 보내준 소아 이질 처방전은 차후 여러 현에 불치의 소아 이질이 발생하였을 때 유용하게 쓰여 진다.

백사의 약신적 확장은《백사전전(白蛇前傳)》22) 백사 보은설화에서 의술을 펴는 한 의사로까지 확장된다. 민국 시기에 대백장(大白莊)에 백롱(白礱) 노부가 커다란 백사 한 마리가 허물을 벗고 있는 것이 목격한 후, 집으로 돌아오는 길에 그 자리에서 나체의 어린아이를 발견하고 친딸로 삼는다.

21) 鎭江市民間文藝硏究會編,『鎭江民間故事』, 中國民間文藝出版社,《保和堂》.
22) 절강분회, 앞의 책, 구연자: 王民 等, 채록자: 肖薇, 전래지역: 山東省 黃縣 일대,《白蛇前傳》.

백룡의 딸 백옥영(白玉英)은 어릴 때부터 공부에 남다른 소질을 보여 친구들의 부러움을 산다. 여대 합격자 발표하던 날, 그녀는 신체 검사를 통해 사람이 아니라, 뱀일 것이라는 의심을 사게 된다. 백옥영은 한의사의 준 입학 축하주 웅황주(雄黃酒)를 마신 후 뱀의 모습을 드러낸다. 허낭중(許郎中)의 도움으로 부모를 살린 그녀는 50년 전 자신을 살려준 은혜에 보은하기 위해 여아로 변신했음을 알린다. 그리고 난 후, 그녀는 대학 입학을 포기하고 허낭중을 스승으로 모시며, 의약지식을 익혀 많은 사람을 구제하는 의술을 펼치며 약방을 개업한다.

2) 수련과 변신

교감영수(交感靈獸)인 뱀은 신화의 여와(女媧)처럼 변신의 달인이다. 백사가 백낭자로 변신하여 허선을 만나기까지는 수련의 과정을 통해서다. 보은을 위해 하산을 하였건, 춘심이 동탕하여 하산을 하였건 변신이 필요하다. 전한(田漢)의 《백사전》은 아미산(峨嵋山)에서 천 년 동안 수련한 백사와 청사가 백소정(白素貞)과 소청(小靑)으로 변신한 후, 서호(西湖)에서 상춘을 즐기다가 성묘하고 돌아오던 허선(許仙)을 만나면서 이야기는 시작된다. 백소정과 소청 이 두 사람은 자의변신자이다. 동양권에서는 특히 중국, 인도, 한국 등에서는 자의변신의 성향을 띤다. 도교적 변신과 불교적 변신이 있다. 윤회에 관련 지어 생각하면, 인과의 생성과정에서도 사람의 의지는 자유롭다는 것이다. 즉 자유의지에 의해 자신의 운명을 좌지우지할 수 있듯이 변신에 있어서도 자의변신이 가능하다. 여기에는 주문을 왼다든지, 재주를 세 번 넘는다든지 하는 방법이 동원되기도 한다. 동양권에서는 초자연적 존재만이 아니라, 자연적 존재마저도 법력에 의해 혹은 묵은 나이에 의해 자동적으로 자의변신을 일으킬 수 있다. 곧 기술과 묵은 나이는 초자연적 존재로 바뀔 수 있는 길로 통하며, 학습에 의한 변신 능력의 획득은 지식의 신성과 통한다. 도교적 신선사상의 변신은 여기에서 도덕적 윤리적 차원으로 확산된다. 영혼의 변형을 통해 동물이 신성의 징표로 믿어졌던 옛 종교심성에서 동물변신이 가능해지는 것이다. 연금술사들은 스스로를 신성화하기 위한 새로운 방법에 접하게 되듯, 방술 등을 통해 신선으로 회귀가 가능하다. 그러기에 자의변신이 가능하게 된다. 선행을 쌓지 않으면 영약도 무효하듯 자의변신에는 신성한 진사 획득을 통해 가능해진다. 또한 신화적 샤머니즘의 회귀도 가능하다. 윤회적 변신은 개체의 전생담으로서 위인이나 영웅은 반드시 인간의 전생담이나, 동물의 전생담이 붙어 다니고, 그것이 없는 경우에는 이류교구로써 그의 신성성을 강조한다. 그렇지 않으면 범속세계에서의 성사를 통해 그의 신이성을 입증시키려 드는 것이 민간신앙의 변신설화적 형태이다.[23]

백사는 자의변신을 위해 《하선고일발성사정(何仙姑一髮成蛇精)》에서는 입산하여 무예와 법술 등을 익히기를 1300년 동안 수련하였고, 《백사흘합마(白蛇吃蛤蟆)》[24]에서는 아미산에서 999년, 《백사외전(白蛇外傳)》[25]에서는 곤륜산에서 1000년, 《백사은구기원(白蛇恩仇記源)》[26]에서는 전당강 석굴에서 500년, 《백사전적가향고사(白蛇傳的家鄉故事)》[27]에서는 아미산에서 1000여년, 『아미산민간고사·백룡동(峨媚山

---

23) 이상일, 『변신 이야기』, 밀알, 143면.
24) 中國民間文藝研究會 浙江分會, 『<白蛇傳>故事資料選』, 구연자: 蔣高明 (고인), 채록자: 胡永國, 전래지역: 河南성 羅山현 鐵卜公社, 《白蛇吃蛤蟆》.
25) 위의 책, 구연자: 馮光康(당시 30여세, 직공), 채록자: 裘文康, 전래지역: 浙江성 寧波시, 《白蛇外傳》.
26) 위의 책, 구연자: 趙炳一(66세, 이발사), 채록자: 鐘偉今, 전래지역: 浙江성 武康현, 《白蛇恩仇記源》.
27) 위의 책, 구연자: 劉起培(당시 56세, 농민), 채록자: 劉鳳松, 전래지역: 江西성

民間故事·白龍洞)』[28])에서는 아미산 백룡동에서 500년, 《법해위사요 투백낭낭(法海爲啥要鬪白娘娘)》[29])에서는 아미산 백사동에서 6000년, 《백룡동(白龍洞)》[30])에서는 아미산 백룡동에서 2000년 동안 수련 정진하여 사선이 된다. 수련에 의한 변신 능력의 획득은 지식의 신성과 통한다. 백사의 신격 획득은 아미산이건, 곤륜산이건, 전당강이건, 동굴이라는 신화적 장치 속에서 인고의 금기를 지킴으로서 인간성을 획득한 신격인 것이다.

《단군신화》에서의 웅녀는 인간이 되기 위해 동굴 속에서 빛을 피해 어둠을 견디며 마늘과 쑥을 먹으며 지내야만 했다.[31] 여기에서 백사가 어두운 동굴로 들어간 것은 죽음의 세계로 들어감을 상징한다. '숲, 정글, 어둠은 피안을, 하계를 상징'[32]하는데, 바로 백사가 들어가 수련한 어두운 굴은 그가 다시 상계에서 태어나기 위해 떨쳐

于都현, 《白蛇傳的家鄕故事》.

28) 張承業 수집정리, 峨嵋縣文化館 편, 『峨嵋山民間故事』, 四川人民出版社, 《白龍洞》.

29) 절강분회, 위의 책, 구연자: 兪瑤聚 등, 채록자: 潘君明, 전래지역: 江蘇성 蘇州시, 《法海爲啥要鬪白娘娘》.

30) 절강분회, 위의 책, 채록자: 陳正華, 전래지역: 四川성 峨嵋山, 《白龍洞》.

31) J.C.Cooper, 『An Illustrated Encyclopaedia of Traditional Symbols』, 이윤기 옮김, 『세계 문화 상징 사전』(서울도서출판 까치, 1994), 22, 55~56, 146, 458면. 쑥은 쓴맛, 고난, 고뇌의 상징이며, 마늘은 부적의 상징이다. 어둠은 탄생과 생명과 사랑. 죽음과 분해 등을 상징한다. 동굴은 재생과 광명에 앞선 죽음으로서의 명계와 분묘가 동굴에 의해 상징된다. 山이 양의 원리인 반면, 동굴은 陰의 원리로, 산 속에 있는 동굴의 이미지는 은밀하게 닫혀 있는 여성원리를 뜻한다. 또한 우주의 중심축으로서 상징을 갖기도 한다. 자기와 자아가 합일되는 곳이기도 하다. 또한 동굴은 神性과 人間性이 만나는 곳이기도 하다. 대지모신의 자궁과 같은 곳으로, 제2의 탄생이 이루어지는 곳이기도 하다. 매장과 재생의 장소이며, 신비와 증식과 부활의 장소이기도 하다. 동굴에 들어가는 행위는 대지모신의 자궁에 회귀하는 것이며, 동굴에서 나오는 것은 사회적 신분의 변화를 의미하는 것이다. 또한 동굴은 종종 하늘과 땅, 왕과 여왕 등의 성스러운 결혼, 즉 성혼이 치러지는 장소이기도 하다.

32) M. Eliade, 李東夏 옮김, 『聖과 俗 - 종교의 본질』, 학민가, 143면.

버리고 와야 할 하계인 것이다. 어둠 속에서 똬리를 트고 있는 모습은 마치 태아가 어머니의 뱃속에 있는 모습을 연상케 한다. 뱀의 태아 상태로의 후퇴한 모습은 단지 인간 심리의 측면에서 뿐만 아니라, 우주론적인 차원에서까지 함께 이해되어야 한다. 태아의 상태는 잠재적인 우주 이전의 양식으로의 일시적 퇴각에 해당한다. 뿐만 아니라 생명·생성 이전, 태초의 카오스의 재현이기도 하다. 입굴의 의미는 재생, 부활을 위해서는 지금까지 혼재했던 것들의 소멸이 필요하다는 것을 의미한다. 이는 세계 도처에서 발견되는 신화적 모티프 '재생모티프'이며, 새 생명을 위해 반드시 죽음이 있어야 한다는 개념과 통한다. 동물의 세계로부터 떠나 인간의 세계로 오기 위해서는 동물로서의 자신을 죽여야 했던 것이다. 이런 상징적 죽음은 무덤의 의미를 갖고 있는 어두운 동굴에서의 고통으로 대신할 수 있었던 것이다.

    신화 속 영웅의 상징적 죽음은 미성년의 제의적 시련을 거쳐 묵은 옛날의 상황이 아닌, 전혀 새로운 세계로의 재편입의 절차를 거치는 것으로, 다시 태어난다는 상징적 의미를 갖고 있다. 통과의식을 거친 영웅은 그가 전에 처했던 상황과 전혀 새로운 상황 하에서의 입지를 굳히게 되다. 왜냐하면 그전의 '그'는 이제 상징적 죽음을 통해 사라졌기 때문이다. 이에 대해 엘리아데는 입사의 과정에 있어서 탄생의 상징은 거의 언제나 죽음의 상징과 나란히 나타난다고 설명하고, 입사의 맥락에서 죽음은 세속적이며 거룩하지 않은 상태, 종교적 경험도 없고 영혼에 눈이 먼 자연인의 상태를 초월하여 나아가는 것을 의미한다고 했다.[33] 결국 상징적 죽음인 시련이라는 통과의식을 거친 영웅은 그의 존재의 진정한 차원을 점차적으로 드러내 주

---

33) M. Eliade, 위의 책, 145면.

고, 그를 거룩한 것으로 끌어들이는 신비를 경험하게 된다.

변신을 통해서 신화적 회귀를 한다고 했듯이, 백사가 동굴에서 수련 정진하므로 순환적 재현, 즉 '영원 회귀'를 하고 있는 것이다. 백소정은 신성을 획득하여 인간으로서의 새로운 탄생을 통해 허선(許仙)과의 결혼이 가능해진다.

3) 결혼

전통 사회의 결혼 풍습을 보면, 대개의 경우 배우자는 자기 자신이 고르는 것이 아니고, 집안이 고르게 되어 있다. 개인 대 개인의 사랑은 봉건 사회에서는 이단일 뿐만 아니라, 정신적인 간음이다. 결혼이 사회에 의해 결정되는 풍토에서는 눈과 눈의 만남에서 오는 사랑은 정신적 가치일 수 있다.

진정한 결혼은 상대에게서 동일성을 인식한 데서 시작되는 결혼이다. 이런 결혼에서 육체적 하나 되기는, 그 정신적 하나 되기를 확증하는 순서에 지나지 않는 것이다.

백소정과 허선의 애정과 결혼생활의 묘사를 통해 나타내고자 하는 것은 민중의 자유연애, 남녀간의 변함없는 애정, 원만하고 행복한 가정생활에 대한 그들의 갈망과 추구이다.[34]

《백사전》에서 '결혼'은 중요한 의미를 갖고 있다. 심리학적으로 결혼은 남녀의 육체적

《백사전》의 「서호동주(西湖同舟)」 대목 (우표)

---

34) 程薔, 「一個閃爍着近代民主思想光華的婦女形象」, 『<白蛇傳>論文集』, 49면.

결합을 바탕으로 한 법적인 승인 이상의 의미가 있다. 결혼을 통하여 상대방에게서 자신의 내부에 다른 성(性)의 요소를 찾는 것이다. 융은 일찍이 그의 개성화이론에서 사람이 타고난 심리구성요소 가운데, 아니마(anima)[35]의 원형으로 결혼이라는 의미를 제시하였다.

백소정과 허선이 서호에서 우산을 같이 쓰고 있을 때, 뱃사공이 부르는 '산가(山歌)' "열 세대를 수양하면 배를 함께 타고 건너고, 백 세대를 수양하면 베개를 함께 베고 잠드네"[36]라는 노래를 듣고 두 사람은 자신도 모르게 서로 바라본다. 둘이 첫 만남에서 서로 첫눈에 반해 사랑을 느끼게 된 것은 융의 아니마설로 해석할 수 있다.

백소정과 허선은 첫눈에 반해 서로 사랑을 느꼈고, 소청을 중매쟁이로 삼아 허선이 우산을 받으러 간 날 길일이라며 화촉을 밝히고 결혼한다. 그 사랑을 지키기 위해 고통을 당한 것은 원형 심리적 측면에서 이해되어져야 한다. 백소정과 허선이 서로 첫눈에 사랑을 느낀 것은 자신의 내면적인 자아 특성을 반영하는 반대의 성에 마음이 끌리게 되는 것이다. 백소정이 결혼을 통해서 허선에게서 자신의 내부에 있는 다른 남성의 상, 즉 아니무스(animus)를 찾은 것이다. 원형적 형태를 갖춘 성스러운 결혼[37]은 백소정에게 있어 매우 중요한 의미를 가지게 된다. 허선은 백소정의 또 하나의 내적 인격인 것이다. 백소정은 허선을 통하여 자신의 완전한 모습을 찾음으로써 비로소 완전한 성인, 완전한 인간이 될 수 있다. 마찬가지로 백소정 또한 허선에게 있어서는 영혼의 이미지, 아니마(anima)인 것이다. 서로에 대

---

35) Joland jacobi, 이태동 옮김, 『칼 융의 심리학』, 183∼203면 참조.
36) 田漢, 《白蛇傳》, 「游湖」, "十世修來同船渡, 百世修來同枕眠".
37) 신화나 종교 현상에서 보는 神聖婚은 「對極의 合一」의 전형적인 상징적 표현으로 한 개체에서 남성적인 의식과 여성적인 내적 인격의 합일, 또는 여성적인 의식과 남성적인 무의식의 합일이 자기실현의 목표이다. 이는 남녀의 구체적인 결혼에 투영되어 있다.

한 믿음이 결혼을 통한 성숙한 믿음이 되어, 두 편에게 성스러운 명예를 지키도록 의무지어지는 것이다. 백소정은 바로 그러한 면에 있어서 허선과의 성스러운 약조, 즉 사랑의 신의로서 뇌봉탑(雷峰塔)에 갇히게 되는 것이다. 거기에는 절대 가문, 지위, 재산에 대한 욕구를 따지지 않는 그녀의 관점과 변함없는 애정을 위해 자신을 희생하는 희생정신과 자신들의 권익을 위해 물러서지 않는 신념이 있는 것이다. 백소정의 인간되기의 노력이 시련과 격리에서 두드러진다. 백소정에게 있어 결혼은 미완된 자아에서 완성된 자아(허선과의 결합을 통해 완

《백사전》의 「유호차산(遊湖借傘)」 대목(우표)

전한 인간되기로서의 자아)로 태어나는 데 그 의의가 있다. 소청은 이렇게 노래한다. "천리의 인연을 한 가닥 실로 꿰듯, 우산속의 사내 몸을 굽혀 짝을 보호하네. 바다와 같은 봄날 서호에서 오늘 밤, 원앙되길 바라오니 신선인들 부러우랴!"[38]

4) 격리

《백사전》에서 첫 번째 격리는 결혼이요, 두 번째 격리는 허선의 '소주(蘇州)로의 귀양살이', '진강(鎭江)으로의 귀양살이', 그리고 '금산사(金山寺)에서 법해(法海)에 의한 격리'가 바로 그것이다.

《백사전》은 '백사의 변신', '비안적적 존재인 백낭자와 허선의 교

---

38) 전한, 《백사전》, 「結親」, "千裏姻緣一線牽, 傘兒低護幷頭蓮; 西湖今夜春如海, 願作鴛鴦不羨仙".

혼’, ‘탐색 모티프와 그 결과’, 그리고 ‘신이한 탄생’으로 구성되어 있다. 여기서 ‘탐색 모티프’는 허선이 아내 백낭자와 결혼 이후 백낭자의 정체 확인의 노정이며, 백낭자에게 있어서는 ‘진정한 인간되기’의 과정이다.

성인·입사식(Initiation)의 첫 번째 절차인 격리의 부분은 통과의례에 사춘기의 미성년을 성년으로 통과시키는 성인식인 ‘결혼’이 바로 이에 해당되는 것이라 할 수 있다.

이류교혼관의 배경이 되고 있는 고대인의 의식은 임신에 대한 고대인 내지 원시인의 사고와 관련이 있다. 그들은 수태와 임신을 단순한 생리적 원인 이상의 영적인 원인으로 이해하고 있다. 일찍이 트로브리안드(Trobriand) 제도 원주민의 생활을 조사 보고한 말리노프스키(Malinowski)는 『원시인의 심리에서의 아버지(The Father in Primitive Psychology)』에서 “원시인에게는 ‘아버지’ 관념이 없으며, 임신하고 출산하는 것은 정령적인 힘이 그 원인으로 인정되고 있다”고 하였다.39) 결혼은 또 다른 유형의 입문 제의이다.40) 여기에서 집단은 신참자를 원래의 모자동일성 또는 자아-자기의 동일성이라는 마음속 깊은 곳까지 퇴행시킴으로써 상징적 죽음을 경험하도록 강요한다. 다시 말해서 그의 동일성은 집단무의식 속에서 일시적으로 해체되거나 용해되는 것이다. 신참자는 재생의 의식을 통해 이 상태에서 구출된다. 여기에는 한결같이 죽음과 재생의 의식을 강조하고 있는데, 어느 단계든 인생의 한 단계에서 다음 단계로 넘어가게 될 때 ‘통과의식’을 마련해주고 있다.41) 즉 상징적으로 죽음의 분위기를 만들어 주고, 거기서 상징적으로 재생의 기분을 맛보게 하는 것이다.

---

39) 황패강, 『日本神話의 硏究』, 지식산업사, 138면 참조.
40) 데이비드 폰태너, 최승자 옮김, 『상징의 비밀』, 30면.
41) 칼구스타프융 외, 권오석 옮김, 『무의식의 분석』, 홍신문화사, 211면.

《백사전》에서 그 격리의 단계에 해당되는 부분은 '백낭자와 허선의 결혼과 이별'의 단락으로 볼 수 있다. 백낭자가 속세에 내려온 것은 인간 세상에 대한 동경에서 나온 것이지, 결코 전생의 인연을 갚기 위함이 아니며, 백낭자와 허선의 만남, 사랑은 청춘 남녀가 자연적으로 끌려 사랑을 나누는 것이다.[42]

백낭자에게 결혼의 의미는 백낭자가 처한 세계와의 격리를 상징한다. 즉 상징적으로 죽음으로써 새로운 세계로의 부활을 의미한다. 이는 백사에서 변신한 백낭자의 일차적 변신에서 진정한 사람되기, 새로운 세계로의 부활 즉, 이차적 변신을 의미하는 것이다. 백낭자는 허선과 결혼함으로써 그가 처했던 과거의 현실과 완전히 격리되어 새로운 별개의 인생으로 재생한 것이기 때문이다.

허선과 백낭자의 결혼에는 신분의 차이, 허선의 가난 등 사회적 모순이 존재한다. 『뇌봉탑기전(雷峰塔奇傳)』[43]에서 백낭자는 허선이 가난하여 결혼할 여력이 없음을 알고, 오귀(여기에서 五鬼는 조력자로 등장)를 시켜 전당현의 국고 1000냥을 훔치게 하고, 허선에게 은자 100냥을 주며 정리를 저버리지 말 것을 심신 당부한다. 허선은 국고 도난 사건으로 법의 심판을 받게 되는데, 허선이 백씨를 보호하기 위해 은자는 친구가 준 것이라 말한다. 친구의 이름을 밝히지 않은 죄로 장 40대를 맞는다. 백낭자는 허선의 구하기 위해 잠시 피신한 후 국고를 반환한다. 은괴 18덩이를 찾은 관부에서는 허선에게 소주로 귀양살이 보낸다. 백낭자는 자신이 신중치 못해 국고의 돈을 허

---

42) 程薔, 「一個閃爍着近代民主思想光華的婦女形象」, 『<白蛇傳>論文集』, 53면.

43) 청대 가경(嘉慶)11년(1806년)에 옥산주인(玉山主人)의 장회소설 『雷峰塔奇傳』이 간행되었다. 전서(全書) 모두 5권 13회로 구성되어 있다. 현재 전하는 판본으로는 4종이 있다. 이 작품은 <백사전>의 발전 성숙단계를 대표하는 장회소설이다. 졸고, <백사전> 연구, 장회소설 『뇌봉탑기전』 참조.

선에게 주어 허선이 관가에서 고초 당하게 한 것을 후회한다. 소청이 재가를 권하자, 백낭자는 허선에게 받은 큰 은혜에 아직 보답도 못했고, 그와 백년가약을 맺고도, 자신의 잘못으로 다른 곳으로 귀양살이 가게 했으니, 다른 사람에게 시집갈 수 없다 단호히 거절한다. 백씨는 소청과 함께 남편을 찾아 떠난다. 백낭자와 허선은 다시 화합하여 보화당(保和堂)이란 약방을 개업한다.

　두 번째 이별은 허선의 '진강으로의 귀양살이'이다. 허선의 약방이 성업함에 따라 소주의 의원들이 허선을 질투하여 그에게 조사의 성탄절날 골동품과 보물을 보내 축하를 표시하라고 한다. 그렇지 않으면 소주에서 축출될 것이라고 핍박한다. 백씨는 남편의 근심걱정을 덜어주기 위해 소청에게 경사(京師)에 가 4가지 보물을 훔쳐오게 한다. 골동품과 보물을 전시하자 주위 사람들이 깜짝 놀란다. 양왕(梁王)은 보물을 도난당하자, 사람을 보내 수색케 한다. 허선을 체포하여 보물을 찾아낸다. 백씨와 소청은 도망친다. 부지사 진윤(陳倫: 조력자로 등장)은 허선이 아내의 난산을 치료한 공과 그가 요괴에게 연루된 점을 감안하여 가볍게 처벌하여 진강(鎭江)으로 귀양살이 보낸다.

　백씨는 남편이 자신에 의해 또 고초 당하게 된 것을 비통해하며 소청과 함께 남장을 하고 항주에 가서 은자를 이공보(李公甫: 허선의 매형) 집에 맡겨둔 후, 진강으로 가서 다시 보화당을 개업한다. 허선이 보화당에서 제조한 약을 먹고 백씨가 개업한 약방임을 알게 된다. 백씨가 만면에 눈물을 흘리며 해명한다. 남편 허선이 모진 고문으로 억지 자백한 것과 세상의 일이란 억울하기 그지없는 것이라고 해명한다. 또한 자신이 임신한지 이미 3개월 되었는데, 돌보아 줄 사람이 한 사람도 없어 허선을 찾아왔노라고 눈물로 하소연한다. 백낭자와 허선은 다시 화합한다.

세 번째 이별은 금산사에 놀러온 허선에게 법해가 백낭자는 뱀요괴이며, 전생의 인연 때문에 부부가 된 것이라며, 허선을 절에 머물게 하므로 발생한다. 이는 「수만금산(水漫金山)」 대목으로 이어진다.

격리에 따른 세번의 이별은 백낭자에게 있어서 백사의 인간되기 탐색모티프이다. 《백사전》에서 허선과의 이별을 다루고 있는 대목들은 각각 다른 형태를 띠고 있으나, 공통분모를 발견할 수 있는데, 백사의 수신적 기능과 약신적 기능에 의해 물의 상징 모티프가 동원되고 있다. 서호에서의

《백사전》의 「수만금산(水漫金山)」 대목(우표)

결혼, 허선의 소주에서의 귀양살이, 진강에서의 귀양살이는 백낭자에게는 인간되기를 실현하기 위한 자신의 정체성 확인 과정이며, 신화의 회귀에서 보였던 뱀의 수신적 여정을 걷고 있는 것이다. 그리고 백낭자의 살아있음의 희열은 백사의 약신으로서의 기능에 따라 남편과 함께 보화당 약방을 개업하는 것으로 전개된다.

허선 또한 약과 관련성이 많다. 《백사전》 설화 가운데 허선과 백낭자의 전생과 보은을 다룬 작품에서 허선은 약초를 캐는 인물로 등장하기도 한다. 허선은 윤회에 의한 변신을 하고 있다. 윤회의 변신은 개체의 전생담으로서 위인이나 영웅은 반드시 인간의 전생담이나 동물의 전생담이 붙어 다니고, 그것이 없는 경우에는 이류교구로써 그의 신성을 강조한다.

도교나 불교에서 모두 선행을 통해 변신이 가능하기에 종교적 아

이덴티티를 구가할 필요는 없다. 이는 윤회의 환생모티프를 빌어 변신하고 있는 민중의 갈구이며, 현실인 것이다. 허선은 백낭자와 결혼하여 현실로의 격리 즉 상징적으로 죽음으로써 새로운 세계로 부활을 의미하며, 여기에서 사회적 상승이라는 이면적 바람도 내포한다. 작품 속에서 허선은 어려서 조실부모하고 혼자 궁핍하게 살며 근면하고 선량한 사람임을 강조하고 있다. 이는 백낭자가 허선을 사랑하게 된 이유이다. 우렁이 각시, 칠선녀(七仙女) 등등의 여신들이 하강하여 외롭고 가난한 농군을 사랑하는 것과 같은 이유이다.[44] 이와 같은 애정은 민중의 바람과 갈구이며, 예술적 성취인 것이다.

《백사전》의 전승과 변용 속에서 허선의 태도 변화는 바로 자신의 정체성을 찾아가는 데 초점을 맞춰 백낭자와의 사랑에 흔들리지 않고, 백낭자가 뱀인 사실을 알고도 사랑을 지키는 쪽으로 발전한다.

여기에서 우리는 잊혀진 문명의 지향을 엿볼 수 있다. 중요한 것은 사랑놀림의 주도권을 쥐고 규칙을 만들고 허무는 권리가 여성에게 있었다는 점을 상기해야 한다. 모계 사회에 부계 사회로 전환되면서 잊혀진 여성의 권리 바로 그것에 대한 회귀는 여신의 신화에서도 그 면모를 찾아 볼 수 있다. 여성이 자기 몸을 기꺼이 내어 놓는다는 것을 '메르시(merci:자비)'라고 한다. 여성이 베풀 수 있는 '메르시'는 여성이 그 후보자의 격을 어느 정도로 평가하는가에 따라 달라진다는 것이다. 여성은 자기를 좋아하는 남성에게 사랑을 수용할 만한 가슴이 있는지, 사랑의 상대가 될 자격이 있는지 여부를 끊임없이 시험하는 것이다. 즉 여성은 이 남자가 자기와 사랑의 고통을 함께 할 수 있는지를 테스트한다.[45] 백낭자는 격리 속에서 빚어진

---

44) 吳同瑞 等 編,『中國俗文學七十年』, 北京大學出版社, 223면.
45) 조셉 캠벨, 빌 모이어스, 이윤기 옮김,『신화의 힘』, 361~362면.

귀양살이를 통해 허선이 자기와 사랑의 고통을 함께 할 수 있는지를 테스트하는 것이며, 이 속에서 백낭자는 진정한 사람되기를 모색한다.

5) 시련

《백사전》에 있어 시련은 영웅신화에서 보이는 '상징적 죽임'의 모티프에 해당된다. '시련과 극복'이 없는 《백사전》은 존재하지 않았을지도 모를 일이다. 이 시련 모티프가 《백사전》에 생명을 불어 넣는 중요한 요소이다. 이는 '탐색 모티프의 변용'이기도 하다.

첫 번째 시련은 「단양(端陽)」 대목이다. 백낭자가 웅황주를 먹고 자신의 원형을 드러내어 허선이 죽는다. 이는 「구초(求草)」 대목으로 이어진다. 죽음을 무릅쓰고 신선초를 구해 허선을 살려낸다. 먼저 전한의 《백사전》이해하기 위해 이원구초본(梨園舊鈔本)[46]의 내용을 간단히 살펴보면 다음과 같다.

17. 단양(端陽): 단양절, 허선은 웅황주 (雄黃酒)를 준비하여 축하한다. 청아가 피신한다. 허선이 강제로 백씨에게 웅황주를 권한다. 허선이 아내를 진맥한 후, 그녀의 임신을 축하하며 강제로 술을 마시게 한다. 백씨는 술을 마신 후 어지러워 침상에 눕

《백사전》의 「단양권주(端陽勸酒)」 대목(우표)

---

46) 이원구초본은 陳嘉言 부녀의 공연본이다. 이 공연본은 건륭 년간 이원(梨園) 무대에서 공연된 저본이다. 모두 38척으로 구성되었다. 졸고, <백사전> 연구, 198면 참조.

는다. 허선이 차를 준비하여 휘장을 들춘다. 뱀을 보고 놀라 쓰러진다. 돌아온 청아가 백씨를 불러 깨운다. 백씨는 구사환혼초(九死還魂草)가 있어야 그를 다시 살릴 수 있다 말하고, 청아에게 허선을 부탁하고 『숭산(嵩山)으로 간다.

18. 구초(求草): 백학(白鶴)동자가 사부께서 반도대회(蟠桃大會)에 가셨으니 도원을 잘 지키라고 당부한다. 백낭자가 환혼초를 구하기 위해 동자을 물리친다. 다시 동방삭(東方朔), 녹명(鹿鳴)과 전투를 벌여 물리친다. 수성(壽星:南極仙翁)이 팔괘웅황진(八卦雄黃陣)을 펼치자, 백학동자가 백씨를 웅황진 안으로 유인하여 붙잡는다. 이후 수성이 선초를 가지고 가게 한다. 허선과의 악연이 끝나지 않았기 때문에 그녀를 놓아준다.

19. 구선(救仙): 청아가 멀리서 백씨가 돌아오는 것을 본다. 백씨가 허선을 살려낸다.(이 척은 방성배본(方成培本) 료경(療驚)의 내용)

《단오유호(端午游湖)》[47]에서 백낭낭(白娘娘)은 단오절이 수련 과정 중 가장 어려운 시기임을 밝히고 있다. 그리고 이 액운을 피하는 방법으로 서호 호수바닥에 몸을 숨긴다. 바로 이는 뱀의 특성을 잘 보여주는 예이다. 뱀이 허물을 벗는 것이다. 뱀은 허물을 벗을 때, 보통 때보다 많은 물을 먹거나 물속으로 들어간다. 허물을 벗을 때 보통 때보다 수분이 빨리 증발하기 때문이다.[48] 이를 재생 모티프로 보면, 뱀이 재생한다는 인식은 허물을 벗는 것과 동면을 하는 동물이라는 사실에서 출발한다. 동물이 허물을 벗는다는 것은 새로운 생명체로 다시 태어남을 의미한다. 이러한 인식의 틀은 허물을 벗고

---

47) 절강분회, 앞의 책, 구연자: 鄭年壽(남, 당시 78세), 채록자: 張德光, 전래지역: 福建성 邵武현, 《端午游湖》.
48) 뱀남극,심재한, 『뱀』, 지성사, 84면.

인간이 되는 유형의 이야기에서도 잘 나타난다. 또 다른 점에서는 뱀이 용으로 승천하는 존재로 인식되기도 하는데, 뱀이 용이 된다는 것은 완전한 자아를 갖는 것을 의미한다. 즉 완전히 다른 존재로의 상승을 의미한다. 그러나 허선에게 있어서는 아내의 정체를 확인하는 금기 파기가 된다. 그래서 놀라 죽는다. 백낭자는 사랑하는 님을 위해 죽음을 무릅쓰고 신선초를 구하러 가고 거기에서 일전을 펼친다.

음력 5월5일 단오절은 중국의 전통 절기이다. 강남일대에서는 《백사전》과 하나로 연결되어 각종 독특한 풍속을 형성하였다. 강남에서는 단오절을 지낼 때 '오황'을 먹는 음식 풍속이 전한다. 이 '오황'이란 어황, 황선, 황과, 단황 이외에도 특별히 약간의 웅황주(雄黃酒)를 음복한다. 웅황주는 꼭 필요로 하다. 민간에서는 웅황주가 뱀 등 각종 '오독(五毒)'을 해독할 수 있다고 믿어왔다. 그래서 단오절에는 평상시 술을 마실 줄 모른다 해도 모든 사람이 약간의 웅황주를 마신다. 상징적으로 입술을 한차례 적시기도 한다. 어린 아이는 술을 마실 줄 모르기 때문에 이마 위에 웅황을 바른다. 혹은 웅황주로 '왕(王)'자를 쓴다. 단오절에 먹다 남은 웅황주는 저장에 두었다가 봄가을 아이들이 독사에 물렸을 때 사용하기 위해서 준비해둔다. 단오절 정오. 12시가 되면 항주에서는 아이들에게 두꺼비를 먹이는 풍속이 있다. 화기를 제거하고 여름철 땀띠가 나지 않게 한다고 전한다. 이런 민간처방 역시 《백사전》과 관련이 있다. 백사와 두꺼비의 갈등에 따라 단오절이 되면 사람들은 두꺼비(법해)를 머리를 자르고 껍질을 벗겨 아이에게 그 고기를 먹게 한다. 자자손손 전해져 법해를 영원히 증오케 하기 위해서 이다.[49]

---

49) 徐華龍, 「<白蛇傳>與飮食習俗」, 『<白蛇傳>論文集』, 271~280면.

전한의 《백사전》에서는 다음과 같이 묘사하고 있다.

제5장 주변(酒變): … (백소정: '서피요판'으로 노래한다) 매년 이 날이면 정신이 혼미해지네, 억지로 정신을 차려 낭군 허씨를 대하네. 서방님, 진지 드셨는지요? 허선: 여보, 방금 점포에서 점원 친구와 명절을 축하하며 즐겁게 마셨소. 내 당신과 매번 함께 식탁에 앉아 식사하며, 서로 떨어진 적이 없었지. 공교롭게도 오늘 당신이 소양에 걸렸으니, 내 어찌 마음 놓고 혼자 먹을 수 있겠습니까? 점원 친구들이 존경하는 당신께 웅황주 몇 잔을 올리라 하더이다. 자, 내가 먼저 … 백소정: 제 몸이 좋지 않아 술을 마실

경극 《백사전》의 「단오경변(端午驚變)」 대목 공연 장면

수 없사오니, 서방님께서 대신 그들에게 감사의 말을 전해주세요. 허선: 당신의 주량이 세고, 오늘은 명절이니, 우리 부부가 어찌 취하지 않을 수 있겠소? … 소청: (급히 변명하며) 아씨께서 오늘은 몸이 좋지 않으시고, 또 아기씨를 임신하고 있지 않습니까. 허선: 그렇지만, 산달이 아직 멀었는데 약한 술을 몇 잔 한다고 무슨 일이 있겠소? … 허선: 전에 누군가 당신은 천년 묵은 뱀 요괴가 둔갑한 것이며, 웅황주를 마시면 반드시 본래 모습을 드러낼 것이라 하더이다. 백소정: (크게 놀라며, 급히 진정하고) 누가 그런 헛소리를 합니까! (웃음을 지으며) 그렇다면, 서방님께서 오늘 술을 권하신 것이 설마 저를 시험해 볼 의도가 있는 것은 아니겠지요? … 백소정: (웃으며) 잠시 후 제가 원형을 드러낸다면 큰일 아니오! 허선: (웃으며) 아이고, 여보, 화내지 마시오. 당신과 나는 부부의 정이 깊고 신의가 두터우니, 요괴가 아니라고 말하지 마오. 요괴라고 해도 저 역시 당신을 진심으로 사랑하오. … (천년동안 쌓은 법력에 자만한 나머지, 잘못된 결정을 한다) …

이전에 법해가 내게 말하길 내 아내는 천년 묵은 뱀 요괴가 둔갑한
것이며, 웅황주를 마시면 반드시 원형을 드러낸다고 했는데. 지금
아내가 이처럼 대취하였으니, 비단 휘장을 걷었을 때 원형을 드러
냈다면 그러면 정말 큰일인데! (생각을 바꾼다) 낭자는 나를 하해와
같이 사랑했고 용모 또한 꽃처럼 아름다운데 어찌 요괴일 수 있단
말인가? 그 법해의 헛소리를 믿지 말자! … '서피쾌판'으로 노래한
다) 만약 내가 돌아오지 못하거든 네가 서방님의 유해를 황폐한 교
외에 묻고 무덤 위에 동심초(同心草)를 심고, 무덤가에 상사수(相思
樹) 묘목을 심어다오. 언니가 두견새가 되어 무덤 앞에 날아와도
몇 번이고 통곡할 수 있도록.…50)

　　제6장 수산(守山): (선산, 학동과 녹동이 무대에 오른다. 주변을
거닌다) 학동과 녹동: ('절계령'으로 노래한다) 선산의 별천지 풍광
을 보라, 태양이 오색 찬연한 채운을 비추고, 새들이 생황을 불 듯
노래하며, 푸른 연못가(碧池)엔 신선초 요초 향기 그윽하고, 자색
바위(紫岩) 아래엔 영지가 자라고 있네. 두 봉우리가 서로 맞닿은
곳 백운이 오가며, 도교의 사원 린궁을 휘감은 고목 측백나무의 푸

---

50) 田漢, 『白蛇傳』, 「第五場 酒變」, "… 白素貞: (唱「西皮散板」) 年年此日心惝
恍, 强打精神對許郎. 官人用過飯了? 許仙: 娘子, 適纔店房之中, 與伙友們
共賀佳節, 喝得十分暢快. 祇是鄙人與娘子每日同桌而食, 從不相離; 偏偏今
日, 你身染小恙, 鄙人如何放心得下? 伙友們定要我進來代敬娘子幾杯雄黃
酒. 來, 來, 來, 鄙人先乾. … 白素貞: 爲妻身体不爽, 不能飲酒, 官人代爲妾
謝謝他們吧. 許仙: 娘子海量, 今日佳節, 你我夫妻怎能不醉? … 小青: (急辯
解) 小姐今天身体不爽, 再說, 她有了小少爺了. 許仙: 也說得是. 祇是日子還
早, 幾杯淡酒又待何妨? … 許仙: 前者有人對我說, 娘子乃 …… 千年蛇妖所
化, 若飲雄黃酒, 必現原形. 白素貞: (大驚, 急鎭靜) 竟有人這樣胡說! (帶笑)
如此說來, 官人今日勸酒, 莫非有心試我? … 白素貞: (笑) 少時爲妻若現原
形, 那還了得! 許仙: (陪笑) 哎呀呀, 娘子不要生氣. 你我夫妻情深義重, 休說
你不是妖怪, 就是妖怪, 鄙人也痛愛娘子的呀. … (自恃千年道行, 做了一個
錯誤的決定) … 前者法海對我言講, 我妻乃千年蛇妖所化, 若飲雄黃藥酒, 必
現原形. 如今我妻喝得如此大醉, 倘若撥開錦帳, 竟然現出原形, 那那那還了
得! (轉念) 噯咦! 想娘子待我恩情似海, 又兼一貌如花, 哪裏會是妖怪? 休信
那法海胡說! … (唱「西皮快板」) 倘若是爲姐回不了, 你把官人遺体葬荒郊,
墳頭揷上同心草, 墳邊栽起相思樹苗; 爲姐化作杜鵑鳥, 飛到墳前也要哭幾
遭. …".

르름을 돋보이게 하는구나. …51)

제7장 도초(盜草): … 서방님을 청아의 손에 의탁하였고, 영지를 캐지 못하면 돌아가지 않겠다고 맹세하였네. … 백소정: ('발자팽판'으로 노래한다) 저 소정이 고개 숙여 애원하오니, 존경하옵는 선관

《백사전》의 「선산도초(仙山盜草)」 대목(우표)

이시여 제 말 좀 들어 주소서: 저 소정은 본래 출가하여 수행하며 낙엽 치던 여선으로 일찍이 선가의 구전단(구전공)을 연마하였습니다. 단지 인간 세상의 생활이 그리워 아미산을 하산하여 허선과 강남에서 결혼하였습니다. 제 남편이 불행히도 중병에 걸려, 특별히 영지를 캐고자 선산에 왔습니다. 녹동: (이어 '산판'으로 노래한다) 영지란 본래 신선초인데, 어찌 경솔히 인간에게 주겠느냐! 백소정: (이어 노래한다) 선가는 본래 자비의 종교이오니, 마땅히 인간을 위해 위난을 해결해야 하지 않습니까. 백소정: (이어 노래한다) 회생초를 얻을 수만 있다면, 제가 9번 죽을지라도 달게 받겠습니다. 녹동: (이어 노래한다) 권하노니, 일찌감치 산을 떠나거라, (백소정을 찌른다) 백소정: (녹동의 검을 누르고, 이어

노래한다) 제 무례함을 용서하소서. 백소정은 녹동과 대결하여 자상을 입히고 급히 영지를 손에 넣는다. 학동이 위급한 소리를 듣고 공격하자, 백소정은 영지를 입에 물고 학동, 녹동과 악전고투하다, 쓰러지지만 여전히 신선초를 지킨다. 학동: (검을 들고) 요괴는 죽음의 고통을 받을지어다! (남극선옹이 두 선동을 거느리고 급히 무대에 오른다) 남극선옹: 학동, 그만두거라! (백소정을 향해) 아, 담대

---

51) 田漢, 『白蛇傳』, 「第六場 守山」, "(仙山, 鶴童, 鹿童同上, '走邊') 鶴童, 鹿童: (唱「折桂令」) 看仙山, 別樣風光, 日映霓霞, 鳥弄笙簧; 碧池畔瑤草芬芳, 紫岩下有靈芝生長; 看兩峰相接處, 白雲來往, 襯托那繞琳宮柏靑蒼. …".

한 백소정이여, 감히 선산에 신선초를 훔치러 오다니! 백소정: 아 선옹이시여! 저 소정이 죽는 건 애석치 않지만, 제 불운한 신랑 허 씨가 회생할 가능성이 없음을 한탄할 뿐입니다! 남극선옹: 백소정, 너의 치성이 가상하고 또 이미 임신하고 있음을 고려하여 너를 죽이지 않고 용서하마. 영지를 가지고 집에 돌아가 네 남편의 생명을 구하거라. 하산하거라! 백소정: (의외의 상황에 감격하여 운다) 선옹, 감사합니다. ('고발자산판'으로 노래한다) 영지를 받아드니 눈물이 마르지 않는구나, 위험 속에서 어렵게 목숨을 부지하여 돌아가네. 선옹께 인사를 여쭙고 진강으로 돌아가네, 운산 만리 길을 남편을 살리기 위해 돌아가네. (무대에서 내려간다) 녹동: 오호! (적의 를 가지고) 남극선옹: 가로막지 말거라. (백소정의 뒷모습을 바라보며 머리를 가로 저으며 탄식한다) 선동들아! 돌아가자구나! (모두 함께 무대에서 내려간다)[52]

사랑은 반드시 사회가 인정하는 삶의 형태를 지향하는 것은 아니다. 사랑은 은밀하기 때문이며, 사랑은 사회가 조직하는 결혼 이상의 정신적 체험이기 때문이다. 사랑은 신의 임재(臨齋)이다. 사랑이 결

---

52) 田漢, 『白蛇傳』, 「第七場 盜草」, "… 官人托在靑兒手, 不采靈芝誓不還. … 白素貞: (唱「撥子碰板」) 素貞低頭苦衷告, 尊聲仙官聽我言: 素貞本是掃葉女, 曾煉仙家九轉丹. 祇爲思凡把峨帽下, 與許仙匹配在江南. 我夫不幸染重病, 特采靈芝上仙山. 鹿童: (接唱) 靈芝本是仙家草, 怎肯輕易與人間? 白素貞: (接唱) 仙佛本是慈悲種, 應替人間解危艱. 白素貞: (接唱) 祇要取得回生草, 姑娘九死也心甘. 鹿童: (接唱) 勸你早早離山去, (刺白素貞) 白素貞: (按住鹿童劍, 接唱) 恕你姑娘禮不端. 白素貞與鹿童鬪劍, 刺傷鹿童, 急采靈芝. 鶴童聞警冲上. 白素貞口銜靈芝, 與鶴鹿二童苦戰不支, 倒下, 但仍護住仙草. 鶴童: (擧劍) 妖女受死! (南極仙翁率雲童急上) 南極仙翁: 鶴童住手! (向白素貞) 啊, 大膽白素貞, 敢來仙山盜草! 白素貞: 喂呀, 仙翁啊! 素貞死不足惜, 祇可嘆我那許郎就無有因生之望了哇! 南極仙翁: 白素貞, 念你痴情可感, 又兼身懷有孕, 饒你不死. 靈草帶回家去, 可救你夫性命, 下山去吧! 白素貞: (這意外之事使她感極而泣) 謝仙翁! (唱) 捧住靈芝淚不乾, 險些兒難活命還. 拜別仙翁鎭江返, 雲山万裏救夫男. (下) 鹿童: 唔. (有敵意) 南極仙翁: 休得攔阻. (望着白素貞後影搖頭嘆息) 衆仙童! 回山去者. (向下)".

혼보다 상위개념인 까닭이 여기에 있으며, 사랑 때문에 지옥까지 갈 수 있는 것이다. 이 사랑의 고통은 삶의 고통이며, 고통이 있는 곳에 사는 것이다. 사랑 자체가 고통, 혹은 진정하게 살아있음의 고통인 것이다.[53]

백낭자는 이 시련의 순간, "만약 내가 돌아오지 못하거든 네가 서방님의 유해를 황폐한 교외에 묻고 무덤 위에 동심초를 심고, 무덤가에 상사수(相思樹) 묘목을 심어다오. 언니가 두견새가 되어 무덤 앞에 날아와도 몇 번이고 통곡할 수 있도록"이라고 노래한다. 사상수는 사랑의 때문에 죽은 남녀가 나무로 환생한 것이니,[54] 백낭자는 사랑 때문에 지옥까지도 갈 수 있었던 것이다. 백낭자는 신선초를 얻을 수만 있다면, 9번 죽을지라도 달게 받겠다며, 죽음에 이르는 순간에서도 남편을 살리기 위해 신선초를 놓지 않는다. 이 치성에 감복하여 남극선옹[55]이 신선초를 백낭자에게 준다.

백낭자와 일전을 펼친 학동(鶴童)은 《백사전》의 다른 어떤 작품에서건 만날 수 있는 적수이며, 마지막까지 백낭자와 일전을 벌이고

---

53) 조셉 캠벨, 빌 모이어스, 이윤기 옮김, 『신화의 힘』, 378~381면.
54) 干甫, 『搜神記』 권11, 韓憑의 아내 하씨는 대단한 미인이었다. 전국시대 송나라 康王이 그녀를 빼앗아 버렸다. 강왕은 한빙에게 성 쌓는 형벌을 내린다. 하씨는 은밀히 한빙에게 편지를 보내고 발각된다. 그 후 얼마 안되 한빙이 자살한다. 하씨 역시 고루에서 떨어져 죽는다. 한빙과 함께 매장해달고 유서를 남긴다. 화가난 강왕은 한빙과 거리를 두고 마주 보는 지점에 묻게 한다. 양쪽 무덤끝에서 가래나무가 자라 뿌리와 가지가 하나로 얽혔다. 또 암 수 한 쌍의 원앙새가 늘 가래나무를 보금자리 삼고 아침부터 저녁까지 떠나지 않은 채 서로 목을 맞대고 슬픈 듯 울었다. 이 나무를 상사수라 하고 이 원앙새를 한빙 부부의 혼백이라 한다.
55) 진기환, 『중국의 토속신과 그 신화』, 255면. 남극선옹은 壽星이며, 南極老人이라 한다. 고대 중국인들의 별 숭배를 보여주며 중국인의 사랑을 많이 받는 별이다. 수성은 28수 중 角과 亢의 두 별을 말한다. 모든 별의 으뜸이라 할 수 있다. 사마천은 남극선옹이 보이면 나라가 태평하고, 보이지 않으면 병란이 일어난다고 하였다.

있다. 이 학동은 백낭자와 어떤 관계가 있는 것일까? 단지 신선 사상의 의미인가?《백학동자창친(白鶴童子搶親)》[56]에서 백학은 소청을 아내로 삼고자 한다. 백학에게 대적할 수 없었던 백낭자는 남극선옹(南極仙翁)에게 도움을 청한다. 이 대목은 신화적 의미가 있다. 고대 수메르인 시절의 황금술잔 뿐만 아니라, 인도 전통 속에서도 전설 속의 뱀의 전형적인 적수는 바로 전설의 새이다. 구데아 왕의 술잔의 호전적인 새의 존재는 뱀이 지수의 생명을 부여하여 비옥하게 하는 요소를 표상하는 것처럼 창공 즉 상부, 천상의 영묘한 영역을 표상한다. 그들은 영원히 뱀의 힘에 저항하는 입장에 서 있으며, 각기 하늘과 땅의 패자로서 서로가 원형적인 한 쌍의 적수를 이룬다. 희랍신화에서 독수리는 천신 즉 제우스에 속한다. 한편 뱀은 대지인 제우스의 배우자 헤라여신을 시종한다. 또한 호머의 일리아드에 따르면 뱀을 공격하는 하늘의 새는 아이시와 트로이의 여성주의에 대하여 가부장적이고 남성적인 희랍인들의 성스러운 질서의 승리를 상징하였던 것이다. 독수리와 뱀의 이중적인 상징은 시대를 초월한다. 독수리는 별들의 세계, 신의 세계, 정신적 원리를 상징하는 반면, 뱀은 생물계의 생명력, 회생, 재생을 상징한다. 서양의 전통에서는 새와 뱀은 정신적인 반목을 강조되고 반면, 인도 등에서는 철저히 자연적인 요소의 대립이다. 즉 새는 '나가들(Nagas) 혹은 뱀들을 죽이는 자', '뱀들을 잡아먹는 자' 가루다(Garuda)인 것이다.[57] 그러므로 선학과 백사의 관계는 신화적 새와 뱀의 관계인 것이다.

두 번째 시련은 허선이 금산사에 갔다 법해에 붙잡혀 절에 머물게 되면서 야기 되는 「수투(水鬪)」대목인 것이다. 백낭자의 이미지를 부각시키는 중요 대목이다. 이 대목을 방성배(方成培)의 『뇌봉탑

---

56) 절강분회, 앞의 책,《白鶴童子搶親》.
57) 하인리히 침머 지음, 이숙종 옮김, 『인도의 신화와 예술』, 98~102면.

전기(雷峰塔傳奇)』「수투(水鬪)」와 비교해 살펴보면 다음과 같다.

25. 수투(水鬪): 백낭자와 청아가 뒤쫓아 금산에 도착한다. 법해가 허선을 돌려보내지 않자, 선사를 힐난하며 백낭자가 법해를 붙잡고자 한다. 여러 신선들이 나가 싸워 패한다. 백씨가 노기충천하여 돌진하지만 법해가 청룡장(靑龍杖)으로 그를 제어한다. 백씨가 세 차례 선사에게 허선을 놓아 달라고 간청하지만 여전히 거절당한다. 백씨가 노기충천한 나머지 금산사를 수몰시킨다. 법해가 가사로 수세를 막고 여러 신에게 그를 추적하여 죽이라 한다. 이 때 괴성(魁星)이 바리때를 받쳐 들고 도착한다. 이 때, 백씨와 청아 두 사람이 도망쳐버린다. 백씨의 악연이 아직 다 끝나지 않았기 때문이다. 법해가 허선에게 임안으로 지금 돌아가야만 하고, 백씨가 출산 후 인연이 다할 때까지 기다려야 한다고 말한다. 다시 일이 생기거든 정자사(淨慈寺)로 찾아오라 당부한다. 또한 백씨가 너를 해치지 않을 것이니 두려워 할 필요 없다 말한다.[58]

제12장 수투(水鬪): (금산사 주변, 장강이 도도히 굽이쳐 흐른다)

경극 《백사전》의 「수투(水鬪)」 대목 공연 장면

(백소정은 비분강개한 얼굴로 영기(令旗)를 들고 홀로 무대에 오른다. 백소정이 좀 생각하더니, 비분강개하여 영기를 소청에 던진다. 소청이 영기를 받아들고 수족동물들을 불러 모은다. 백소정이 수족동물 속에서 출현한다) 백소정: (수족 동물을 향해) 내 분부를 따를 지어다! ('수선자(水仙子)'로 노래한다. 여러 수족동물이 따라 노래한다) 신통력으로 높이, 신통력으로 높이, 우리 부부는 약을 팔

---

58) 方成培, 『雷峰塔傳奇』「水鬪」.

며 하루하루 보냈지. 법해가 다가와 서방님께 웅황을 술에 넣어 내게 주게 할 줄 뉘들 알았으리요. 내 봉래산에 가서 신선초를 훔치기 위해 온갖 고초를 당했건만, 오히려 그의 간사한 말 믿고 날 모독할 수 있단 말인가? 연지와 분을 바른 아내를 쉽게 버리다니! 쓸데없이 간섭하는 까까중놈이 원만한 우리사랑을 시기하는구나, 이 철천지원수를 어떻게 죽인담! 여러 형제자매여, 저 법해 놈을 죽여라! 여러 수족동물: (응대하며 소리친다) 야야! (여러 신장이 무대에 오른다) 여러 수족동물과 여러 신장들이 싸우기 시작한다. 백소정과 소청 등이 여러 신장과 목숨 걸고 싸운다. 여러 차례 격파한 후, 백소정이 태기를 느껴 고전한다. 소청과 여러 수족동물들이 힘껏 엄호하며 싸우면서 후퇴한다. 백소정: (슬피 소리친다) 서방님! (신장들이 백소정 등을 추격하며 무대 아래로 내려간다)[59]

법해와의 싸움은 개인적이라기보다는 사회적, 제도적, 나아가 종교적인 대립 양상을 띤다. 법해와의 투쟁 속에서 백낭자는 기득권자에게 용감하게 반항하고, 자신보다 강한 세력을 전혀 두려워하지 않는 완강한 의지를 보인다. 이 역시 백낭자 자신이 사랑을 위해 지옥까지 갈 수 있는 사랑의 수호자적 행위이며, 고통 속에 살아가는 진정한 인간되기의 정체성을 확인하는 과정이다. 법해의 지위는 날로 중요해져 모든 악의 요소와 특징이 집대성되었다. 최후에 완성된 법해

---

59) 田漢, 『白蛇傳』「第十二場 水鬪」, "(金山寺邊, 長江滾滾) (白素貞悲憤滿面, 帶令旗獨上, 經思慮後, 憤擲令旗交小青. 小青接旗號召水族. 白素貞在水族中出現) 白素貞: (對水族) 聽我吩咐! (唱「水仙子」, 衆和之) 仗, 仗, 仗法力高, 仗, 仗, 仗法力高; 夫, 夫, 夫, 夫妻們賣藥度晨宵. 却, 却, 却, 却誰知法海他來到, 教, 教, 教, 教官人雄黃在酒內交. 俺, 俺, 俺, 俺也曾到蓬萊盜仙草, 却, 却, 却, 却爲何聽信那讒言誣告, 將, 將, 將, 將一个紅粉妻輕易相抛! 多, 多, 多, 多管是老禿驢他妒恨我恩愛好, 這, 這, 這, 這冤仇似海怎能消! 衆兄弟姐妹, 殺却那法海者! 衆: (應聲) 喳! (衆神將上) 水族與神將開打. 白素貞, 小青等與神將殊死戰, 屢勝之. 後白素貞被觸動胎氣, 陷於苦戰. 小青與水族極力掩護, 且戰且退. 白素貞: (哀叫) 官人哪! (神將追白素貞等下)".

경극 《백사전》의 법해(法海)

의 이미지는 천상의 통치자 – 여래불의 대리인으로 상전의 명을 받들어 하계로 내려와 전적으로 백낭자와 대립한다. 그의 법력은 무궁하여 신병(神兵)과 신장(神將)을 파견하여 '반역자' 백낭자를 체포할 수 있다. 이를 사회적 관점에서 보면, 바로 그의 배후에서 통치 계급이 법해를 전적으로 지지하고 있다는 것을 유추할 수 있다. 그리고 그가 들고 있는 법보, 금바리때와 후에 쌓게 된 뇌봉탑은 사람을 잡아먹는 봉건제도와 봉건예교의 상징물인 것이다. 백낭자와의 투쟁 속에서 법해는 그의 허위, 교활함, 잔인함과 인간성 상실이라는 특징을 드러내고 있다. 이 모든 것은 바로 그가 대표하는 봉건주의의 본질적 속성인 것이다.

'변신 모티프'에서 보면, 법해는 비인간적 존재와 교혼에서 금기를 파기하는 제삼자인 것이다. 그는 뱀을 물괴로 보아 퇴치해야 하는 물괴 퇴치자로 등장한다. 그러나 민중의 가슴속에서 법해는 소청과의 일전에서 게 껍데기 안에 숨어들어 '해화상(蟹和尙)'이 되어 버리는 이미지로까지 전락한다.[60] 그러므로 민중의 가슴 속에 그려진 《백사전》은 더 이상 《백사고사》 '뱀 퇴치담'이 아니다.

백낭자는 자신의 정체성을 재확인하고 있다. 백낭자는 수신이다. 인류는 그들이 신봉하던 수신에 대해 통상적으로 정벌과 희생제의라는 두 종류의 심리 상태를 가지게 되었다. 수많은 창세신화에서 상견되는 영웅이 교룡이나 거대한 뱀의 목을 베는 유형의 설화는 고대 민족의 물에 대한 치리와 장악을 은유하고 있으며, 인류는 수신

---

60) 杭州市文化局 編, 陳瑋君 徐飛 수집정리, 《白娘子》, 『西湖民間故事』(增訂本), 浙江文藝出版社.

에 대한 살벌을 통하여 재생의 계기를 얻게 된다. 수신인 어사나 교룡은 통상적으로 신화에서는 파괴와 죽음의 상징이다. 희생제의는 안녕을 기구하기 위한 것으로, 이로 말미암아 예행된 수신에 대한 제사의례가 허다하게 되었다.[61] 신년제의에는 홍수적 요소, 또는 물의 요소를 지니고 있는 것은 이 제의가 비와 밀접한 관계를 있다고 하는 사실 등에 의해서도 충분히 증명이 되고 있다. 세례는 새로운 탄생이 뒤따르는 낡은 사람의 제의적 죽음과 동일한 것이다. 우주적 차원에서의 홍수는 이와 동등하다. 홍수는 외형적인 윤곽의 소멸이며, 모든 형태의 용해이고, 무형에로의 복귀이다.[62]

백낭자가 남편과의 사랑을 위해 금산사에 가서 법해와 싸우는 데에는 홍수 모티프가 운용되고 있다. 그러나 그가 승리를 거두지 못한 것은 뱃속의 아들을 자신보다 우선으로 하고 있기 때문이다. 백낭자는 진정한 어머니인 것이다. 여와는 모신 신화의 원형으로 바로 제삼자의 개입 없이 만물을 화생시킨 창조자이며, 인류를 위해 자신을 희생하는 자상하고 선량한 모습으로 다가온다. 그리고 자손의 행복을 위해 고통을 불사하는, 기꺼이 자신을 희생하는 위대한 어머니의 이미지로 우리에게 다가오고 있다. 여와의 이미지는 진정한 신화적 어머니의 원형인 것이다.[63] 그러므로 백낭자는 홍수의 재생모티프에서 이제 진정한 어머니 되기의 시련을 통과하고 있는 것이다. 그는 자신의 본향인 물속에서의 부침을 통해 새롭게 태어나는 것이다.

세 번째 시련은 「합발(合鉢)」 대목이다. 백낭자가 법해의 바리때에

61) 王孝廉, 『水與水神』, 臺北 三民書局, 76면.
62) M. 엘리아데(鄭鎭弘 譯), 『宇宙와 歷史』 「時間의 再生」, 현대사상사, 89면.
63) 李曉桃, 「元雜劇中的神話原型解析」, 『藝海』(湖南省藝術研究所 主辦, 『藝海』雜誌社), 1996년 제3기, 68면.

잡혀 뇌봉탑(雷峰塔)에 갇힌다. 《백사전》이 전설로 읽히는 편단적 대목이기도 하다. 《백사고사》 가운데 '탐색모티프'의 그 결과에 속하는 부분이다. 제삼자의 금기 파기에 의해 자의변신자가 더 이상 이 세상에 머물 수 있는 비극이다. 「합발」 대목을 살펴보면 다음과 같다.

제15장 합발(合鉢): (임안 거실 내) (허선의 누이가 몇 벌의 화사하고 아름다운 어린아이의 옷과 물건을 들고 무대에 오른다) 허씨: 좋구나! ('서피산판'으로 노래한다) 우리 허씨 집안은 오늘 이후로 좋은 결실이 있으리. 몇 벌의 아기 옷을 사내아이에게 선사하네. (소청이 내실에서 갓난아이를 안고 무대에 오른다) 소청: ('앞의 곡조'로 노래한다) 언니께서 귀한 아기를 출산하였으니 정말 축하할 일이로다, 인간 세상에 와 온갖 풍파를 겪은 게 헛되지 않네. … (허

경극 《백사전》의 「합발(合鉢)」 대목 공연 장면

선이 꽃을 꺾어 무대에 오른다) 허선: ('서피산판'으로 노래한다) 사랑하는 자식이 태어난 지 만 한 달이 되었으니 내 마음이 기쁘도다. 오늘 친지와 친구들이 아이의 울음소리가 얼마나 웅장한지 시험하며, 만 한 달을 축하하기 위해 오네. 향이 코끝을 찌르는 신선한 꽃을 꺾어 들고, 사랑스런 아내를 위안하네! 여보, 일어났소? 빨리 단장하세요, 친우들이 곧 올 것입니다. … (백소정이 거울을 보자, 허선이 그녀를 대신해 빗질한다) 허선: (이어 노래한다) 내 허한 문이 진귀한 거울을 대하니 웃음꽃이 활짝 피는구나. 내 아내의 탐스러운 귀밑머리와 꽃 같은 얼굴은 변함없네. 정말 선녀가 요대에 막 내려온 것 같구나. 내 여기 꽃들을 아내 머리에 꽂네. … (허선

이 백소정의 머리에 꽃을 꽂고 백소정은 고개를 돌려 미소 짓는다)
백소정: (이어 '산판'으로 노래한다) 오늘 이후로 우리 부부에게는
고진감래로다. (법해가 홀연히 무대에 오른다) 법해: 허선! 너와 백
소정의 악연이 이미 다하였으니, 이 바리때로 그녀를 수습하고, 나
를 따라 금산으로 가자구나. 허선: (급히 몸으로 백소정을 보호한
다) 아! 당신, 당신이 또 왔구려. 백소정: 까까중놈! (백소정이 검을
뽑아 싸우러 앞으로 나아가자, 법해가 가로막는다) 법해: 베다(韋
駄)는 어디 있느냐? (베다가 무대에 오른다. 금바리때를 들어올린
다) 백소정: 청아! 청아! (백소정이 금바리때 빛에 뒤덮인다) 법해:
네 청아는 노승에게 전패하여 도망쳤다. 백소정: 아이구! … (그러
나 소청이 또다시 검을 휘두르며, 솟구쳐 무대에 오른다. 용감하게
백소정을 구해내기 위해 신장들과 힘을 다해 싸운다. 법해는 청룡
선장으로 신장들과 교대하며 소청을 격파한다) 소청: (소리친다) 언
니, 언니! 백소정: 동생 빨리 도망쳐, 우리 부부의 원수를 갚아다오!
법해: 호법신이여, 죽여라! … (이어 '유수'로 노래한다) 내 당신을
위해 진강에 가서 함께 약을 팔았고, 내 당신을 위해 신선초를 훔
치기 위해 홀로 봉래산에 올랐으며, 내 당신을 위해 금산사에 가서
법해와 대전을 펼쳤으며, 고난 중에도 어린아이를 낳았지요. 부부
의 사랑이 오늘 다시, 서방님! 허선: ('서피산판'으로 노래한다) 허
선 가슴속에 칼이 꽂히는 것 같구나. 울분을 꾹 참으며 아무 말 없
이 법해에게 절하네, 스님께서 은혜를 베풀어주시길 갈망하네. 노
선사이여! 제 아내는 죄를 범한 적이 없건만, 어찌 이렇게 악랄한
방법을 쓰시옵니까? 제 아내가 죽는다면 부부의 사랑을 더 이상 얘
기를 할 수 없을 것이며, 막 만 한달된 이 어린아이를 남겨두면 어
느 누가 기른단 말입니까? 스님께서 은혜를 베푸시어 용서하시길
갈망하옵니다. 허선, 내 여기서 무릎을 꿇게 사옵니다. 백소정: (법
해에게 무릎을 꿇고 있는 허선을 가로막는다) 서방님이시여! ('앞의
곡조'로 노래한다) 인간 백정에게 무슨 사랑과 은혜를? (어린아이가
운다) 백소정: 빨리 사랑스런 아이를 안고 오세요! (허씨가 몽교를

안고 무대에 오른다) 백소정: 아이고! 아가! (얼른 몽교를 받아든다. '쾌원판'으로 노래한다) 사랑하는 아가가 어떤 연고로 고초를? 막 태어난 지 한 달 만에 어미의 품을 떠나야 하다니. 우리 아가, 어미의 젖 한 모금 먹으렴, 사랑스런 아가! (이어 노래한다) 어미는 지금 가면 다시는 돌아 올 수 없단다. (갓난아이를 안고 몸을 돌려 젖을 먹인다) … 64)

백낭자와 허선의 교혼으로 몽교(夢蛟)가 출생한다. 몽교의 출생은 신이한 탄생으로 이름에서 용신의 아들임을 암시하고 있으며, 백사가 효심에 의해 살아났듯이 몽교의 효심이 감동천하여 어머니를 뇌

---

64) 田漢, 『白蛇傳』, 「第十五場 合鉢」, "(臨安居室內) (許仙的姐姐帶一些花色鮮嬌的小孩衣物上) 許氏: 好哇! (唱「西皮散板」) 我許家從今後有了結果, 把幾件小衣裳送與阿哥. (小青從內室抱嬰兒上) 小青: (唱「前腔」) 賢姐姐産麟兒眞乃可賀, 也不枉到人間受盡風波. … (許仙摘花上) 許仙: (唱「前腔」) 嬌兒滿月我心歡喜, 今日親朋試壯啼; 搞得鮮花香噴鼻, 房中去慰疼愛的妻! 娘子起床了麼? 快來梳妝, 親友們就要到了. … (素貞對鏡, 許仙代她梳髮) 許仙: (接唱) 許漢文對寶鏡笑逐顔開. 我的妻擁雲鬢花容無改, 恰好似天仙女初下瑤臺. 我這裏將花朶與妻揷戴. … (許仙爲素貞簪花, 素貞回頭微笑) 白素貞: (接唱「散板」) 從今後夫妻們苦盡甘來. (法海忽上) 法海: 許仙! 你與白素貞孽緣已滿, 用此鉢將她收下, 爲師金山去者. 許仙: (急以身護素貞) 啊! 你, 你, 你又來了. 白素貞: 好禿驢! (白素貞拔劍殺上前, 法海架住) 法海: 韋馱何在? (韋馱上擧起金鉢) 白素貞: 靑兒, 靑兒. (被金鉢光芒罩住) 法海: 你那靑兒被老僧戰敗, 逃走了. 白素貞: 不好了! (但小青又揮劍沖上, 奮勇救自素貞, 與神將力鬪. 法海以靑龍禪杖交神將擊敗小青) 小青: (叫) 姐姐! 姐姐! 白素貞: 賢妹快去, 與我夫妻報仇! 法海: 護法神, 殺! … (接唱「流水」) 我爲你到鎭江同把藥賣, 我爲你盜仙草私上蓬萊, 我爲你金山寺大戰法海, 苦難裏生下小嬰孩. 夫妻恩愛今難再, 許郎夫啊! 許仙: (唱「西皮散板」) 許仙心中似刀裁. 呑聲忍氣把法海拜, 望求師父把恩開, 老禪師呀, 我妻她身無過犯, 爲何要下此毒手? 我妻一死, 丈夫恩愛莫要提起, 撇下這剛剛滿月的嬰孩, 何人撫養? 望求師父開恩饒恕, 許仙我這裏跪下了. 白素貞: (攔住向法海下跪的許仙) 許郎! (唱「前腔」) 對着夫講甚麼恩和愛? (兒啼) 白素貞: 快把嬌兒抱過來! (許氏抱夢蛟上) 白素貞: 哎! 兒呀! (搶過夢蛟, 唱「快原板」) 嬌兒何辜也受害, 剛滿月就要離娘懷. 苦命兒再喫一口離娘的奶, 嬌兒啊! (接唱) 你媽媽此去再不回來. (抱嬰兒回身哺乳) …"

봉탑에 구출시킨다. 몽교 역시 영웅의 일대기 유형을 취하고 있다.

탑의 범어(梵語)는 무덤을 의미한다. '탑'의 조자와 의미는 범어 '포달(布達)'의 음역을 채용하고 있어 구역(舊譯) '부도(浮圖)', '불도(佛圖)'에 더욱 가깝다. 여기에 '토(土)'를 편방으로 취해 무덤의 의미를 표시하였으니, 불타를 매장한 무덤이란 뜻이다. 무덤 이외에도 영묘(靈廟) 석굴 내에 만들거나 조각한 탑이 있다. '탑'이란 글자는 동진(東晋) 갈홍(葛洪)의 『자원(字苑)』에 처음 보인다.[65] 《백사전》을 뇌봉탑이란 역사적 존재물에 따른 '뇌봉탑' 전설로의 의미만으로는《백사전》이 존재하지 않는다. 지금도 《백사전》 개작되고 있으며, 다양한 예술 형태로 무대에 올려지기도 한다. 그러므로 《백사전》에서 뇌봉탑의 의미는 상징적 죽음의 의미를 지닌다. 이는 금기 파기에 따른 단절이며, 한 존재양상에서 다른 존재양상으로의 이행을 가능케 하는 단절을 의미한다.

뇌봉탑에 갇히기 전, 백낭자는 아들아이가 몇 년 동안 입을 수 있는 옷을 마련한다. 인간세상에서 아름다운 사랑을 꿈꾸며 변신했던 자의변신자 백낭자는 자신의 몸으로 세상을 창조했던 여와처럼 사랑의 고통을 현실 속에서 살아 있음을 느낀다. 그녀의 살아 있음의 희열은 아들의 탄생으로 이어진다. 이는 재생모티프이며, 단절의 동굴로 다시 들어가는 순환적 재현, 영원의 회귀인 것이다. 뇌봉탑에 갇히는 것은 죽음의 세계로 들어감의 상징이다. 상계에서 태어나기 위해 떨쳐버려야 할 하계인 것이다. 이는 잠재적인 우주이전의 양식으로의 일시적 퇴각에 해당한다. 여기서 상징적 죽음은 죽음 그 자체로 종결되는 것이 아니라, 죽음 단계에서 근원의 세계로 회귀를 의미한다. 여기에 회귀의 법칙이 존재한다.

---

65) 羅哲文, 『中國古塔槪覽』, 外文出版社, 1~5면.

백낭자는 법해의 바리때에 갇히는 마지막 순간에도 사랑하는 아들에게 한 모금의 젖이라도 더 먹이려 애를 쓴다. 다시 돌아올 수 없는 단절의 시간에 어미인 백낭자는 젖을 빨린다. 백낭자는 한 모금이라도 더 먹이고 싶은 어미의 간절한 소망으로 허씨부인에게 몽교를 대장부로 키워달라며 맡긴다. 갓난아이를 허씨에게 건네던 백낭자는 엄마의 품을 떠나 아이가 울자, 다시 돌려받아 안으며, 이제 고모님이 네 친 엄마라 한다. 결국 보내야 하기에 모질게 어린아이를 허씨에게 건넨다.

백낭자는 자신을 수습하려는 법해에게 통렬하게 인간 세상의 사랑은 영원히 불멸하리라고 일격을 가한다. 사랑은 고통의 바다이다. 법해는 베다에게 진압을 명한다. 제삼자인 법해는 금기의 파기자로 영원한 단절을 선포한다.

인도문학 가운데《이초원(二草原): 두 초원》이란 작품이 있다. 이 작품은 색즉시공 관념을 노래한 작품이다.《두 초원》에서는 삶의 초원과 죽음의 초원을 묘사하고 있다. 삶의 초원은 고통으로 충만하고, 죽음의 초원은 행복으로 충만하였다. 그러나 사람들은 끊임없이 삶의 초원에서 죽음의 초원으로 향했다. 그러나 사랑에 빠진 청춘남녀만이 삶의 초원에 남아 있었다. 이후 신이 삶의 초원에 사는 사람들이 죽음의 초원으로 건너오는 사람이 너무 많은 것을 발견하고, 삶과 죽음의 두 초원 사이에 고통의 강을 놓아 사람들로 하여금 고통이 두려워 감히 죽음의 초원으로 가지 못하게 한다.[66] 사랑은 지옥까지 같이 갈수 있는 것이다. 우리의 내적 존재와 현실 안에서 공명하며 실재로 살아 있음의 황홀을 느끼게 되는 것이다. 백낭자는 바로 이 길을 택하고 있다. 법해가 영원한 단절을 선포할지라도 백낭

---

66) 朱眉叔,『白蛇系列小說』, 遼寧敎育出版社, 101~102면.

자가 택한 진정한 사랑을, 그리고 불완전한 인간으로서 인간되기를 택한 그녀를 우리는 영원히 기억할 것이며, 그런 백낭자는 우리들의 가슴에 영원히 살아있을 것이다.

6) 회복

모든 예술 작품에는 어떤 반복의 원리가 근본적으로 있다. 인간의 삶의 탄생으로부터 죽음에의 투쟁과 재생에의 희망을 그리고 있는 신화의 패턴은 성숙한 인간으로의 통과의식(Initiation)을 중심으로 한 자연의 순환을 암시하고 있다.

종교와 연극은 둘 다 우선적으로 현존하고 있는 인간에 대한 기록이며, 자신의 존재를 이해할 수 있는 이 기능을 종교와 연극이 공유하고 있다. 희극과 비극은 모두 경험의 표현이고 양자는 모두 경험을 이해하는 데 중재적 역할을 한다. 희극은 신화가 종교로 하여금 단언케 해주는 순환적 주장과 종교적 유사성을 가지고 있고, 비극은 때로 신화가 지지해 주는 순환적이 아닌 직선적 주장에서 유사성을 찾을 수 있다. 그러기에 희극과 비극은 인간의 경험해야 하는 존재의 근원적 본질에 관한 두 전면적 주장을 세속적으로 조달하는 셈이다. 신화는 언제나 되풀이 되고 주기적이다. 희극이 우리에게 주는 전부는 '회복감(sense of regain)'이다. 희극의 '불안감'은 '상황', '오해', '확신감'에 위협한다. 비극은 유사한 직선적, 전면적 주장과 마찬가지로 이 세계를 상징적으로 통제 할 수 없다. 비극에서는 결코 돌이킬 수 없는 직선적 성질에 따라 그 선택은 세계와 현상태를 무섭고 진지하게 위협한다.[67] 《백사전》은 이 둘 중의 하나를 모색하는

---

67) 해롤드 M. 와트, 김병욱 등, 「신화와 연극」, 『문학과 신화』, 218~235면 참조.

과정에 아직도 서있다.

《백사전》에서 회복이란 「단교(斷橋)」 대목이다. 시련을 통해 본래 자신의 모습을 재생할 수 있는 것이다. 즉 본래의 자아 회복을 이룰 수 있게 되는 것이다. 금산사에서 항주로 돌아온 허선은 백낭자를 보고 깜짝 놀란다.

제14장 단교(斷橋): (항주 서호 주변) 백소정: 허랑께서 나를 두려워하는 것은 인지상정이지, 그 법해놈이 나쁘지. 백소정: 청아! ('서피산판'으로 노래한다) 나와 그는 견우직녀성께 서원했지, 우리 부부 서로 믿고 의지하며 질투하지 않기로. 백소정: ('남방자청판'으로 바꿔 노래한다) 소정 전 본래 인간 세상의 여자가 아니라, 전 원래 아미산의 한 사선(뱀 신선)이옵니다. 모두다 인간 세상의 생활이 그리워 하산하여 동생 청아와 서호 주변에 왔을 뿐이옵니다. 비바람 부는 호수에서 낭군의 얼굴을 알게 되었고, 우산을 빌려 주시고 배를 함께 타는 많은 은혜를 입었지요. 홍루에서 결혼하여 무한한 봄날을 보내며, 내 당신을 도와 진강에서 약을 팔며 아내의 부덕을 쌓았지요. 단양절에 술을 마신 후 당신 목숨이 한 가닥 실에 매달린 위급한 상황이

경극 《백사전》의 「단교(斷橋)」 대목 공연 장면

되어 전 당신을 위해 선산에 가서 신선초를 훔치기 위해 온갖 고초를 다 겪었죠. 당신께서 병이 호전된 후 마음이 변할 줄, 뉘 알았겠어요! 당신은 법해를 따라 금산사에 가서는 안 되는 것을. 전 당신이 돌아오기만을 눈이 빠져라 기다렸건만 돌아오시지 않아, 매일 날밤이 새도록 당신이 기다렸습니다. 가련하게도 내 침상에는 진주같은 눈물로 모두 젖었고, 가련하게도 내 원앙의 꿈은 깨어지고 수심만 더해졌네. ('쾌판'으로 바꿔 노래한다) 노여움에 금산사에 간

건, 우리부부가 다시 단란하
게 지내기 위해서였을 뿐입니
다. 청아가 죽음을 무릅쓰고
싸우지 않았더라면, 내 복중
의 아이를 보존하기도 어려웠
을 것입니다. 청아가 화를 내
는 것을 탓하지 마세요, 누가
옳은지, 누가 그른지는 당신
의 가슴에 대고 물어보세요!
허선: ('서피요판'으로 노래한

경극 《백사전》의 「단교(斷橋)」 대목 공연 장면

다) 비로소 낭자의 마음이 선량하고, 허선 나를 위해 온갖 고초를
당했다는 것을 알았소. 당신이 설사 뱀일지라도 내 마음은 변함이
없소. 허선: 낭자, 청아! ('앞의 곡조'로 노래한다) 내가 또다시 변심
한다면 3척이 되는 푸른 칼날에 주검인들 온전하리요. 백소정: (허
선을 부축하여 일으켜 세우며 서로 부둥켜안고 통곡한다. '요판'으
로 노래한다) 말 한마디 듣고, 마음을 고쳐먹으시니
낭군께서는 저를 저버리지 않으셨군요. (이어 노래
한다) 오늘 이후로는 변심하지 마세요. 소청: ('앞의
곡조'로 노래한다) 저 소청은 언니와 생사를 같이
하기로 한 의자매가 아니옵니까, 하산할 때, 우리 자
매는 서원했었지, 생사를 같이 하고 환란을 함께 하
며 서로 버리지 않기로. 몽교를 순산한 후 모자가
건강하길 원했건만, ⋯ 백소정 ('서피산판'으로 노래

경극 《백사전》의 「단교(斷橋)」
대목의 허선

한다) 어렵사리 환란 중에 일가 상봉하였으니, 제비
가 진흙으로 집을 짓듯 다시 가정을 일구리라. 동생
소청의 부축을 받아 청파문을 돌며, (호수를 바라보
며, 무대에 오른다. 이어 노래한다) 고개를 돌려 비
를 피하던 곳을 바라보니 풍경이 의구하구나. (모두
좌측으로 내려간다)[68]

경극 《백사전》의 「단교(斷橋)」
대목의 소청(小靑)

《백사전》의 「단교상회(斷橋相會)」대목(우표)

백낭자와 허선의 단교재회는 사랑의 의미를 되짚어보는 과정이다. 백낭자는 둘이 하나된 희생의 아름다움과 시시각각 변덕을 부리는 허선에 대해서도 묵시적으로 동의하고 있으니, 진정한 사람되기를 모색하고 있는 것이다. 즉 백낭자는 시련을 통한 자기 동일성 회복하고 있는 것이다. 백낭자와 허선은 제비가 진흙으로 정성껏 집을 짓듯 시련과 고통을 극복하여 백낭자가 아름다운 사랑과 단란한 가정을 꿈꾼다. 허선도 정체성 확인을 통해 다시는 백낭자의 사랑을 저버리지 않고, 백낭자와 영원히 할 것 다짐하며 화목한 가정을 일군다.

백낭자의 자기회복은 허선과의 사랑을 성숙한 사랑으로 승화시키

68) 田漢, 『白蛇傳』, 「第十四場 斷橋」, "(杭州西湖邊) 白素貞: 許郎疑 懼祈我也是常情, 還是那法海不好. 白素貞: 靑妹啊! (唱「西皮散板」) 我與他對雙星發下誓願, 夫妻們相信賴各不猜嫌. 白素貞: (轉唱「南梆子淸板」) 你妾原不是凡間女, 妾本是峨嵋山一蛇仙. 祇爲思凡把山下, 與靑兒來到西湖邊. 風雨湖中識郎面, 我愛你深情惓惓豊度翩翩, 我愛你常把娘親念, 我愛你自食其力受人憐. 紅樓交頸春無限, 怎知道良緣是孼緣. 到鎭江, 你離鄕遠, 我助你賣藥學前賢. 端陽酒後你命懸一線, 我爲你仙山盜草受盡了顚連. 縱然是異類我待你情非淺, 腹內還有你許門的香烟. 你不該病好良心變! 上了法海無底船. 妻盼你回家你不見, 哪一夜不等你到五更天? 可憐我枕上淚珠部濕遍, 可憐我鴛鴦夢醒祇把愁添. (轉「快板」) 尋你來到金山寺院, 祇爲夫妻再團圓. 若非靑兒她拚死戰, 我腹中的嬌兒也命難全. 莫怪靑兒她變了臉, 誰的是誰的非你問問心間哪? 許仙: (唱「西皮搖板」) 纔知道娘子你情眞愛重心良善, 受千辛忍万苦爲的是許仙. 許仙: 娘子, 靑姐! (唱「前腔」) 許仙再把心腸變, 三尺靑鋒尸不全. 白素貞: (扶起許仙, 相抱而哭, 唱「搖板」) 聽一言來心意轉, 許郎果不負嬋娟. (接唱) 從今後不要變心田. 小靑: (唱「前腔」) 小靑我與姐姐血肉相連. 下山時姐妹們發下誓願, 同生死共患難不相棄捐. 但願得産夢蛟母子康健, 但願得那許… 白素貞: (唱「西皮散板」) 難得是患難中一家重見, 學燕兒銜泥土重整家園. 小靑妹扶爲姐淸波門轉, (回望湖上, 接唱) 猛回頭避雨處風景依然. (同向左側下)".

는 것이 그 바탕이 되고 있다. 《백사전》은 백낭자가 시련과 고통을 통해 본래의 자아를 찾음으로써 내적 패턴을 갖는 작품이라 할 수 있겠다. 백낭자와 허선의 만남의 행위 역시 순환적 상징성을 띠고 있다. 허선과 백낭자가 처음 만난 시간은 봄이다. 그들이 첫눈에 반해 사랑을 싹틔웠던 시간적 배경도 꽃들이 만개하는 봄이었고, 공간적 배경도 서호라는 풍류의 장소이며, 시절도 태평성대의 호시절이다. 그들이 다시 사랑을 회복한 재회의 만남 역시 봄날 단교에서이다. 시공간적 배경이 로맨틱한 봄이란 점에서 극적 분위기를 파악할 수 있다. 결국 《백사전》은 대중에게 욕구충족을 제공하는 기능까지 담당하고 있다. 《백사전》은 변신을 통해 현실적 질곡에서 벗어나려는 인간적 소망을 실현하고 있다. 즉, '변신 모티프'를 기반으로 한 허구의 이야기는 실상 가장 소망스러운 현실이며, 현실적 사건이다. 《백사전》의 대중 욕구충족적 기능은 소망의 이미지를 성취시킨다는 점에서 가장 근원적인 꿈을 실현시켜주는 것이다. 이는 꿈의 기

뇌봉탑은 1924년 9월 25일 무너져 내렸다. 항주 지역의 사람들은 백낭자가 뇌봉탑을 부수고 세상에 나왔다 믿었다. 2002년 10월 25일 뇌봉탑은 중건되었다.

능성을 약속하며, 나아가 현실에 좌절하지 않는 꿈의 지속을 다짐해 준다. 백낭자의 변신 이미지는 대중의 꿈꾸는 대상을 형상화한 것이다. 이 꿈의 지속은 소청의 「도탑(倒塔)」 대목으로 결말을 맺는다. 뇌봉탑은 무너져 내리고, 백소정은 채색 구름 사이로 홀연히 나온다. 완전한 인성 획득자 백낭자는 사랑과 행복한 가정생활을 위해 모든 대가를 희생하면서 봉건 기득 세력과 투쟁하는 영웅의 화신이며, 민중이 꿈꾸는 사랑의 신인 것이다.

3. 나오는 말

전한 《백사전》의 신화 읽기를 통해 다음과 같은 결론을 도출할 수 있다. 우리가 변신을 통해서 얻으려는 가장 간절한 소망은 무엇인가? 세계 신화가 지니는 공통된 주제는 심오한 원리를 통해 중심에 이르려는 인간 정신의 욕구를 지향한다.[69] 우리가 찾고 있는 것은 불완전한 인간의 살아 있음의 경험인 것이다. 신화에서 가르쳐주는 결혼이란 둘 사이의 영적 동일성을 인식하는 일이다. 결혼은 경험을 지니는 또 하나의 신화적 차원인 것이다. 결혼은 자기 자신의 정체를 찾는 것, 부부가 희생의 의미를 서로 아름답게 깨닫는 것이다. 우리는 신화적 의례를 통해 새로운 역할을 맞이한다. 결혼을 통해 자기 삶의 가능성까지 희생시키게 된다. 그러므로 신화는 이 세상의 꿈이지 다른 사람의 꿈이 아니다. 신화는 원형적인 꿈이며, 우리가 꿈꾸는 변신인 것이다.

지금까지 검토한 바를 간추려서 요약하면 다음과 같다. 첫째, 《백사전》은 공간적으로는 항주(杭州)를 중심으로 전래되다, 이웃한 소주

---

69) 조셉 캠벨·빌 모이어스, 이윤기 옮김, 『신화의 힘』, 고려원, 20면.

(蘇州), 진강(鎭江)으로 전파되었고, 나아가 사천(四川) 등 중국 전역으로 전파되었으며, 시간적으로는 신화적 사유의 시대로부터 현재에 이르기까지 구비전승 되어지는 신화적 성격을 가진 설화유형이다. 둘째, 《백사전》의 백낭자는 수신이며, 용왕의 딸이며, 무관의 딸이며, 심지어는 의술을 펼치는 여의사이다. 이는 고대 오월지역의 뱀 토템 신앙과 풍속이 환상적 낭만주의와 결합하여 남녀의 사랑 이야기를 그려낸 남방 문학의 특성을 형성한다. 바로 《백사전》은 남방 문학과 오월 문화의 특성을 결합하여 그려낸 백낭자와 허선의 사랑 노래인 것이다. 셋째, 《백사전》에 그려진 백낭자의 일생 패턴을 통해 이 세상이 꿈꾸었던 결혼과 사랑의 의미를 되짚어 볼 수 있다. 백낭자는 변신을 통해 허선과의 사랑을 꽃피우고, 약방을 개업하여 삶의 터전을 일구며, 자신의 정체성을 찾아가는 과정에서 남편 허선과의 이별을 경험하고, 죽음을 불사하고 남편을 살리기 위해 신선초를 훔쳐야하는 시련을 극복하며, 사랑의 동요를 떨쳐버린 남편과의 재회를 통해 둘 사이의 영적 동일성을 회복한다. 또한 백낭자와 허선의 사랑을 이단시하는 법해에 의해 뇌봉탑에 갇히는 순간에도 백낭자는 이 세상의 사랑은 영원할 것이라고 단호히 기득 세력에 항거하며, 다시 되돌아 올 수 없는 길을 떠나는 순간, 갓난아이에게 한 모금의 젖이라도 더 먹이려는 자애로운 어머니의 모습으로 아들의 앞날을 기약하며 쾌히 뇌봉탑에 갇힌다. 이 일련의 영웅패턴은 신성을 지닌 사선이 변신과 결혼을 통한 사람되기 과정이며, 인성을 획득한 백낭자의 불완전한 인간의 살아 있음의 경험인 것이다. 그러므로 완전한 인성 획득자 백낭자는 사랑과 행복한 가정생활을 위해 모든 대가를 희생하면서 봉건 기득 세력과 투쟁하는 영웅의 화신이며, 민중이 꿈꾸는 사랑의 신인 것이다.

(정대웅, 한국외국어대학교 강사)

IV

절대성에 대한 의심

IV 절대성에 대한 의심

- 중국의 실험극에 대하여 -

"♬ 어린이여 모여라, 어린이여 날아라, 우리는 나~른다! 피터팬"

어린 시절, 무지개 너머 네버랜드에 살던 피터팬과 후크선장, 팅커벨이 내 눈 앞에서 **'진짜로'** 날아다니는 것을 봤을 때의 설레임과 흥분은 아직까지 생생하다. 날아다니는 배우들의 등 뒤로 피아노줄이 보였지만 그것이 진짜든 가짜든 상관없이 어린 나는 '날아다닌다'는 그 자체만으로도 충분히 즐거웠다.

그러나 어른이 된 후, 사람은 **'진짜로'** 날 수 없으므로 이러한 이야기들은 **'있을 법한 이야기'**가 아니라고 생각하게 되었다. 어느 순간부터인가 '있을 법한 이야기'에 대한 고정관념은 무한히 펼쳐질 수 있는 상상력의 범위와 재미를 제한하고 있다.

아리스토텔레스의 모방이론 이후, 연극은 '삶의 재현' '삶의 모방'

이란 틀 아래에서 발전해 왔고 특히 연극이란 '현실을 재현하고 반영해야 한다.'는 주장은 '있을 법한 이야기'에 대한 관념을 더욱 확고히 했다. 그러나 인간은 유일하게 상상하고 공상할 수 있는 존재이다.

'있을 법한 이야기'가 무엇일까? 사람이 날아다니는 것은 있을 법한 이야기가 아니고 비행기를 타고 나르는 것은 있을 법한 이야기일까? '있을 법한 이야기'에 대한 고정관념의 파괴, 그리고 이에 대한 개념의 확장은 이미 시작되었다.

연극을 거울에 비유하지만 거울은 사물을 똑같이 보여주지 않는다. 똑같이 보여준다는 환상을 줄 뿐이다. 예를 들면 좌우가 바뀌고 거울 종류에 따라, 오목거울, 볼록거울 등 거울 속에서도 삶 또는 나는 왜곡될 수 있다.

오목거울이든 볼록거울이든, 마술거울이든 그 속에서 삶은 왜곡되고 축소되며 확대되기도 한다. 그러므로 사실상 존재하지는 않지만 사회의 기저에 놓여있는 규칙들을 기초로 하는 변이된, 변이형들인 지적 구성물이 나타날 수 있다.[1] 이것이 바로 어른들의 상상력이 아닐까?

그러나 우리는 '삶의 재현'이란 환상 속에서, 그 형식과 틀 속에 갇혀서 발버둥치고 있다.

1. 재부족화에서의 탈피

'부족'하면 선사시대를 배경으로 돌도끼를 들고 찍었던 영화 '프

---

1) 빅터 터너 지음 / 이기우, 김익두 옮김, 『제의에서 연극으로』, 현대미학사, 172면 참조.

린스톤 가족'이 떠오르지만 현대사회도 재부족화(retribalization)가 일어나기도 한다고 이야기한다. 이는 파시스트 또는 사회주의든 상관없이, 사회구조를 강조하고 개인을 희생하며 역할, 계층 등을 강조한다.[2] 중국은 '사회주의'란 이데올로기와 '리얼리즘'이란 틀 속에서 중국을 재부족화, 즉 획일화시키며 개인의 미시적인 삶보다는 거시적인 역사와 현실을 강조하였다.

1979년, 개혁개방 정책 실시 이후, 중국은 서양을 향해 대대적인 개방정책을 편다. 1976년 10월 사인방의 통치가 무너지면서 사회 전체적으로 새로운 단계에 접어들게 되었고 서양의 각종 주의들이 사회에 밀려들어 왔다. 서양의 각종 주의들은 각 방면으로 다양하게 영향을 미치지만 그 어떤 것도 '리얼리즘'의 막강한 위치를 흔들 수는 없었다.

사회주의 이념 때문에 연극[3]역시 주제나 제재 면에서 선택과 표현의 제약을 받게 되고 이념을 위한 정치선전의 도구로 사용되어 점차 관객들의 외면을 받아 왔다. 연극인들은 이렇게 관객들에게 외면당하는 상황을 '연극계의 위기'[4]라고 여기며 이에 대한 활발한 논의들을 시작했다. 이들은 지금까지의 '리얼리즘'으로는 지금의 현실을 충실하게 표현할 수 없기 때문에 새로운 표현의 형식을 찾아야 한다고 주장한다.

---

2) 위의 책, 187~9면 참조.

3) 중국에서는 서양에서 들어온 대화 위주의 극을 중국의 전통극과 구별하기 위해 화쥐(話劇)라고 부른다. 그러나 이 글에서는 '화극'이란 말 대신 '연극'이란 용어로 통일해 쓰고자 한다.

4) 희극관에 대한 대논쟁은 1982년을 전후로 시작하여 1986년에 최고조에 다다른다. 4년여 동안 희극에 대한 모든 문제를 언급한 신시기 희극사상 주목을 끄는 현상이다. 신시기 희극관에 대한 논쟁은 3단계를 거친다. 1. 연극의 민족화와 현대화에 대한 논쟁 2. 희극관이란 무엇인가, 중국민족희극관에 대한 논쟁 3. 희극관념에 대한 새로운 변화에 대한 논쟁.

다소나마 소재나 표현이 자유로워지면서 중국의 연극은 이념적 선전 도구로서가 아닌 작가의 자유로운 표현의 도구로서 자신의 정체성을 찾아가고자 한다. 특히 소재와 형식면에서 기존의 리얼리즘 극과는 다른 새로운 극들이 등장하게 되는데 이는 중국에서 '실험극'의 탄생을 의미한다.

중국 '실험극'의 효시로는 1979년 발표된 시에민(謝民)의 《내가 왜 죽었지(我爲什么死了)》를 꼽기도 하고 1980년에 발표된 마중쥔(馬中駿)의 《집 밖의 열기(屋外有熱流)》를 들기도 한다. 그러나 본격적인 실험극의 출발은 가오싱지엔(高行健)의 《절대신호(絶代信號)》(1982년), 《버스정거장(車站)》(1983년)이 발표된 이후이다.

작가들은 예전 선전구호와도 같았던 극의 형식에서 벗어나 서양의 다양한 수법, 예를 들면, 상징, 부조리, 의식류, 소외화 등의 수법과 소홀히 해 왔던 중국의 전통 희곡 양식을 빌려오기도 했다.[5] 그러나 개혁개방 이후 밀려온 서양의 새로운 수법들은 사실상 그렇게 낯설지만은 않은 것들이다. 중화인민공화국이 들어서면서, 전통적인 중국의 것들은 봉건적이라며 배격되었고 그 자리를 '리얼리즘'이 차지하게 되었지만 중국의 전통적인 공연의 형식과 서양의 현대적인 사조들의 수법 사이에는 많은 공통점을 발견할 수 있다.[6]

---

5) 처음 중국에 리얼리즘의 위기를 언급한 이는 황주어린(黃佐臨)으로 1959년에 브레히트 작품을 처음으로 중국에 소개하였다.

6) 실제로 19세기 말과 20세기 초반부터 유럽의 예술가들은 중국과 일본의 동양 예술의 형식을 모방하거나 기법들을 서양 예술에 접목시키려는 시도를 했다. 예를 들면 일본의 노(能)가 유럽의 현대 희곡 폴 끌로델(Paul Claudel)과 예이츠(W.B.Yeats)같은 극작가에게 영향을 끼쳤고 아르토(Artaud)는 인도네시아 발리 무용극으로부터 깊은 자극을 받았으며 영화이론분야에서는 에이젠슈타인(Eisenstein)이 한자와 일본의 하이쿠(俳句), 단카(短歌)로부터 자극을 받아서 몽타주 이론을 발전시켰다. 브레히트 또한 중국의 경극공연을 통해 영감을 얻었다고 한다.

대표적인 작품으로는 1980년대, 가오싱지엔의 《절대신호(絶對信号)》 《버스정거장(車站)》《야인(野人)》《피안(彼岸)》, 리우슈강(劉樹綱)의 《죽은 자, 산 자를 방문하다.(一个死者對生者的訪問)》《15개 이혼사례 조사분석(十五椿离婚案的調査剖析)》, 진윈(錦云)의 《거우얼이에 열반하다(狗儿爺涅槃)》, 왕패이공(王培公)의 《우리들(WM 我們)》, 타오쥔(陶駿) 《큐빅(魔方)》, 마중쥔(馬中駿)의 《집밖의 열기(屋外有熱流)》《길(路)》, 순후이주·황주어린(孫惠柱·黃佐臨)의 《중국의 꿈(中國夢)》, 허즈주왕·저지앙(賀子壯·浙江)의 《산제(山祭)》등이 있다. 1980년대 후반부터 실험극의 열기는 식었지만 1990년대를 대표할 만한 작가로는 멍징후이(孟京輝)가 있다. 그의 작품으로는 《속세를 그리워하다(思凡)》《나는 ×××를 사랑한다(我愛×××)》《放下你的鞭子·沃依辦克》등이 있다.

중국의 실험극은 지금까지 중국 무대에 올려졌던 리얼리즘 계열의 극들에 비해서 파격적이다. 특히 이전의 리얼리즘 계통의 극들이 사회주의에 대한 이상과 희망을 유토피아적으로 그려냈다면 중국의 실험극은 이를 회색빛으로 그려내어 중국정부와의 마찰을 피할 수 없었다. 형식면에서도 현실을 그대로 무대위로 옮기려고 노력하면서 지켰던 모든 무대 규칙들, 예를 들면 제4의 벽, 인물간의 갈등, 이야기의 전개방식 등을 모두 무시한다. 소재면에서는 전에 다루지 않았던 이념의 문제, 노동자의 현실, 젊은 지식인등을 집중적으로 다루었지만 1980년대 중국의 실험극은 인간의 본능, 성심리 등 인간의 내면에 발생할 수 있는 다양한 소재들까지 다루지는 못했다.

그러나 '리얼리즘'의 틀에서 벗어나 시야를 넓게 해 주었다는 점, '리얼리즘'만이 정답이 아니라는 것을 깨우쳐 준 점에 있어서 '실험극'은 중국이 좀 더 다양성을 인정하는 사회, 탈부족화로 한걸음 나아가게 하는 역할을 하였다. 이렇게 등장한 중국의 실험극은 넓은 의미에서 비리얼리즘극, 비사실주의극을 가리킨다고 말할 수 있다.

2. 거울 바라보기

우리는 흔히 보던 연극의 형식인 기-승-전-결, 사건이 발생하고 인물들이 서로 갈등을 일으키며 마지막에 대단원을 이루는 형식을 당연한 것처럼 여겨왔다. '있을 법한 이야기'라는 관념 속에서 시간과 사건의 순서대로 무대 위에 올려지는 것이 '현실을 반영'하는데 당연한 형식이라고 생각하는 것은 어쩌면 우리의 또 다른 환상일지 모른다.

'실험극'이라고 하면 사람들의 머릿속에는 괴상한 몸짓, 표정, 이해할 수 없는 이야기와 말, 괴성 그래서 결국에는 외면당하는, 결코 대중적일 수 없는 연극을 떠올릴 것이다. 이러한 이미지(물론 틀린 이미지만은 아니다)는 실험극이 '리얼리즘극'과는 전혀 다르게, 형식과 내용, 고정관념의 파괴를 서슴치 않기 때문이다.

1) 절대성에 대한 의심

가오싱지엔(高行健)7)의 《버스정거장(車站)》《절대신호(絶對信号)》8)

---

7) 가오싱지엔(高行健) (1940~   )
   1957년 북경외국어대학 프랑스어학과에 입학, 재학 중 학생극단을 결성, 연극활동과 동시에 희곡과 소설, 시의창작을 시작하였다. 1982년에서 1985년 사이 그의 화제작들이 발표되었다.
   1982년 절대신호(絶對信号)
   1983년 정거장(車站) ; 정거장(車站)은 북경인민극장에서 막을 올린 후 얼마 안돼서 상연금지 되었다.

등의 초반 작품들은 중국의 실험극에 있어 본격적인 실험극의 탄생을 의미한다. 1980년대 초반, 그의 대표작《버스정거장》《절대신호》는 그의 후반작품에 비해서 실험성이 그렇게 두드러진 작품들은 아니지만 실험극의 흥성을 가져온 작품들이다. 이 두 작품이 결국 중국에서 상연금지를 당하게 되는 가장 큰 이유는 아마도 중국이 지금까지도 지켜오고 있는 절대성, 즉 사회주의에 대해 그의 이야기가 의심과 회의의 눈빛을 보내기 때문일 것이다.

《절대신호》

직업을 찾기 힘들어 열차 화물소에서 임시로 일하고 있는 '헤이즈'란 젊은이가 사랑하는 여자와 결혼하기 위해 열차강도와 손을 잡고 열차를 털려는 계획에 가담한다. 무대는 화물열차 승무원칸, 기차만 30년 이상을 운전한 50대의 기차 차장과 그의 보조 차장이자 헤이즈의 친구인 시아오하오, 강도와 헤이즈의 여자친구인 미펑이 함께 동승하게 되면서 밀폐된 공간 속에서 일어나는 개인의 심리상태를 세밀하게 묘사하고 있다.

이 작품《절대신호》는 극적인 형식에 있어서 과거와 현실과의 교착, 인물의 내면심리의 중시, 이를 위한 조명과 음향, 배우들의 표정의 다양한 변화 등을 보여준다. 그러나 이야기의 흐름, 즉 기-승-전-결의 흐름을 지니고 있는 초기 중국 실험극의 모습을 보여주기도 한다.

이야기의 공간은 딱 한 곳, 화물열차 승무원실로 폐쇄된 공간이자

1985년 야인(野人)
1986년 피안(彼岸) ; 리허설 중에 공안당국에 의해서 공연이 중지되었다.
1987년 독일과 프랑스에 강연 때문에 방문했다가 프랑스로 망명.
8)《절대신호》는 2002년 9월, 한국에서 초연되었다.

안전한 공간이기도 하다. 작은 공간이지만 그 안의 질서는 기차 차장 아래 놓여 있고 누구든 차장의 말에 복종해야 한다. 30여년 이상을 화물열차를 몰던 기차 차장은 자신이 지닌 신념과 자신이 세운 질서에 대해 확고하고 성실하다. 자신은 평생 일요일 하루조차도 가정을 위한 시간을 내어 본 적이 없다고 자랑스럽게 이야기하고 이는 개인의 삶이 아닌 사회의 삶을 중시 여기던 중국의 질서, 이념을 나타내기도 한다. 그러나 이를 듣는 젊은이들은 답답함과 거부감을 표시한다.

젊은이 헤이즈는 이념 또는 신념이 아닌 돈 때문에 고민한다. 돈이 있어야 가정을 꾸릴 수 있는 현실, 직장을 구하고 싶지만 정식 일자리를 구하기 힘든 현실은 사회주의 국가에서는 아이러니가 아닐 수 없다. 헤이즈에게 차장이 내세우는 절대적 신념은 사치일 수밖에 없다.

자본과 사회주의, 결코 융합할 수 없는 듯 싶지만 중국의 현재 모습이다. 개혁개방 이전, 사회가 추구하던 이상만이 진리이자 절대성을 지녔었던 사회, 그러나 개혁개방 이후, 자본주의의 논리 등 다른 가치를 지닌 것들이 등장하면서 절대적이였던 진리들이 흔들리기 시작한다. 열차의 흔들림 처럼……

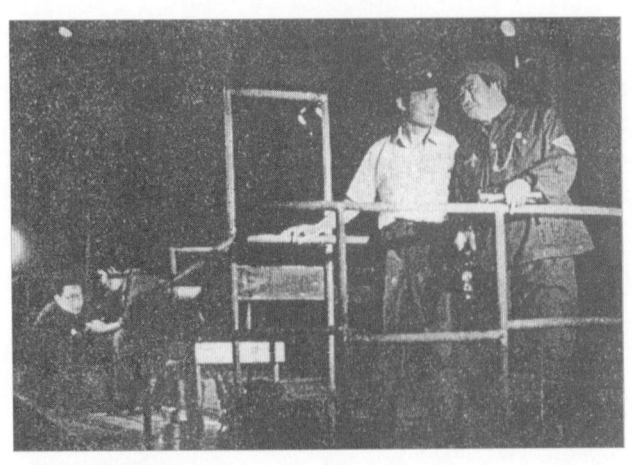

〈절대신호〉의 한 장면

《버스정거장》

《절대신호》에 이어 절대성에 대한 의심은 계속되고 심화된다. 한 버스 정거장에 사람들이 한 둘씩 모여 시내로 들어가는 버스를 기다리고 있다. 노인, 아가씨, 불량소년, 애엄마 등… 그러나 버스는 정거장에서 서지 않고 지나치기만 하고 기다리던 사람들은 이에 분노하며 서로가 이야기하고 싸우기도 한다. 그러나 어느 누구도 그 정거장을 떠나지 못한다. 그렇게 버스를 기다리다 결국 1년이 지나고 3년이 지나, 10년의 세월이 흐른다. 그럼에도 그들은 정거장을 떠나야 할지, 버스를 계속 기다려야 할지를 고민한다. 결국 그들은 그 정거장의 팻말이 잘못된 것임을, 정거장이 폐쇄되었음을 알고 떠나기로 결심한다.

이 극은 베케트의 대표적인 부조리극《고도를 기다리며》와 비슷하다. 베케트의 작품에서는 한 나무 아래에서 오지도 않는 고도를 계속해서 기다리지만《버스정거장》에서는 서지 않는 버스를 기다린다. 이 작품《버스정거장》은 꿈과 기다림에 대한 연극이다. 시내로 들어가는 버스, 그 버스를 기다리는 사람들은 시내에 꿈을 가지고 있다. 노인은 자신의 평생을 바친 장기솜씨를 평가받기 위해, 애엄마는 자신의 남편을 위해, 불량소년은 요구르트를 먹기 위해, 안경 낀 남자는 시험을 보기 위해, 아가씨는 새로운 사랑을 찾아서…시내로 들어가고자 한다. 그러나 그 기다림은 허사가 된다. 폐쇄된 정거장에서 사람들은 오지도 않을 버스를 기다리고 있었고 시간은 그렇게 1년이 지나고, 3년, 10년이 지나간다. 그때까지 오지 않는 버스를 계속 기다려야 하는 것일까?

시내로 들어갈 수 있으리란 희망 그러나 들어갈 수단인 버스가 오지 않는 불안감, 분노, 그리고 혼돈. 이것은 지금 중국의 상황이다.

유토피아가 바로 앞에 있다고 이끌려 왔던 사람들은 차츰 이들을 이끌고 갈 버스, 지금 이 체제에 대해서 의심과 회의를 하게 된다. 그것에 대한 기다림은 반평생, 한평생 이어졌을지 모르지만 그 기다림 자체가 쓸데없는 일이 될 수도 있다고, 영원히 그 유토피아까지 가지 못할 수도 있다고 말하고 있다.

중국 사회가 인민들에게 제시했던 이상적 사회에 대한 치명적인 의심이며 이에 중국 정부는 가오싱지엔의 두 작품 《버스정거장》과 《절대신호》를 공연 금지시켰는지도 모른다.

2) 우리는 수다를 떤다 - 《큐빅(魔方)》9)

《큐빅》의 한 장면

학생들의 작품인 《큐빅》10)은 아마추어 작품으로 작품의 느낌은 같은 나이또래 친구들이 모여 이것, 저것에 대해서 수다를 떠는 듯 하다. 마치 우리들이 친구들을 만나서 남자친구, 여자친구도 이야기하고 사회에서 황당하

9) 타오쥔(陶駿), 왕저동(王哲東이) 등이 쓴 《큐빅》은 전체가 9개의 이야기로 이루어졌다. 1985년 상하이사범대학학생들로 이루어진 연극극단에서 초연을 했고 상하이시 제5회 대학생문예상을 수상하였다. 서로 연결되지 않는 9개의 이야기로 이루어진 이 극은 형식과 내용에 있어서 기존의 극과는 차별이 이루어졌으며 개혁개방이 이루어지면서 나타나는 중국사회와 개인에 대한 여러 가지 생각을 참신하게 그려내고 있다.
程凱華 編著, 『中國話劇辭典』, 湖南師範大學出版社, 520면.
10) '모어팡(魔方)'이란 한참 우리나라에서도 유행했던 장난감으로, 직육면체를 이리저리 돌려 각 면의 색깔을 맞추는 장난감이다. 우리나라에서는 이 장난감을 '큐빅' 또는 '퍼즐'이라고 부른다.

게 일어나는 일에 대해서도 이야기하듯… 이 이야기에는 기승전결도 없고 순서도 없다. 극의 끝부분처럼 그저 흥겹고 가볍게 파티를 연 기분이다. 이 가볍고 흥겨운 이야기 속에서 중국 젊은이들의 생각을 그대로 읽을 수 있다.

· 캄캄한 동굴

시인, 연출자, 스타 여배우가 어두운 동굴 안에서 길을 잃고 헤매고 있다. 그들은 나갈 수 있을 거라고 희망을 갖지만 결국 길을 잃고 제자리를 돌고 있음을 알게 된다. 절망하며 자신들이 지금까지 누구에게도 말할 수 없었던 비밀들을 이야기한다. 연극 끝부분에 MC가 등장하여 이들의 연기를 중단시키며 이들이 연기했음을 관객에게 직접 이야기한다. 이들이 연기 중에 했던 이야기가 진짜인지, 혹은 가짜인지는 밝혀지지 않는다.

· 유행색

길가에 "1985년 유행색"이란 광고판을 세우는 수리공이 검은색과 빨간색의 광고판을 번갈아가며 내려서 고치고 다시 올린다. 빨간색 광고판만 걸려 있을 때 길을 가던 아가씨는 광고판을 유심히 보고 내려가 빨간색 옷을 입고 등장하고 검은색 광고판만 걸려 있을 때 길을 가던 남자는 검은색 정장을 입고 등장한다. 빨간색 옷을 입은 아가씨가 다시 등장했을 때는 검은색 광고판만 걸려 있어 다시 아가씨는 퇴장하고 검은색 정장을 입은 남자가 등장했을 때는 빨간색 광고판만 걸려 있어 남자 역시 다시 퇴장한다. 결국 둘이 동시에 등장했을 때는 검은색과 빨간색의 광고판이 모두 걸려 있게 된다. 남녀 배우들은 대사 한마디 없고 단지 MC만이 등장하여 유행이 뭔지를 묻는다.

· 여대생 원무곡

　　한 기자가 여대생과 인터뷰를 하려 한다. 대부분의 대학생들이 돈을 많이 벌 수 있는 대도시로 가고자 할 때 이 여대생은 중국 외진 곳으로 지원하여 가기 때문이다. 인터뷰를 시작하면서 사랑과 경쟁, 돈에 대한 이야기를 나눈다. 마지막에 여대생으로 분한 배우를 초청하여 연기의 소감을 물으며 MC가 "세상에 한 사람이 똑같이 좋은 평을 받을 수는 없다"며 관객들에게 이야기한다.

· 광고

　　연극 도중, MC는 광고가 있다며 대학선전을 한다. 이 이야기는 자본주의의 상징인 '광고'를 통해 많은 이들이 상업적인 광고와 돈에 휩쓸려 가는 것에 대해 비판한다.

· 돌아서 가시오

　　몇 분전까지만 해도 다니던 길 앞에 "돌아서 가시오"란 팻말이 서 있게 된다. 이를 두고 노인, 청년, 남편, 아내, 남자아이, 여자아이 등이 등장하여 각기 반응을 달리한다. 노인은 팻말에 씌어진 대로 가면 안 된다고 하고 청년은 그래도 가 봐야 알 수 있다고 한다. 이들의 반응을 통해 진실이라고 믿었던 '표지' '구호' 등에 대한 의심과 불신, 이에 따른 불안감, 군중심리 등을 보여준다. 마지막에 MC가 나와서 실험을 위해서 이 팻말을 놓았으니 이 길은 가도 된다고 말하지만 등장했던 인물들은 MC를 의심하고 MC에게 먼저 가 보라고 한다. 그러나 MC 역시 뭔지 모를 불안감에 휩쓸려 진흙길로 돌아간다.

· 빗속의 노래

　　사랑에 대한 상징적인 퍼포먼스.

· 소리없는 행복

　　남편은 사랑스런 벙어리 아내를 고쳐주기 위해 의사를 부르
고 의사는 침으로 아내를 치료한다. 그러나 말을 하면서부터 아
내는 끊임없이 자신이 겪었던 일, 사회에서 일어났던 일을 재잘
거린다. 말없이 사랑스럽던 아내의 끊임없이 쏟아내는 말에 남
편은 견디지 못하고 침을 꺼내 아내와 옥신각신한다. 그러나 침
은 남편에게 꽂혀서 남편이 말을 못하게 되고 다시 평화가 찾아
온다. 마지막에 MC를 등장시켜 사람들은 서로 종종 일치하지
않을 수 있음을 이야기한다.

· 화해

　　공원에서 노인집단과 젊은이 집단이 경극의 한 노래와 디스코
음악으로 신경전을 벌이다 마침내 MC가 경극과 디스코 음악을
동시에 틀어서 그들 나름대로 만족하며 즐긴다. 이에 MC는 대
립과 갈등은 필연적 존재임을 이야기한다.

· 우주대화

　　몽환적인 음악과 함께 외계인이 시를 읊고 퇴장, 즐거운 음악으
로 파티를 끝낸다.

　　우리가 여러 명의 친구들과 수다를 떨 듯 소재는 여러 가지이지
만 깊이는 그리 깊지 않다. 개혁개방 이후, 자본주의 논리가 확산되
면서 젊은이들의 경향이 이념에서 돈으로 바뀌고, 서로의 가치관이
달라지며 갈등과 대립이 생긴다. 절대적 안정과 화해를 추구하던 중
국, 따라서 개인의 삶보다는 사회의 질서가 중시되었고 선과 악, 옳
고 그름이 분명하였던 이분법적 사회에서 개인과 개성이 중요시되
고 두드러지면서 이제는 갈등과 대립이 항상 존재하는 것임을 아니

존재할 수 밖에 없는 것임을 이야기한다.

관객들에게 앞에서 펼쳐지는 것이 연극임을 끊임없이 상기시키며 가끔은 영화에서처럼 화외음을 사용하거나, 음악과 행동만으로 극을 진행시키는 등 형식적으로 많은 변화를 보인다. 형식적으로는 파격적이지만 MC를 통해서 작가가 하고 싶은 이야기를 직설적으로 관객들에게 쏟아내는 것은 그렇게 낯설지 않다. 이전에 다루지 않던 개인, 개성의 문제, 개혁개방 이후 나타나는 중국의 현상에 대해서 아주 가볍게 수다를 떨고 있다. 이들은 어쩌면 '사회'란 장난감 '큐빅'처럼 이리저리 짜 맞추어 살아가는 것임을, 그러나 결코 같은 면을 지닐 수 없음을 장난감 큐빅을 가지고 놀 듯 장난기있게 이야기하고 있는 것은 아닐까?

3) 두 개의 이름 – 《우리들 WM》[11]

'우리들'과 '나'라는 단어 속에는 모두 '나'라는 의미를 포함하고 있지만 '우리'의 나와 '나' 속의 나는 분명 다르다. 이 작품 《우리들 WM》은 이런 '나'에 대한, 정체성에 관한 이야기이다. 사회주의가 절대적 이념인 시절, 젊은 지식인들은 '나'로서가 아닌 '우리들'이란 집단 속에서 살아가야만 했다. 극의 초반부에 사람들은 '집단거주지 (集体戶)'[12]가 무엇인지를 묻는데 아마도 모두 잊어서 그 뜻은 사전

---

11) WM은 중국어에서 '우리들'을 뜻하는 워먼(我們 women)의 중국어발음 대표자이다.
　　왕패이공(王培公)의 《우리들 WM》은 1985년 발표되어 전국 희극계에 커다란 파문을 일으켰는데 이를 연극계에서는 "WM사건"이라고 불렀다. 전 극이 모두 4장으로 1장 겨울(1976), 2장 봄(1978), 3장 여름(1981), 4장 가을(1984)로 나뉘어 있고 중국전통희곡의 양식인 '引子'(들어가는 장)가 있다.
　　베이징(北京)에서는 《우리들 WM》을 공연금지 시켰고 반면에 상해인민예술대학은 이 극을 공연하기로 결정한다.

에서나 찾을 수 있을 거라고 대답한다. 이 단어는 젊은 지식인들이 한때 자신들의 이름을 잊고 '우리들'로 살아간 곳이였다. 이 극은 이렇게 '우리들'로 살았던 1976년 겨울로 시작한다.

등장하는 젊은이들에게는 이름이 두 개가 있다. 하나는 정식으로 부모님이 정해주신 이름이고 다른 하나는 같은 집단 속에서 생활하며 동지들에게 얻은 별명이다. '집단거주지'에서 서로에게 불리웠던 이름, '장군' '공주' '짐수레' '수녀' '대두'등은 출신성분이나 지위, 재산과는 상관없이 서로에게 의지하며 존재할 수 있는 이름들이였다.

그러나 이를 주도했던 '사인방'들이 물러나고 개혁개방이 박차를 가하면서 이들에게는 새로운 역사적 환경에 적응해야만 하는 시련이 다가 온다. 2장 봄과 3장 여름은 빨리 변화하는 시대 속에서 별명으로 살았던 '우리들'속의 '나'는 더 이상 그렇게 살 수 없음을, 이제는 나 스스로의 '나'로 살아가야 함을 보여준다. 집단으로 살아온 이들에게는 이미 '집단거주지' 속에서의 '우리'의 집단성, 별명은 필요 없게 되었고, 아니 사라져 버렸다.

자본가의 아들, 혁명가의 아들, 대학생이 된 친구, 좌파의 자식, 우파의 자식은 이제는 각자 자신의 길을 걸어가고자 한다. 그들은 '동지'로서 '우리들'의 정체성이 아닌 자신만의 정체성을 찾아 헤매게 된다. 그러나 이들이 정체성을 찾아가는 길은 험난하기만 하다.

극의 흐름을 이끌어 가는 '장군'은 자신의 친구들이 사회 속에서 개인적 삶을 추구할 때 자신은 군인이 되기로 결심한다. 그리고 한참만에 내려와서 본 친구들의 삶 속에도 자신만이 느꼈을 것이라고

---

12) 농촌에 정착한 청년 지식인의 호구. 문화 대혁명 기간동안, 농촌에 내려가 정착을 한 지식청년을 가리킨다. 그들은 함께 먹고 함께 일하며 한 호적에 식량 배급도 함께 받았다.

여겼던 최전선에서의 참담함, 슬픔, 그리고 고독들이 전쟁보다 더 처절하다며 가슴 아파한다. 이 연극은 개혁개방 직전부터 개혁개방 이후 가치관의 혼란 속에서 젊은이들이 삶을 어떻게 살아가야 할지에 대한 고민을 온 몸으로 고스란히 겪는 이야기이다.

사회주의 아래에서 개인의 삶보다는 집단의 삶이 우선시 되었기 때문에 중국의 젊은이들에게 '집단성'이란 뗄 수 없는 단어였다. 그러나 이제는 '집단거주지'란 단어를 모를 정도로 지금, 현재는 빠르게 변화하고 있다.

젊은이들은 두 개의 이름만큼이나 혼란스러워한다. 어떻게 살 것인가? 그리고 어떻게 살아가게 될 것인가에 대한 고민을 하고 있으며 사회 역시 이들에게 어떤 답도 제시해 주지 못하고 있다.

지금까지 언급되어진 실험극들은 형식적인 면에서 리얼리즘극과는 아주 많은 차이점을 보인다. 예를 들면 이야기의 기승전결의 파괴, 에피소드식 이야기의 나열, 인물간의 충돌이 없으며 무대 역시 현실을 그대로 옮겨놓지 않는다. 소도구나 배경 등이 사용되지 않거나 조명과 음향이 큰 부분을 차지하고 해설자 등이 등장한다. 무대 형식 뿐만 아니라 내용면에서도 리얼리즘극에서 보였던 교훈적이거나 또는 희망적, 유토피아적이었던 작품들에 비해 희망이나 목표를 제시하지 못하고 있다.

리얼리즘극이 주장하던 '연극은 삶을 반영한다.'는 모토는 환상적이고 몽상적인 것이며 오히려 실험극이 지금의 중국 사회를 더욱 적나라하게 보여주고 있음을 볼 수 있다. 그래서 때로는 허무하고 때로는 무기력하기도 하여 중국 사회를 이끌어 가는 사람들에게는 위험해 보이기까지 했는지 모른다.

3. 상상력으로의 회귀

우리는 최근 들어 '다양성'에 대한 언급을 많이 한다. 그러나 자주 언급되어지는 '다양성'이란 단어는 그리 간단한 것이 아니다. '다양하다'는 이 단어는 자체적으로 '대립 관계'를 내포하고 있고 형성하기도 한다. 이는 어떤 사회나 국가가 위기상황에 처했을 때, 신속한 해결을 지연시킬 수 있고 이러한 위기상황의 지연은 사회나 국가, 정치체계에 대한 불평과 비평을 야기시킬 수 있기 때문이다.[13] 이는 사회주의국가, 민주주의국가, 아니면 어느 단체이든지 마찬가지이다.

사회주의국가이며 리얼리즘이 사회전체를 지배하다시피 하던 중국에서 개혁개방과 더불어 다양한 사상과 사조들이 쏟아들어져 왔다는 것은 그만큼 중국사회에 위기감을 더해주었다는 이야기도 될 수 있다. 그래서 사회주의국가로서, 리얼리즘이 우위를 점하는 사회에서, 실험극이 1980년대 초반부터 흥성하기 시작했다는 것은 획일화되었던 사회가 점점 다양한 문화를 받아들이고 발전시켜 나간다는 상징이기도 하다. 언제나 그렇듯, 사회는 점점 다양해지고 있지만 이를 반영하는 그릇(형식과 틀)은 한 걸음 느리게 따라가고 중국 역시 아직 이를 반영하지 못하는 듯 싶다.

다양한 모습의 사회를 특정한 하나의 그릇에만 담는 것이 아니라 다양한 그릇에 담아낼 수 있다는 것, 다양한 그릇에 담을 수 있는 자유를 준다는 것, 이것이 '실험극'의 존재 이유이다. 그래서 이들의 변형된, 변이된 지적구성물들이 연극에서는 어떻게 나타났는지, 실험극을 통해서 알아보고자 했다.

중국의 개혁개방은 경제부문에 초점이 맞추어져 있다. 이로 인한 문화에 대한 부수적인 영향력은 중국 당국도 어쩔 수 없겠지만 문화

---

13) 빅터 터너 지음/이기우, 김익두 옮김, 『제의에서 연극으로』, 현대미학사, 186면.

에 대해서는 여전히 엄격하다. 한국을 방문 한 장이머우 감독은 "문화대혁명은 비극이다. 하지만 이런 말은 중국에서는 할 수 없다."고 말한 적이 있다.

아직까지도 문화적으로 폐쇄적인 중국 사회 속에서 변형되고 변이된 지적 구성물들에 대한 태도는 그리 자유롭지 못하다. 소재나 주제면에서 특히 심하고 이런 지적 구성물을 바라보는 관객, 학자들의 태도 역시 마찬가지이다.

여기서 '리얼리즘극'이 아니면 '실험극'이란 이분법적인 구분을 하려는 것은 아니다. 다만 '실험극'은 완전히 자유롭지 못하더라도 (완전히 자유롭다는 말이 비록 아이러니하긴 하지만) 오랫동안 '리얼리즘'이란 한 가지 이름으로 상상력의 부재를 강요당해 왔던 어른들에게 상상력과 상상할 수 있는 자유를 마련해 줄 수도 있다는 것이다.

아직까지 익숙하지 않아도, '실험극'은 어른들을 위한 상상력의 무대, 장난감일지도 모른다. '실험극'의 등장은 어린시절 아이들에게 피터팬이 있었던 것처럼, 어른들에게는 상상력을 발휘할 수 있는, 아니 돌아갈 수 있는 세계일 수도 있다.

(이정인, 한국외국어대학교 강사)

V

중국영화의 성찰과 도전

Ⅴ 중국영화의 성찰과 도전

- 제6세대를 위한 변명 -

1. 성찰, 혹은 제6세대의 이름

　사실, 중국 영화사의 세대구분 방식은 특정한 한 세대를 위해 바쳐진 것이었다 해도 과언이 아니다. 역사를 구분하는 일반적인 방식인 연대기적 관점과는 또 다른 ─ 대단히 대중적이면서 동시에 그다지 '학술적'이지는 못한 세대론은 분명하게도 제5세대 영화인들을 위한 헌사이다. 다이진화(戴錦華)는 이렇게 중국 영화에서 세대구분을 하게 된 과정을 두고 한 대담에서 '역산의 방식[逆推法]'이라고 일컬었다.

　　1983년이 되면 우리에게도 친숙한 천카이거(陳凱歌)나 장이머우(張藝謀)와 같이 베이징영화대학[1]을 막 졸업한 젊은 감독들이 등

---

1) '베이징영화대학[北京電影學院]'은 1956년 6월 1일 베이징영화학교[中央人民政府文化部電影學校]를 전신으로 하여 설립되었다. 그러나 문화혁명 기간에

장하자 '갑자기' 제5세대라는 표현이 등장했습니다. 제5세대의 등
장으로 1979년을 전후로 등장한 감독들 – 사실 제5세대에 편입시
키기에는 꼭 5년이 부족했던 '청년 감독'들은 역산의 방식에 의해
제4세대가 되었습니다. 따라서 셰진(謝晋) 감독과 같이 1949년 이
후 사회주의 중국영화 창작의 주력들은 역산에 의해 제3세대로 불
려졌습니다. 오랜 시간이 지나도록 중국 영화의 제1세대와 제2세대
에 대해서는 의문을 갖는 이들은 없는 듯 보였습니다. 그렇다면,
그러한 구분은 결국 영화사를 시기 구분한 것입니까, 그렇지 않으
면 정치문화사 혹은 또 다른 특수한 시기구분입니까?[2]

이 같은 그의 말속에서 마치 세대론 자체로 중국 영화사를 시기
구분하는 데 대한 부정적인 어감이 느껴지기도 하지만, 일찍이 그
자신이 이후의 다른 저술에서도 세대론에 대한 유용성을 설파한 바
있고,[3] 리쩌허우(李澤厚) 같은 학자 또한 세대론적 접근이라는 방법

수난을 당해 교육과정이 중단되었고 1978년에 이르러 다시 문을 열 수 있었다.
이른바 제5세대 감독들은 대체로 이 때 입학하여 1982년에 제5회 졸업생 자격
으로 졸업을 한 이들이다. 따라서 장쉬둥(Xudong Zhang)과 같은 일부 학자들은
'제5세대'라는 명명의 기원 자체도 그들이 베이징영화대학의 제5회 졸업생이
라는 공통점에 기대어 찾아보려고도 한다. (Xudong Zhang, *Chinese Modernism in
the era of Reforms*, Duke University Press, 1997, 215면 참조) 한편, '베이징영화대
학'이라는 명칭은 우리 영화학계에서는 '베이징전영학원', '베이징영화학교',
'베이징영화아카데미' 등으로 옮겨지는 경우가 종종 있으나 이러한 표현들은
모두 '베이징영화대학'이라는 교육기관을 우리말로 설명하는 데에는 문제가
있다고 하지 않을 수 없다. 4년제 단과대학이라는 그 특성에 비추어 '베이징영
화대학'이라는 표현이 우리말 표기로는 가장 적절하다고 생각한다.

2) 戴錦華,「電影史的文化和精神反思」,『戴錦華訪談錄 : 猶在鏡中』, 知識出版
社, 1999, 31면.

3) "'세대'와 관련된 수많은 화두들은 오늘날 중국문화의 지형도를 구성하고 있
다고 하기보다는 그 자신이 오늘날 중국 문화의 중요한 풍경 가운데 하나라고
할 것이다. 지식청년[知靑]문학에 등장하는 '제3세대'는 '고난과 풍류'를 겪은
자기 연민적이면서 동시에 자기 방임적인 형상이었으며 그 이후에 등장한 '제
4세대'는 경박한 자태로 역사 무대와 현실 공간을 필요로 한 이들이었다. 이는
홍위병 세대[老三屆]를 '제3세대'라 추켜 올리고 '제4세대'라는 표현으로 지식

론은 '대략 17~25세쯤의 성인이 되었을 때 공통적인 사회적 경험을 가진 사람들'이 행위의 관습·사유방식·정서적 태도·인생관·가치의 척도·조직의 기준 등 다양한 측면에서 갖추고 있는 역사적 성격을 탐구하는 일이라고 주장했으며[4] 린위성(林毓生) 또한 중국의 지식인들을 세대구분하면서 그 제1세대를 가리켜 청일전쟁(1894~95)에서의 중국의 패배라는 비참한 경험에 의해 일어난 변법운동의 산물이라고 그 범위를 설정하면서 그 이후의 지식인들을 역사적 순서대로 구분한 바 있다.[5]

이렇게 볼 때 이른바 '세대' 개념은 단지 중국 영화에서 그 쓰임이 두드러지기는 했지만, 20세기 중국의 사회와 문화를 역사적으로 정리해보기 위해서 1980년대 이후 중국 지식인 사회를 중심으로 해서 전반적으로 유포되었던 일련의 유행과도 같은 작업이었던 셈이다. 즉 중국 영화사에서 현실적이고도 광범위하게 상용되고 있는 이러한 세대 구분법은 중국 내부에서도 나름대로 학술적 전통의 맥락을 잇고 있음을 미루어 짐작할 수 있다.[6]

청년 세대를 명명해달라고 호소한 것이었다. 진지한 젊은 학자들은 이처럼 미궁에 빠진 풍경을 분명하게 정리하기 위해서 지식인들을 위해 세대 구분을 시도했다. 즉, '5·4세대', '해방세대', '4·5세대', '유희의 세대' 등과 같은 명칭은 20세기 중국문화의 대강을 그려주는 나침반인 것이다." 戴錦華, 『霧中風景 : 中國電影文化 1978~1998』, 北京大學出版社, 2000, 382~383면.

4) 리쩌허우는 중국 근·현대의 여섯 세대에 걸친 지식인에 관해 언급하면서 "이러한 문제들을 자세히 연구하려면 각 역사적 단계와 각 세대 사람들의 시대적 사명, 도덕적 책임, 현실적 기능과 그 사이의 전승·충돌(예를 들면 '세대차이'의 문제) 등과 같은 문제, 이른바 사회적·생리적·심리적 연령의 차이와 관계 등의 문제에 대해서도 더욱 분명하고도 깊이 있는 이해가 필요하다"고 주장한다. 李澤厚, 『中國現代思想史論』, 東方出版社, 1987, 343~344면.

5) Lin Yü Sheng(林毓生), 이병주 옮김, 『중국의식의 위기』, 대광문화사, 1990, 47~77면 참조.

6) 그러나 일찍이 필자가 주장한 바대로 영화예술에서의 창작주체, 즉 작가로서의 감독만을 중심으로 한 관점이라 할 수 있는 '세대론'적 접근만으로는 중국영화의 역사를 조밀하게 설명해낼 수가 없다. 따라서 불가불 중국의 영화사는

어쨌든 10년의 재난이 지나고 개혁개방이 시작된 이후 등장한 중국의 제5세대 영화는 외부 세계에 중국에도 영화가, 그것도 매우 동양적이고 신비한 영화예술이 존재하고 있음을 알리는 계기가 되었고 이후 서양의 영화계는 중국 영화를 주목하기 시작했다. 천카이거의 데뷔작《황토지(黃土地:1984)》의 로카르노영화제 은표범상 수상은 사실상 제5세대 영화의 등장을 알리는 신호탄이었다. 물론 그 이전에 이미 장쥔자오(張軍釗)의 《하나와 여덟(一個和八個:1983)》이 제5세대 영화의 최초 작품으로 공인되고 그 역시 많은 주목을 받았던 점 또한 사실이지만, 천카이거의 데뷔작이 로카르노 뿐 아니라 1985년을 전후하여 유럽의 각종 영화제의 수상을 휩쓸었던 데다[7] 이후에도《대열병(大閱兵:1986)》,《아이들의 왕(孩子王:1986)》,《현위의 인생(邊走邊唱:1992)》,《패왕별희(覇王別姬:1993)》,《풍월(風月:1996)》,《황제와 암살자(荊軻刺秦王:1999)》 등을 통해 꾸준히 자신만의 색깔로 창작에 몰두하였던 점이 그를 제5세대의 맏형으로 꼽히게 할 수 있었다.[8] 그 뒤를 이어 장이머우 역시 자신만의 독특한 색깔로《붉은 수수밭

세대론적 관점과 연대기적 관점이 상호 보완되어야 할 것이다. 졸고,『초기 중국영화의 문예전통계승 연구(1896~1931)』, 한국외대 박사학위논문, 2002, 64면.

7)《황토지》는 로카르노 뿐 아니라 제7회 프랑스 삼대륙 영화제의 촬영상, 제29회 영국 런던 애딘버러 영화제 감독상, 제5회 미국 하와이 국제영화제 동서문화 기술교류센터 영화상 등을 수상하였다.

8) 그는 1999년 이후 미국으로 건너가 영국의 자본으로 첫 영어영화《킬링 미 소프틀리(Killing me softly:2002)》를 완성하여 2002년 여름 개봉했다. 런던에서 일하는 미국 여성 알리스의 열정적인 사랑에 관한 영화인 이 작품은 그러나 개봉 이후 쏟아지는 악평을 감수해야만 했다. 그리고 그 악평의 주된 근거는 "영어로 연기하는 배우들의 감정을 전혀 면밀하게 통제하지 못한 연출의 부족"이 주를 이루며 "중국의 한 위대한 감독이 할리우드의 고용감독으로 전락하고 마는 것 아닌가 하는 안타까운 우려"마저 거론됨으로써 그가 어떤 모습으로 '중국의 감독'으로 '재기'할 수 있을지 이후 창작에 관심을 갖지 않을 수 없게 되었다. 이지연,「수렁에 빠진 첸카이거」,『씨네21』제359호, 한겨레신문사, 2002. 7. 2, 32면 참조.

(紅高粱:1987)》,《국두(菊豆:1990)》,《홍등(大紅燈 籠高高掛:1991)》,《츄쥐의 소송이야기(秋菊打官司 :1992)》[9],《인생(活着:1994)》,《상하이 트라이어드 (搖啊搖, 搖到外婆橋:1995)》,《좋게 말로 하라고 (有話好好說:1997)》,《책상서랍 속의 동화(一個都 不能少:1997)》,《집으로 가는 길(我的父親母親:19 99)》,《행복한 시간(幸福時光:2000)》,《영웅(英雄:20 02)》 등을 잇달아 선보이면서[10] 대내외적으로 제5세대의 대표감독으로서 입지를 확고히 하였 다.[11]

《영웅》

주지하다시피 이들 제5세대 감독들은 문화혁 명의 상처를 몸소 고스란히 겪으면서 자란 세대였다. 1950년을 전후 하여 태어나고 중·고등학교 시절 문화혁명을 겪으면서 때로는 홍 위병으로 때로는 변방의 농촌으로 하방(下放)되었던 개인적 경험은 분명 스스로 극복해야만 했을 트라우마(trauma)일 수밖에 없었다. 그

---

9) 이 영화는 우리나라에 《귀주 이야기》라는 제목으로 소개되었다. 그러나 많은 사람들이 지적하는 바와 같이 여기서 '귀주'란 주인공의 이름인 '츄쥐(秋菊)'의 한어병음표기인 'Qiuju'를 영어 알파벳 식으로 읽은 데서 비롯된 잘못된 번역 이다. 그리하여 츄쥐라는 인물의 이야기가 아닌 구이저우(貴州)라는 도시의 이 야기가 아닌가 하는 오해까지 불러일으키기도 하였다. 그러므로, 여기에서는 잘못된 번역을 바로 잡자는 의도에서 원의를 살린 표현으로 바꾸었다.

10) 장이머우의 두 번째 작품인 《암호명 아메리칸 표범(代號美洲豹:1988)》은 유 일한 그의 '상업영화'인데다 양평량(楊鳳良)과 공동감독으로 촬영되어 필모그 래피에 올려지기는 하지만, 자주 거론되지는 않는다. 陳墨, 『張藝謀電影論』, 中國電影出版社, 1995, 66~81면 참조.

11) 장이머우는 천카이거와는 달리 여전히 중국에 머물면서 창작활동을 하고 있 다. 그러나 근작 《영웅》은 여러 가지 면에서 그에 대한 우려를 더하고 있다. 이 에 관해서는 졸고, 「중국영화가 서 있는 자리: 《영웅》에 관한 잡설과 더불어」, 『미네르바』 2003 봄호 참조. 중국 영화사에 장이머우를 제외한 제5세대 작가는 이들 외에도 톈좡좡(田壯壯), 장쥔자오(張軍釗), 황젠신(黃建新), 우쯔뉴(吳子 牛) 등을 예로 들 수 있다.

러나 그와 같은 주제의식을 표현하는 방식은 대부분 극도의 은유와 강렬한 형식미학에 의존하고 있었다. 그리하여 시간적으로는 1930년 대, 혹은 그 이전까지도 거슬러 올라가며 공간적으로는 주로 농촌이나 변방 그 어디쯤의 변두리로 흘러간다. 과거에 대한 회고는 있으되 그에 대한 치열한 비판은 진한 색채와 화면의 분할 뒤로 은폐되었고 그 과거로부터 연유했을 현재에 대한 직설은 찾아보기 어려웠다. 물론 이러한 특징들조차도 분명 그 이전 세대와는 확연하게 구별되는 점들이기는 했다.

> 제5세대가 선행하는 세대와 결정적으로 다른 점이 있다면 그것은 그들이 사회주의이건 민족주의이건 일체의 교의(教義)에서 거리를 취한다는 자세로 일관하고 있다는 점일 것이다. 노동자와 가난한 농민은 선하고 지주와 자본가는 악역, 그렇지만 공산당원의 지도에 따라 선이 악을 쫓아내고 혁명의 승리를 손에 넣는다는 이러한 도식적인 줄거리가 종래의 중국 영화를 따분하고 교조주의적인 것으로 만들어내고 있었다면 천카이거나 우쯔뉴들의 필름은 이러한 나쁜 전통을 부정하고 더욱 철저한 현실을 향하던가 그렇지 않으면 몽환적인 대우주와의 교감에 가까이 가려하고 있다.[12]

그러나 제5세대 영화에 나타난 상징과 은유로 점철된 중국의 면면은 영화라는 예술을 통해서는 한번도 중국을 - 아니 죽의 장막에 가려져 있는 동안만큼은 그 어떤 매개를 통해서도 중국이라는 그 장구하고도 신비로운 시간과 공간에 대해서 별반 접촉을 가지지 못했을 서양의 클래식(classic) 애호가들의 취미와도 맞아떨어짐으로써 수많은 박수갈채와 영광스러운 트로피를 통해 전지구적 보편성(또는 서

---

12) 四方田犬彦, 최석규 옮김, 「중국영화의 제5세대론 : 장쥔자오와 천카이거」, 『영화예술』, 영화예술사, 1989. 12, 88면.

구적 보편성)을 획득할 수 있었던 것이다.

제5세대가 한창 자신들의 주가를 올리고 있을 무렵 1990년대 들어서면서 중국 영화계에는 일군의 색다른 작가들이 등장한다. 그것은 서구에서의 갈채와 텍스트 자체가 내재적으로 가지고 있었던 내외적 특징들, 그리고 어떤 방식으로든 영화를 계속 만들어야 했던 감독 자신들의 욕망이 뒤엉켜 제5세대가 사회주의 정부와의 불화를 청산하고 본격적인 중국영화의 중심 혹은 주류(main stream)로서의 기득권을 확보해가던 즈음이었다.

제5세대의 뒤를 이어 새로운 영화적 성찰을 가지고 등장한 이들은 물론 제5세대들의 베이징영화대학 직계 동문 후배들로서 대부분 1989년 어간에 대학을 졸업하고 현장에 뛰어든 이들이었다. 예술의 역사가 증명하듯, 아니 중국 문예의 역사가 증명하듯, 중국의 영화사가 증명하듯, 제5세대 자신이 증명했듯, 주류가 되어버린 예술, 창조와 실험과 저항을 상실한 예술은 새로운 창조와 실험, 그리고 그 자신에 대한 저항에 직면하게 되고야 마는 것일까? 제6세대 작가들은 공교롭게도 그들이 졸업하고 현장에 뛰어들던 그 해에 제5세대와는 또 다른 방식으로 천안문(天安門)을 경험한다. 그러나 자신들의 윗세대는 여전히 현실에 대한 관심보다는 천안문과 베이징에 관해서 말하지 않고 있었다. 그리하여 제6세대는 그들 스스로 문법으로 영화를 만들기 시작했던 것이다.

그리고 제5세대의 뒤를 이어 나타난 그들은 자연스럽게 제6세대라 불리기 시작했다. 그런데 '세대'라는 개념 자체에는 분명 이전 세대와의 단절을 전제로 하면서도 역사적 계승이라는 의미 자체도 내포되어 있음을 생각해보면, 제6세대라는 명명은 '포스트 제5세대'로서 새로운 시작임과 동시에 중국 영화사라는 거시적(또는 통시적) 맥락 안에서 그 좌표를 설정하고 있는 개념이다. 그런데 이러한 맥락에 제동을 걸고 나선 감독이 바로 쟈장커(賈樟柯)였다. 그는 격렬하게 제5세대의 '변절'을 비난하면서 다음과 같이 말한다.

> 6세대를 말하기 위해선 반드시 5세대를 이야기해야 한다. 천카이거, 장이머우 등 80년대에 작품활동을 시작한 그들은 사상해방운동 이후 전통을 추구하는 영화들을 만들어왔다. 역사와 사회와 민족이 그들 영화의 한가운데 있었다. 90년대 들어 그들은 달라졌다. 상업화한 나머지, 중국인들의 모습을 영화 속에서 찾을 수 없게 되었다. 국가 기구의 도움으로 만들어지는 탓이었다. 더 젊은 세대가 현실과 멀어지기 시작한 그들에게 반대하는 영화들을 만들기 시작했는데, 이른바 6세대 감독들이다. 왕샤오솨이(王小帥), 장위앤(張元) 등이 정부의 검열 없이, 자유롭게 사상을 표출하는 영화들을 만들었다. 그들로부터 독립영화의 체계가 생겼다. 그리고 점점 많은 독립영화 감독들이 극영화로든 다큐로든 현대 중국 상황에 대한 관심을 표출하고 있다. […] 난 내가 6세대 감독인지 잘 모르겠다. 5세대니 6세대니 하는 구분은 감독 나이나 데뷔 연도로 나누는 것 아닌가. 늙어도 새로운 영화를 찍을 수 있고, 어려도 보수적인 영화를 찍을 수 있는 거다. 그건 중요치 않다. 내가 하고 싶은 건 독립영화다. '독립된 정신'이 중요한 거다.[13]

동세대 감독들에 의해서도 "독립영화에 대한 자의식을 갖고 있는 유일한 감독"[14]이라고 칭송 받는 쟈장커는 그리하여 지금 중국 영화의 최전방에 서 있다. 그는 '독립'하고 싶은 욕망을 숨기지 않는다.

---

13) 박은영, 「쟈장커 인터뷰 : "세대 구분보다 중요한 건 독립정신"」, 『씨네21』 제223호, 한겨레신문사, 1999. 10. 19, 37면.
14) 박은영, 「플랫폼에서 자유를 기다리다」, 『씨네21』 제268호, 한겨레신문사, 2000. 9. 5, 66면.

그 '독립'은 그 자신이 만들어내는 영화 텍스트가 '독립'하는 것을
의미하기도 하지만, 자신의 윗 세대인 제5세대부터로의 '독립'이자
더 나아가 이미 일부 타협적인 모습을 드러낸 동세대 작가들로부터
의 '독립'이며15) 세대라는 개념으로 중국 영화사를 재단하려는 기존
관습으로부터의 '독립'이다. 그리고 그것은 '세대'라는 명명 자체가
제5세대를 위해 바쳐짐으로써 여러 세대 중에서도 근원적으로 '제5
세대'라는 명명이 가장 빛나는 영광의 칭호로 등극했을 뿐 아니라,
'세대'라는 명칭을 수용했을 경우 그들의 자장에서 벗어나지 못한
채 단지 그들의 뒤를 이어갈 수밖에 없을 뿐이라는 회의가 전제되어
있다. 따라서 그의 발상은 세대론적 관점으로 중국 영화사를 '역산'
하려는 방식에 대한 부정이며 도전, 혁명이자 전복인 셈이다. 그의
방식대로라면 세대론이 끝나는 지점에 이르러 중국의 영화사는 다
시 쓰여야 하는 것이다. 그리고 그 새로운 역사는 '독립영화 1세대'
로부터 시작될 것이다.

사실 독립영화(independent cinema)란 상업적이고 제도적이며 주류화
된 영화와 그 영화들이 발산하는 이데올로기에 대한 도전이라 할 수
있다. 그리하여 주류에 대한 도전과 지배 이데올로기에 대한 대안으
로서의 목소리를 제공하려 한다.16) 따라서 텍스트에 있어서는 실험
성을 강하게 띨 수밖에 없고 텍스트 밖에 있어서는 상업성으로부터

---

15) 때때로 쟈장커는 제6세대 '이후'라고 불리기도 한다. 그것은 쟈장커의 작업이
   제5세대는 물론이거니와 천안문에 관한 담론에 관심을 갖다가 결국에는 소재
   주의에 함몰되어 버리고 말았던 장위앤 등의 작업과도 분명한 선을 긋고 있다
   는 판단 때문이다. 1998년 베를린 영화제에서 "소리소문 없이 공개된 쟈장커
   의 데뷔작 《소무(小武:1998)》는 일시에 장이머우와 천카이거와 장위앤에까지
   이르는 그 모든 이름들을 과거의 것으로 돌려놓기에 충분했다." 이영재, 「1998
   부산PIFF 새로운 물결 : 소무」, 『KINO』 제45호, 키노네트, 1998. 10, 100면.
16) Susan Hayward, 이영기 옮김, 『영화사전 : 이론과 비평』, 한나래, 1997, 274면
   참조.

의 탈피, 즉 저예산 창작을 지향할 수밖에 없다. 그러나 중국적 상황에서는 이러한 독립영화가 현행 지배 정치권력에 대한 도전과 저항으로서의 지하영화(underground cinema)와 동일시되고 표현과 비판의 자유라는 민주의 원칙, 아니 최소한의 예술 창조의 원칙에 대한 견지를 의미한다. 그러므로 일군의 포스트 제5세대로서의 제6세대라는 명명은 — 쟈장커의 '독립영화'론을 적극 긍정한다면 쟈장커를 제6세대로부터 '독립'시켜야 할 것이고 그렇지 않을 바에야 — 아직까지는 유효한 셈이다.

그런 의미에서 제6세대의 명명을 고찰하는 일은, 그들의 정체성에 대한 탐구의 시작이다. 그것은 그들의 정체성이 우선적으로 제5세대와의 대립각을 세움으로써 밝혀지리라는 인식의 발로이기도 하다. 아울러 그것은 중국의 영화사를 어떻게 볼 것인가 하는 문제를 끌어안고 있기도 하다. 지금까지 중국의 영화사는 연대기적 관점에서든, 세대론적 관점에서든 1905년(또는 1896년) 이후 줄곧 계승의 역사로 파악되어 왔다. 물론 그 역사의 봉우리에는 중국 영화의 황금시기라고 불리는 1930년대와 1980~90년대의 제5세대가 자리잡고 있다. 그런데, 제5세대의 뒤를 이어 나온 이른바 '제6세대'는 — 그 중에서도 세대론 자체를 부정하고 있는 쟈장커 같은 이의 의견을 받아들인다면, 제5세대 이후의 중국 영화는 이전 세대와는 명백한 단절을 보이고 있는 듯하다. 제6세대가 새로운 시작이라면, 더 이상 제6세대라는 명명은 의미가 없다. 그러므로 제6세대 — 잠정적으로 어쩔 수 없이 이렇게 부를 수밖에 없지만 — 라는 명명에 대하여 관심을 갖는 일은 그들의 역사적 좌표를 설정하는 작업이자 그들의 정체성을 규명하는 매우 중요한 첫 단추가 될 것이다.

2. 도전, 혹은 제6세대의 계보

제6세대 작가들은 1990년대 중반에 들어서서 활동을 시작했는데 이들은 대부분 1985년도에 베이징영화대학에 입학하여 1989년 천안문 사태가 일어났던 해에 졸업한 이들이었다. 장위앤, 왕샤오솨이, 러우예(婁燁), 후쉬에양(胡雪揚), 관후(管虎), 허이(何一), 루쉬에창(路學長), 왕루이(王瑞), 리신(李欣), 장밍(章明) 등이 먼저 활동을 시작했고 1990년대 후반에 이에 더해 장양(張揚), 스룬쥬(施潤玖), 진천(金琛), 쟈장커 등이 제6세대의 대열에 합류했다.

앞서도 말했던 바와 같이 제6세대 영화의 특징은 대체로 제5세대와 비교를 통해 귀납된다. 젊은 남녀의 사랑과 도시공간은 제5세대 영화의 역사에 대한 회고와 향토적인 공간과 대조를 이룬다. 제5세대는 역사라는 둘레를 선택했지만 그들은 현실이라는 둘레를 선택했다. 제5세대는 이데올로기라는 신화를 깨뜨렸지만 그들은 '집단'이라는 신화를 깨뜨렸다. 그리하여 제5세대의 이야기는 집단 계몽의 서사였지만 그들의 이야기는 개인의 자유로운 서사였다.[17]

이와 같은 제6세대의 등장을 알리는 작품은 장위앤의 《북경녀석들(北京雜種:1993)》이었다. 그러나 이 작품이 그의 데뷔작이었던 것은 아니다. 베이징영화대학을 졸업하고 팔일영화제작소[八一電影製片廠]에 배치되어 국방 선전영화 제작 업무를 담당하던 그는 천안문 사태를 계기로 베이징에서 사업을 하는 친구에게 돈을 빌려 장애아와 어머니 사이의 삶을 다룬 데뷔작 《엄마(媽媽:1991)》를 제작하였다. "이 작품은 1991년 낭뜨 삼대륙 영화제 비평가상과 특별상을 받으며 그의 이름을 처음 서방세계에 알렸다. 제5세대 이후를 기다리던 서양

---

17) 楊遠嬰, 「百年六代、影像中國」, 『當代電影』 第6期, 當代電影雜誌社, 2001, 105면.

세계에 장위앤은 작은 신호탄처럼 보였다. 그러나 장애인의 문제를 다룬 이 영화는 관료들에게는 사회주의의 복지제도에 대한 비판으로 읽혔고 아무 문제없을 것으로 보였지만 상영금지 목록에 올랐다. 그러나 오히려 이것은 비교적 온건한 비둘기파의 비판적 입장을 따르던 그에게 정부에 대해 정면으로 비판의 화살을 던지는 영화를 만들도록 유도하는 계기가 되었다."[18]

비 내리는 거리에서 락 음악과 교차되는 화면으로 시작되는《북경녀석들》은 전체적으로 다큐멘터리적 기법으로 이루어져 있다.[19] 배우들의 자연스러운 연기와 대화는 이러한 부분을 잘 뒷받침한다. 젊음과 노래, 돈과 섹스, 그리고 임신이라는 화두를 통해 이 '황량한 도시'에서 살아가는 젊은이들의 고통을 노래로 승화시키고 더 이상 이데올로기와 정치 따위에는 얽매여 살지 않으리라는 의지가 락의 가사로 은유되어 흘러나온다. 중국 영화가 드디어 한 개인의 문제에 집중하기 시작한 것이다. 그러나 그 개인은 문화혁명 못지않은 역사의 무게에 짓눌려 있다. 이 작품이 그토록 주목받았던 까닭은 결국, 중국영화가 드디어 오늘, 여기, 우리의 문제를 다루기 시작했다는 점 때문이다. 자신의 선배 세대가 과거로만 회귀하고 농촌으로만 도망치고 있을 때 — 장이머우의《츄쥐의 소송이야기》와 같이 제5세대가 간혹 오늘 중국의 모습을 그려내기는 했지만 그들은 결코 베이징으로 진입하지는 못했다 — 그러한 은유와 상징에 대한 도전이자 직설로서 천안문 사태 이후를 살아가는 젊은이들, 아니 정성일의 표현

---

18) 정성일, 「북경녀석들: 천안문 '이후' 북경에서 살아가는 동세대의 슬픔과 좌절, 그리고 최건의 로큰롤」, 『KINO』 제55호, 1999. 9, 189면.

19) 원래 이 작품은 순수하게 다큐멘터리로만 제작될 예정이었으나 그가 이른바 '칠군자'에 포함되어 정부 당국으로부터 영화 제작을 금지당한 블랙리스트에 오르게 되면서 다큐멘터리 방식으로만 촬영을 강행하기에는 역부족이었던 상황으로 인하여 극영화의 방식이 개입되었다.

대로 천안문 이후에도 살아남은 젊은 '개새끼들',[20] 동료들을 광장에 묻고 치욕스러운 삶을 살아야만 했을 그들의 이야기였기 때문이다. 사실, 이 영화는 촬영과정의 어려움 때문이기는 하겠지만 형식미학적인 측면에서는 뛰어난 완성도를 보이지는 않는다. 그럼에도 여전히 이 작품을 일컬어 제6세대의 시작을 열어준 영화라는 찬사를 보내는 까닭은 그들의 선배들이 자신들의 조국에 관한 이야기를 하기 위해 먼 길을 돌아 우회하고 있을 때 그들 자신은 "중국에도 로큰롤 파티가 있으며, 동거가 있으며, 낙태가 있으며, 계급이 있으며, 사기가 있으며, 깡패들이 약한 자들을 등치고 있으며, 절망이 있으며, 드롭 아웃된 젊은이들이 거리를 메우고 있으며, 펑크 밴드가 있으며, 지하철에서의 이별이 있"[21]다는 점을 말하고 있기 때문인 것이다. 그리고 아이러니컬하게도 이 영화를 발굴한 것은 천카이거의 《황토지》에게 새로운 중국영화의 영예를 안겨주었던 로카르노 영화제(심사위원 특별상)였다.

그러나 장위앤의 뒤를 이어 나타난 또 다른 제6세대들은 저마다의 방식으로 이전 세대와 결별하면서 오늘, 여기, 우리의 이야기를 하기 시작했다. 왕샤오솨이는 《나날들(冬春的日子:1993)》, 《극도한랭(極度寒冷:1996)》, 《천국까지 그렇게 가까이(扁擔姑娘:1999)》, 《몽환전원(夢幻田園:1999)》, 《북경자전거(十七歲的單車:2000)》 등을 연이어 선보였고, 허이(何一;何建軍)는 《현련(懸戀:1993)》, 《포스트 맨(郵差:1995)》, 《풍경(風景:1997)》, 《나비의 미소(蝴蝶的微笑:2000)》 등을 만들며 정부 당국과 숨바꼭질, 아니 '제6세대의 순교자'라 불리면서 중국 지하영화의

---

20) 이렇게 '비속한' 어휘를 쓰는 데 대한 용서를 구한다. 그러나 '北京雜種'이라는 이 영화의 제목이 우리말로 '북경 녀석들'로 옮겨진 것은 어쩐지 어감이 약하다는 생각이 든다. '雜種'이라는 중국어는 영어로는 'Bastards'라고 옮겨질 만큼 직설적인 욕설이기 때문이다.
21) 정성일, 위의 글, 190면.

상징적 존재로 떠오를 만큼 그 어떤 타협이나 양보도 없는 불화의 힘을 지탱해 가고 있다.[22] 우디(鄔迪)의 《금붕어(黃金魚:1993)》, 왕쒀(王朔)의 《아버지(爸爸:1996)》, 쟝원(姜文)의 《햇빛 쏟아지던 날들(陽光燦爛的日子:1995)》, 《귀신이 온다(鬼子來了:1999)》, 왕취앤안(王全安)의 《월식(月蝕:1999)》, 러우예의 《쑤저우강(蘇州河:2000)》 등도 지속적으로 제6세대의 이름으로 촬영되고, 상영금지 되었으며, 외국 영화제에 진출하여 수상함으로써 알려졌다.[23]

그런데, 《북경녀석들》이 제6세대 영화를 선도하면서 치열한 시대정신을 보여주었으면서도 결국 쟝위앤은 《광장(廣場:1995)》과 《아들들(兒子:1995)》을 발표한 뒤부터는 《동궁서궁(東宮西宮:1999)》으로 급속하게 소재주의에 함락되더니 급기야는 《미친 영어(瘋狂英語:1999)》, 《귀성(過年回家:1999)》 등의 작품을 통해서 정부 당국의 정책에 대하여 유화적인 태도를 취하게 되고 화해의 길로 전향한 듯 보이기도 한다. 이러한 상황들은 다른 감독들 또한 별다르지 않는데, 쟝원의 경우에는 대체로 그 자신이 제5세대 감독들의 작품에서 주연을 맡았던 전력 때문인지 제6세대 영화의 스펙트럼 가운데에서는 비교적 오

---

22) 키노편집부, 『2001키노 201감독』 제2권, 키노네트, 2001, 49면.

23) 공교롭게도 로카르노 영화제는 중국의 제6세대 영화들의 출구로 꼽힐 만큼 많은 작품들에게 상영의 기회와 더불어 수상의 '위로' 혹은 '보상'을 가져다주었다. 아울러 제6세대를 변명하기 위한 필자의 부끄러운 또 다른 후안무치한 변명 하나 : 그러므로 제6세대의 영화를 편하게 볼 수 있다는 것은 어려운 일이다. 이들 영화가 중국에서조차 상영금지되는 판이니 외국으로 정식 수출된다는 것은 더더욱 불가능한 일이다. 어떤 의미에서 지금 우리가 제6세대를 편하게 볼 수 있다면 그 작품은 제6세대로서의 정체성을 지키기 위해 그만큼 치열하게 싸우지 못했던 영화일 수도 있다. 어쨌든, 이들 영화를 보기 위한 방법은 세계 각국, 특히 유럽을 중심으로 개막되는 영화제들을 일정에 맞춰 쫓아다니거나 저작권에 대한 경제적 보상 따위 행복한 고민은 꿈도 꾸지 못하면서 알음알음으로 복사본 비디오를 구해 보는 것이다. 그래도 몇몇 작품들은 운 좋게도 우리 극장에서도 개봉된 바 있고 뒤이어 비디오로 출시되기까지 했으니 아직까지는 이들로나마 최소한의 위로를 삼을 수밖에 없는 실정이다.

른쪽에 자리를 잡고서는 제5세대의 유산을 물려받은 듯 보이기까지
한다.

　이러한 상황에서 등장한 작품이 바로 쟈장커의 《소무》였던 것이
다. 사회주의 중국에서 '소매치기'라는 인
물의 설정은 그 자체로 얼마나 저항적인
가. 따라서 이 영화는 제6세대가 스스로
자신의 정체성을 모호하게 변주하면서
최면에 익숙해져 갈 무렵에 등장한 새로
운 각성이자 새로운 발견인 셈이다. 샤오
닝과 메이메이 그리고 자신의 가족 그 누
구에게도 귀의하지 못하는 오늘 중국을
살아가고 있는 한 젊은이의 모습을 통해
작가는 메시지를 던진다. 과거의 기억을
품고 있는 부모와 가족들, 오늘의 욕망을
자기화하는 샤오닝, 욕망을 성취하고 싶

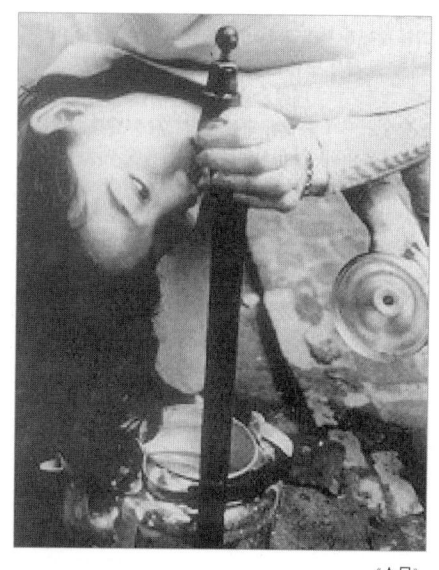

《소무》

지만 늘 미끄러지고 마는 메이메이, 그리고 그들을 배회하는 샤오우.
그러나 무심하게 이들을 응시하는 카메라는 오늘의 중국이 동시에
끌어안고 있는 사회주의와 자본주의라는 이 뒤죽박죽 된 가치 ─ 아
니 고상하게 말하자. 중국적 사회주의 혹은 사회주의 초급 단계론이
라고. 그렇지만 그렇게 고상하게 말해놓고 나면 떠오르는 베이다오
(北島)의 시구(詩句) : "비겁은 비겁한 자의 통행증/고상은 고상한 자
의 묘지명" (「대답(回答)」) ─ 속에서 주체적으로 관계 맺지 못하는,
그리하여 주체적으로 살아가지 못하는 이 무기력한 자아의 모습. 그
러므로 쟈장커에게 있어서 지금 문제는 그 어떤 '포스트(post)'도 아
닌 '근대[現代]' 그 자체일지도 모른다. 그렇지만 이렇게 말해놓고

나면 또 다시 떠오르는 관방의 정책목표 : '사개현대화(四個現代化)'. 그러므로 쟈장커의 《소무》는 새로운 발견이면서 동시에 어떤 멈춤이다. 그리고 그 이후 중국 영화는 어떻게 자신의 앞길을 개척해 갈 수 있을까하는 문제에 대하여 아직 아무런 대답도 못하고 있는 셈이다.

그런 의미에서 제6세대의 정체성을 규명하기 위해서는 또 다른 측면에서 대립각을 설정할 필요가 있다. 정책 혹은 권력이 그것이다. 오늘날 중국에서 영화를 한다는 일은 여전히 정책 혹은 권력에 대한 저항을 의미한다. 그들의 사회가 직면한 수많은 문제들에 대한 직설적인 언급은 여전히 허용되지 않으며 사회에 대한 비판은 곧 권력에 대한 저항으로 해석된다. 이런 상황에서 제6세대 작가들이 선택할 수 있는 폭은 매우 좁다. 그들이 영화를 계속하는 방식은 권력과 적절히 타협하든지, 아니면 끝까지 그들의 감시를 피해 비밀리에 지하로 숨어들든지, 해외로 도피하든지 중의 하나이다. 그런데 그 어느 방식도 찾기 쉬운 출구가 보장되어 있는 것은 아니다. 권력과 타협하게 되면 그들은 생명과 자존을 상실할 것이며, 지하로만 숨어든다면 너무 가혹한 대가들을 치러야 할 것이다 — 배가 고파야 아름다운 시가 나온다는 예술 창작의 법칙을 들먹인다면 어쩔 수 없는 일이지만 — 해외로 도피하는 것은 그들 스스로 전 세대의 행보를 답습하는 일이며, 그것을 뛰어넘을 수 있는 어떤 장치들이 마련되지 않고는 별반 의미가 없어 보이는 일인 듯하다. 그런 의미에서 지금 제6세대를 이야기하는 일은 곧 중국 영화의 전망을 이야기하는 일이다. 매우 다양한 매개변수가 개입될 수밖에 없겠지만, 제6세대는 우리에게 미래의 중국 영화에 관해 어떤 이야기를 하는지 살펴야만 할 것이다.

3. 예시(豫示), 혹은 예시(例示)로서의 베이징과 상하이

그런 의미에서 최근 우리에게도 소개되었던 제6세대 영화 두 편을 주목해 보고자 한다. 하나는 왕샤오솨이의 《북경자전거》이고, 다른 하나는 러우예의 《쑤저우강》이다. 전자는 여전히 베이징에 머물러 있는 제6세대의 중요한 기수의 목소리이며, 후자는 이제는 베이징 밖의 다른 곳을 주목해 보고자 하는 – 공교롭게도 베이징과 상하이는 홍콩과 더불어 중국 영화사의 내재적 흐름 속에서도 저마다 중요한 전통을 형성해왔던 도시들이다. 베이징은 1905년 최초의 중국 영화가 촬영된 도시이자 1940년대 이후 옌안(延安)의 전통을 전신으로 이어받은 도시였으며, 상하이는 1896년 중국에서 최초의 영화가 상영된 이후 1930년대 중국 영화의 황금기를 주도한 도시였으며, 홍콩은 1896년 외국인에 의한 최초의 영화촬영 행위가 이루어진 뒤 1930년대 이후 자신만의 독특한 무협-코미디 전통을 발전시켜온 도시였다 – 새로운 시도로 읽힌다. 그런 의미에서라면, 이 두 영화는 어떤 의미에서 제6세대들이 지금 서 있는 자리와 앞으로 나아가고자 하는 자리를 대변해 주고 있는 것이다.[24]

1) 《북경자전거》에 관한 두 가지 물음

아마도 이후로는 베이징의 면면을 그린 가장 대표적인 작품으로 손꼽히지 않을까 할 정도로 베이징이라는 상징이 강하게 묻어난 영화이면서 왕샤오솨이(王小帥) 감독의 다섯 번째 영화인 《북경자전거(十七歲的單車:2000)》.

---

24) 다만, 이 글은 이 두 영화에 대한 세밀한 분석보다는 제6세대 영화의 큰 흐름 가운데 한 '예증'을 위하여 쓰여질 것이다. 따라서, 두 작품에 대한 더욱 구체적인 분석은 이후 다른 글을 통해서 이루어질 것이다.

이 영화에서 왕샤오솨이는 제6세대의 대표주자로 일컬어지고 있는 감독답게 전통 중국의 면면을 상징으로 차용해왔던 이전 세대와는 달리 오늘날 중국의 모습에 직접 카메라를 들이댐으로써 직접적이고 현재적인 상징을 차용한다. 구웨이와 지앤이라는 열 일곱 살 난 두 소년의 욕망을 그려낸 이 영화가 보여주는 상징의 기본 축은 언뜻 보기에는 도-농간의 갈등으로 비춰진다. 그러나, 조금만 더 들여다보면, 거기엔 이미 농촌은 사라지고 없다. '자본'의 사회에서 부에의 욕망을 끌어안고 상경한 구웨이의 모습이 그렇고 그들이 도시의 상류층인 줄로 오인하고 훔쳐보던 한 동네 가정부의 모습 또한 그렇다. 화려한 베이징의 중심부와 후줄그레한 뒷골목에는 이미 도-

《북경자전거》

농의 갈등을 넘어선 도-도의 갈등이 자리 잡고 있다. 중심부의 삶으로 편입되고 싶은 뒷골목의 욕망은 개혁개방 이후에 태어났으므로, 그 이전의 암울했던 중국의 역사가 더 이상 자신의 삶 자체는 아니었을 두 소년의 모습 위로 겹쳐진다.

베이징은 변했고, 이전 세대가 보여 보여주었던 사합원이나 후통(胡同) 따위는 영화 어디에서도 찾아볼 수 없다. 그 곳은 다만 가난과 그 가난을 탈출하고 싶은 욕망만이 자라나는 공간이다. '만만디'를 삶의 한 가치관으로 여겼던 중국인들의 모습도 더 이상 찾아볼 수 없다. '나는 듯이 빠른(飛達)' 퀵 서비스 회사가 자본의 사회에서, 전 세계의 물류가 급속도로 소통되는 이 '글로벌리제이션(globalization)'의 시대에 중국의 수도 베이징의 선택이 무엇인지 너무도 분명하게 보여준다. 그러고 보니, 베이징은 중국에서 단순한 하나의 도시 그 자체가 아니라 수도로서의 상징, 중국의 얼굴이라는 더 깊은 의미의 층위를 갖고 있었던 셈이다.

첫 번째 물음. 많은 이들의 말처럼 이 영화는 거의 반사적으로 비토리오 데 시카(Vittorio de Sica)의 《자전거 도둑(Bicycle Thief:1949)》이라는 영화를 떠오르게 한다. '생존'의 수단으로서 자전거, 그리고 자전거의 분실, 자전거를 찾기 위한 '피나는' 노력 등과 같은 모티브는 거의 차이를 찾아 볼 수 없는 오마주(homage)로 읽힌다. 그러나, 두 영화 사이의 틈을 벌려놓는 매우 중요한 차이는 《북경자전거》의 후반부터 시작된다. 《자전거 도둑》은 "그래서 그는 결국 자전거를 되가질 수 없었다"는 절망으로 끝을 맺었지만, 《북경자전거》는 마치 마지드 마지디(Majid Majidi)의 감동적이었던 이란영화 《천국의 아이들(The Children of Heaven:1999)》에 대한 오마주라도 되는 듯, '공유'의 정신을 발휘한다. 그러나 결국 《북경자전거》는 《천국의 아이들》과도 갈라선다. 즉, 감독은 그와 같은 '공유'를 통해서 인간과 인간의 화해, 또는 도시와 농촌의 화해를 보여주려고 한 것은 결코 아니었다. 감독은 끝까지 인간 사이의 화해를 의도적으로 배제함으로써 어떤 메시지를 전달하려고 했던 듯하다. 그리고 그 메시지는 신나게 얻어 터진 구웨이가 이제는 다 망가져 버린 자전거를 어깨에 짊어지고(다시는 타지 못한 채!) 대도시의 수많은 자전거 행렬을 지나 자동차의 흐름을 가로질러 가는 마지막 장면으로 암시된다. 도대체 감독은 중국의 앞날에 대하여 어떤 희망을 품고 있는 것일까?

두 번째 물음. 비록 영화에서는 이미 일상품을 넘어서 부의 상징으로, 욕망의 상징으로 자리 잡기는 했지만, 자전거라는 소재는 또 어떤가? 문득 '자전거'라는 이 영화의 소재를 생각하면서 그것은 베이징의 상징을 넘어서 — 영화의 원제에는 '베이징'이라는 말이 들어 있질 않다. 이 영화의 우리말 제목은 영어 제목을 그대로 번역한 것에 불과하다. 그러니 그리 놀랄 필요도 없다. 장위앤의《북경녀석들》이후 중국 당국은 왕쟈웨이(王家衛)의《북경지하》촬영을 불허할 정도로 영화제목에 '베이징'이라는 말만 들어가도 과민한 반응을 보이는데 이 작품은 어떻게 베이징이라는 제목을 얻을 수 있었을까 하고 말이다. 그것은 이 영화의 영어제목인 'Bejing bicycle'의 번역이다. 그렇다면 어쩌면 그것은 중국어 제목과 영어 제목을 분리해서 한 쪽의 관료와 또 다른 한 쪽의 관객들(혹은 심사위원들)을 적극적으로 유혹하면서 동시에 실리도 취해 보자는 전략일 수도 있다 — 전체 중국의 상징이 아니었던가 하는 생각에 이르게 된다. 그런데, 그 상징이란 매우 일상적이면서 동시에 매우 중국적인 것이다. 그렇다면, 그 순간 제6세대임을 자부하는 왕샤오솨이 감독의 영화는 제5세대의 영화와 겹쳐지는 것 아닐까? 다시 말하면, 제5세대가 전통 중국의 특정한 상징체를 소재로 하여 영화를 만들었다면, 그리하여 지나간 역사를 통해 중국이라는 상품을 세상에 내놓았다면 왕샤오솨이는 현대 중국의 특정한 상징체를 차용함으로써 오늘의 중국이라는 상품을 세상에 선보인 것 아닐까? 소재를 끌어오고, 다루고, 그것을 통해 얘기하는 방식이 장이머우나 천카이거의 경우와 매우 흡사해 보이는 것이다. 물론 그것은 정부의 검열과 감시를 피하기 위해 영화 외적 압력에 직면했던 선배들의 방식을 답습한 작가의 선택일 수도 있다. 그러므로 이 지점에서《북경자전거》의 의미를 물을 수밖에 없을 듯하다.《북경자전거》는 중국 영화의 새로운 도전인가? 아니면 이전 세대로의 퇴보인가?

그리고 보면, 이제 중국은 클래식과 모던을 어떻게 조화시키는가 하는 쉽지 않은 문제를 앞에 두고 서 있는 셈이다.

2) 《쑤저우강》에 관한 짧은 메모

　　"어느 날, 내가 만약 당신 곁을 떠난다면… 그때 넌 마르다처럼 날 찾을 거야?"
　　"그래."
　　"영원히 나를 찾을 거야?"
　　"그래."
　　"죽을 때까지?"
　　"그래."
　　"…거짓말…."

　　러우예가 《주말 연인(周末情人:1995)》으로 데뷔한 지 꼭 5년 만에 내놓은 영화, 《쑤저우강》는 독특한 서사구조를 지니고 있다. 액자영화 양식으로 전반부를 이끌어 가더니 후반부에서는 액자 속 영화의 서사가 액자 밖 영화의 서사, 즉 관찰자의 이야기가 합일되어 버린다. 그러니까 액자 밖에 위치한 나와 메이메이의 사랑이야기가 액자 속에 있는 마르다(馬達)와 무단의 사랑 이야기와 합쳐지는 것이다. 그러나 결론적으로는 마르다의 사랑이야기가 영화 속 현실인지 아니면 영화 속 백일몽인지 조차 구분이 되지 않는다. 그렇다면 쑤저우 강의 인어는 현실일까, 백일몽일까?
　　작가는 이러한 독특한 서사구조를 통해 마르다가 추구했던 영원한 사랑이란 존재하지 않는다는 지속적 암시를 보여주고 있는지도 모른다. 그것은 현실의 사랑이 매우 방편적이면서도 진지하지 못하고 찰나적인 것 - 메이메이가 떠난 뒤 '나'가 그녀와의 약속(마르다가 무단을 찾으러 다녔듯이 자신도 그녀를 끝까지 찾겠다는) - 을 아무런 주저 없이 헌신짝처럼 내던지고 '새로운 사랑'을 찾으러 가겠다는 마지막 장면에서도 암시된다.

그런데, 왜 하필 쑤저우 강일까? 상하이라는 이 화려한 상업도시를 흐르는 더러운 강. 쑤저우는 그렇게 더러운데, 더러운 현실인데, 쑤저우에 인어가 나타날 수 있을까? 그것이 동화인 것처럼 아름답고 맑은 영원한 사랑도 존재하지 않을 것이다. 영화는 그것이 때로 사람들이 갖는 환상일 뿐임을 보여주고 있는 것이다. 그리하여 쑤저우 강은 현실을 대변하는 상징으로 등장하는 것이다. 상하이 북부를 흐르는 매우 더러운 강이자 동시에 그 지역 사람들의 삶의 터전인 쑤저우.

《쑤저우강》. 우리나라에서는 《수쥬》라는 제목으로 상영되었다.

그러므로 쑤저우 강에서 인어가 등장한다는 설정은 현실을 직시하지 못하고 환상과 신비와 이상으로 분칠하려는 사람들의 의식과 사고방식을 보여주고 있는 것이다. 메이메이는 줄곧 인어 인형을 들고 있질 않은가. 영원한 사랑은 존재하는가? 영원한 사랑은 동화이며 환상이다. 인어는 그 영원한 사랑이 환상이며 동화일 뿐이라는 사실을 보여준다. 현실에서의 영원한, 이상적인 사랑은 존재하지 않는다. …. "사랑은 없다?" 이러한 과정에서 작가는 지속적으로 카메라의 눈과 서술자의 눈을 일치시키면서 관객과는 지속적으로 거리두

현대 중국의 연극과 영화

기를 시도한다. 핸드 헬드로 인한 카메라의 흔들림과 장면의 제시 중 일시적으로 끊기는 플래시(flash) 효과 편집은 관객의 눈이 깜박이는 시각과 의도적인 불일치를 시도한다.

그러나 단지 이 영화가 사랑이야기일 뿐일까? 오늘날 중국 사회에 대한 강렬한 우회적 메시지를 담고 있을지도 모른다. 그러므로 다시, '쑤저우'는 무엇인가 하고 물어야 한다. 중국에서 가장 부유한 경제적 도시로 주목받으며 성장을 거듭하는 도시, 상하이. 자본주의의 꿈이자 욕망을 현실화하기 위한 이전투구의 장. 이 더러운 현실 쑤저우 속으로 뛰어들어 자신의 욕망을 실현시키고 싶은 오늘 여기를 사는 중국인들의 모습. 그러고 보면, 이 영화는 이전의 영화들과는 달리 그 자체만으로 보편적 메시지를 확보하려고 노력하는 듯 보인다.

이 영화를 두고 김지석은 이렇게 말했다.

확실히 《수쥬》는 여타 중국영화와는 다르다. 특히 장이머우나 천카이거 등과 같은 선배세대의 영화와 독립영화 세대가 지향하는 바가 확연히 구분되는 영화이기도 하다. 그러나 비록 스타일은 감각적이지만 과거의 역사보다는 동시대의 이야기를 선호한다는 점에서는 여타 독립영화작가들과 일정부분 지향점이 겹치기도 한다. 필자가 《수쥬》를 통해서 그를 주목하는 이유는 그가 대중성과 예술성, 중국적이면서도 세계인의 보편적인 정서를 이끌어낼 수 있는 능력, 그리고 제작자로서의 자질이 뛰어나다고 보기 때문이다. 그리고 새로운 변화에 적응하는 기민함도 있어 보인다. 실제로 그는 인터넷을 통한 영화제작과 상영방식에도 눈길을 돌리고 있다. […] 즉 러우예는 작가로서의 재능 외에도 독립영화제작의 새로운 모델을 끊임없이 모색한다는 점에서, 넓게는 중국영화의 미래의 한축을 만들어 나가고 있기도 한 셈이다.[25]

25) 김지석, 「인디, 환한 얼굴로 돌아보다」, 『씨네21』 제288호, 한겨레신문사, 2001.

그렇다면 이 지점에서 발견할 수 있는 인어와 쑤저우, 사랑과 백일몽과 환상과 현실에 관한 비유 하나 더. 인어라는 판타지(fantasy)와 쑤저우라는 현실이 몸을 섞었을 때, 그것은 어쩌면 러우예 자신이 중압적인 베이징을 떠나 ─ 그 자신 상하이(1956년생) 출신이다 ─ 상대적이긴 하지만 자유로운 상하이의 현실과 부딪쳐 보겠다는, 그러나 거기서 사랑 이야기와도 같은 ─ 어차피 영화는 판타지 아니겠느냐는 반문과 더불어 ─ 영화를 통해 새롭게 상하이를 발견하고 그 화려하고 자유로웠던 중국 영화 전통으로 복귀 혹은 복원해 보겠다는 야심 찬 시도 아니었을까? 그리고 그 복원은 장이머우가 《상하이 트라이어드》를 가지고 상하이로 돌아왔을 때와는 사뭇 다른 방식으로 이루어지고 있는 것 아닐까. 그리고 그 사뭇 다른 방식 가운데 하나는 영화라는 보편과 중국이라는 특수, 두 가지 축을 모두 놓지 않겠다는 치열한 각성일 수도 있다.

4. 나오는 말

이렇게 볼 때 제6세대라는 명명은 적어도 다음과 같은 세 가지 측면이 서로 연관되거나 중첩되어 있다고 할 수 있다. 1990년대에 등장했다는 측면, 관변의 영화제작 시스템과 검열제도를 벗어나고자 했다는 측면, 그리고 개인의 투자 혹은 서구 자본의 도움으로 제작된다는 측면이 바로 그것이다.[26] 그들은 자신의 윗세대를 부정하고

---

2. 6, 27면.

26) "동일한 문화현상을 두고 제6세대를 부르는 명칭은 여러 형태로 나타난다. 구미에서는 주로 '중국 지하영화'나 심지어 '정치적 견해를 달리하는 중국 영화'라는 표현도 사용된다. 중국에서는 '독립영화', '독립제작운동', '뉴다큐멘터리운동[新紀錄片運動]', '베이징영화대학 85학번·87학번', '신영상운동', '상태영

권력의 요구를 부정했으며 동시대의 다른 감독들을 부정함으로써 스스로를 존재케 했다. 《북경자전거》나 《쑤저우강》은 우리에게도 소개가 된 제6세대 감독들의 최근 영화들인데 이들 중 전자는 비교적 '중용의 길'을 걷고 있는 듯 하지만, 후자는 제6세대이면서도 베이징을 탈피했다는 점, 중국적 상징을 탈피하여 인어라는 서구적 상징으로 중국을 해석해 보려고 했다는 점, '멜로(melo)'라는 외형을 덧입고 있으면서도 내면적 의미구조는 중국 사회에 대한 메시지를 던지고 있다는 점이 중국영화의 미래까지도 전망케 하는 문제작이라는 측면에서 의미를 지닌다고 볼 수 있겠다.

(임대근, 한국외국어대학교 강사)

화'('신상태문화'의 한 예증이라는 의미로), '신도시영화' 등과 같은 명칭이 쓰인다. 홍콩이나 타이완에서는 '대륙지하영화'라 부르거나 아예 '칠군자(七君子: 방송영화티브이부[廣播電影電視部]가 7명의 영화제작자들에게 활동금지령을 내린 것을 빗대어)'라고 부르기도 한다." 戴錦華, 『霧中風景 : 中國電影文化 1978~1998』, 北京大學出版社, 2000, 385~386면.

현대 영화 속의 중국전통이미지 탐색

Ⅵ 현대 영화 속의 중국전통이미지 탐색[1)]
-상대적시간과 정신적 얼음-

1. 논의의 출발점과 전제들

현대영화 속에 보이는 이미지에 대한 탐색작업을 함에 있어서 어려운 점들은 다음과 같은 것들이다.

> 첫째, 중국이라는 한 공간에서 이루어진 수많은 시간들의 연속성
>   가운데 그 시간을 관통하면서 동시에 공간과 연관성을 맺는
>   내적 구성요소는 무엇인가.
> 둘째, 중국의 이미지 탐색작업에 있어 그림과 연극 그리고 현재의

---

1) 본 연구는 현대 영화로부터 출발하여 거꾸로 그 안에 내재된 전통(the line that connects with the past)적 이미지를 찾는데 있어 고전 시, 그림, 연극공연에 이르는 광범위한 시간과 서로 다른 매체들끼리의 연결을 시도하고 있다. 시간성에 대한 하한선은 현대 서구의 영화도입이전의 청대(淸代)까지를 선정하였으며, (『中國電影史』, 第1板, 北京電影出版社, 1981)에 의하면 중국의 첫 영화상영은 청 광서(光緒)22년에 이루어졌다(6면)) 매체는 영화를 제외한 이미지작업과 관련된 시, 그림, 공연예술이 선택되었음을 밝히는 바이다.

영화까지 그 매체가 다름에도 불구하고 그것들의 엔터테인먼트로서의 공통점을 상정하는 이유와 그것들이 담고 있는 중국이라는 공간과의 연관성은 무엇인가, 그리고 어떻게 그 매체의 다름을 연결시켜낼 수 있는가.

왕훼이(汪暉)는 중국의 전통과 현대에 대한 문제를 논함에 있어 90년대 이후 전지구적으로 벌어지고 있는 세계화현상과 이에 맞서는 민족적 전략에 대해 이야기하고 있다.[2] 여기서 그는 단순한 민족주의만으로 세계화에 맞서는 일은 매우 무모하다고 지적한다. 그리고 그러한 협소한 민족주의 안에서 해석된 '전통'이란 이미 그것의 뿌리 없음으로 인하여 아무 의미 없음을 이야기하였다. 그는 중국을 위시한 동양에서 전통을 찾는다는 명목 하에 벌어지는 모든 계략들이 세계화바람에 넘어지지 않기 위한 저항의 노선에 있음을 간파하였던 것이다. 즉 과연 무엇이 전통이며 현대 속의 전통은 어떻게 '나'를 꼿꼿하게 서게 할 것이냐 하는 것이 당면한 동양지식인들의 중심 테제로 떠오른 것이다.

하지만 위에서 지적한 두 가지 어려움, 즉 시간의 연속성과 매체의 다름을 함께 다루면서 당면한 문제에 대한 답을 찾는 것은 그것의 광범위함이나 다양함에 등비하는 광범위한 소재와 시각들을 가질 것을 요구한다. 그리고 그것은 또 그러한 광범위함만으로는 해결할 수 없는 매우 정교하면서 깊숙이 파고 들어가야만 하는 전문적인 관찰과 세밀한 연구를 요한다.

그럼에도 불구하고 이러한 시론격의 논문이 쓰여져야 하는 것은 동양의 전통이라고 알려진 이미지들이 과연 포스트 콜로니얼리스트

---

2) 왕훼이(王暉), 「전통, 현대성과 기타(傳統, 現代性及其他)」, 『다시 죽은 불씨를 살리다(重溫死火)』, 第1板, 人民出版社, 379면.

들의 해석과 같이 서양에 '보여주기'위해 꾸며진 허상에 불과 하는 가의 문제, 또한 그것이 아니라면 어떻게 자생적이지도 않은 영화라는 이 현대의 매체 위에 전통이라는 시공간적으로 다른 성질의 것을 얹어낼 수 있느냐의 문제, 그리고 중국고전의 서사에 현대의 매체와의 만남은 동양의 참된 모습으로 간주될 수 있느냐에 대한 문제들에 대해 고민하고 있음을 표출하는 한 계기가 되기 때문이다.

2. 중국에서의 이미지 전략

이미지는 머리 속에서 이루어지지만 그것의 전제 조건은 시각을 통해야만 한다는 것이다. 그러나 단순히 시각을 통한 그 모든 것이 이미지로 생성되는 것은 아니다. 시각은 '제어됨'으로서 머리 속의 이미지 생성과 밀접한 관계를 가지는 것이다. 그리고 이러한 시각에 대한 제어법은 바로 이미지와 심리적인 부분의 연결을 불가피하게 만드는 것이다. 시각에 대한 제어는 결국 부단히 흘러가는 사물의 정지된 한 순간을 특정한 한 공간에 가두어두는 것을 의미하게 되며, 곧 그것은 시간이라는 물리적인 흐름을 공간적으로 잡아두는 것을 의미하는 것이 된다. 결국 머리 속 이미지는 이미 자연스러운 망막의 투여가 아닌 일정한 공간 안에 시간을 잡아두려는 '시각에 대한 제어'를 통해 자유로워지게 되는 것이다.

그렇다면 시간을 공간 속에 잡아둘 수 있는가? 그것은 이미지생성을 위한 전제조건이 될 수 있는가?

눈에 보이는 실물을 보존하고 기록하려는 목적으로 그려진 단순한 그림일지라도 그것은 이미 앞에 현현된 실물과는 다르다. 직접묘사가 아닌 언어를 통한 간접적 이미지 생성의 과정으로도 실물과 닮은 채로 정신적으로 구축되지는 않는다. 결국 제어된 시각에서 한정 생산된 이미지는 다시 재창조되는 과정을 거쳐 이미지의 현현이라는 결과물을 획득하게 되는 것이다. 그리고 그것이야말로 이미지그대로의 순수한 의미에 도달할 수 있는 길이기도 하다.[3] 그리고 이러한 '(시각에 대한)제어'와 '(공간과 시간에 대한)변형'을 통해 재창조된 이미지는 실물영상과의 간극을 두기 때문에 미학적 효과를 거두는 것이다. 그것은 변형되는 순간 이루어지며, 이 때 이미지를 가진 시간은 특정공간으로 잡혀 들어가게 되는 것이다.[4]

중국에서는 글자의 일정한 배열(對)과 그것의 반대인 흩뜨리는(散) 방법을 통해서 그들의 시각적 사유를 실어내는 전통이 있었다. 글자의 일정한 배열은 청각적 아름다움과 일차적으로 관련을 맺게 되고[5], 그러한 배열 가운데 흩어진 글자들의 구성은 전체적인 글의 내용을 이루는 이미지의 분산 배치라는 체제와 관련을 맺게 된다. 그리고 분산 배치된 글자의 위치에 따라 이미지는 색감과 위치, 그리고 원과 직선 등의 선이 주는 운동감, 움직임과 멈춤의 역동적인 공간과 그 속에 배열된 시간을 갖게 된다.

---

3) 바로 이 연구에서 다루려는 이미지 영역이 물질적으로 혹은 구체적으로 표현된 것만을 가리키는 것이 아닌 그러한 구체적 결과물을 낳게 한 의식, 무의식적 동인 및 심리적 원인까지를 포함할 때 이러한 '순수한'에 대한 의미파악이 가능할 것이다. (이미지에 대한 영역분류는 유평근·진형준, 『이미지』, 살림, 2001, 26~27면)

4) 이미지가 가지는 시간의 '의고성(擬古性)'에 대한 것은 드브레 참고.(드브레 지음 정진국 옮김, 『이미지의 삶과 죽음』, 시각과 언어, 1994, 44면)

5) 일정한 배열의 글자를 '읊는다'는 것은 곧 듣는 이로 하여금 일정한 운의 반복미를 느끼게 해 줄 수 있었으며, 특히 한시(漢詩)에 있어서 평측(平仄)으로 인한 고저(高低)는 충분히 운문의 근본을 형성함으로써 운문적인 문학적 소임을 다하게 된다. 이상은 로만 야콥슨에 의해서도 지적되었다. (로만 야콥슨 지음 신문수 편역, 「언어학과 시학」, 『문학 속의 언어학』, 제6판, 문학과지성사, 2001, 64~65면)

텅 빈 산에 새로이 비 내린 후, 대기에 뒤늦게 가을이 온다.

밝은 달은 소나무 사이를 비추이고, 맑은 시냇물 돌 위로 흐르누나.

대나무 소리 '와삭', 집으로 돌아가는 빨래하는 처녀로군, 연꽃잎 '흔들', 고깃배가 밀려 나가는군.

마음가는 대로 봄 향기 쉬어갈 만 하니, 왕손6)이 (이런 곳에) 머물 만도 하겠지.

(空山新雨後, 天氣晚來秋. 明月松間照, 淸泉石上流.

竹喧歸浣女, 蓮動下漁舟. 隨意春芳歇, 王孫自可留.) 7)

이 시는 우선 매 구(句)에 일정한 운(韻)을 반복함으로써 청각적 미를 살릴 수 있다.8) 글자의 일정한 배치는 그것의 음성학적 측면으로서의 미학에 달하고 있는 것이다. 즉 문자가 사람의 입을 통해 소리 내어지고 다시 '들려짐'으로서 도달할 수 있는 미학인 셈이다. 그런가 하면, 의미론적 측면으로도 대칭구조를 통해 미적 감각에 도달할 수 있다. 움직임이 없는 가운데(空山) 움직임이 있는 것(照, 流, 動), 시간적으로 새로운 것(新)과 오래된 것(晚), 푸른 색(竹)과 붉은 색(蓮), 소리가 나는 것(喧)과 소리 없는 물살의 움직임(下)들. 글자 하나 하나는 모두 각자가 위치해야 할 자리에 위치되어 짐으로서, 즉 '쓰여짐'으로서 또 다른 미학을 완성하게 되는 것이다. 이렇듯 글자는 단순히 (종이 위에 문자로서)쓰여지기만 하는 것이 아니라 자신이 가야 할 자리에 놓여짐으로서, 즉 자신들의 일정한 배치를 통해서 시 전체 내에서 분산의 법칙대로 전체 이미지 구축을 위해 일조 하게 되

---

6) 왕손 : 친구를 높이 부른 호칭이다.

7) 왕유(王維), 《산에 가을의 어둠이 깃들다(山居秋暝)》, 『唐詩三百首』, 第5版, 三民書國, 民國75, 202면.

8) 이 시는 평성 11운인 尤(you)운으로 압운(rhyme)을 하고 있어, 각 시의 매 구에 秋(qiu), 流(liu), 舟(zhou), 留(liu)가 쓰인 것을 확인할 수 있다.

는 것이다. 글자의 일정한 간격과 분산, 그리고 전체적인 통일은 이렇게 문자를 통한 시(詩)안에서 작용되는 것이다.

다시 중국의 회화를 보게 되면, 인물이나 사물에 대한 단순한 묘사가 아닌 직선과 곡선에 대한 배치, 색감이 다른 것끼리의 대조, 빈 곳과 꽉 찬 곳의 대칭구도를 발견하게 된다. 이것은 비단 중국회화만의 문제는 아니다. 하지만 중국회화의 그러한 배치는 위에서 살펴본 싯구 속의 문자배치와 그 맥을 같이 하기 때문에 더욱 주의를 기울일 필요가 있는 것이다. 여기서 중국에서 시와 회화라는 두 가지 영역이 분리되지 않고 함께 가고 있음을 주목할 필요가 있다. 그리고 이러한 시와 회화를 묶어주는 수단인 '붓'과 하얀 종이(혹은 비단)에 대해서도 주의를 기울일 필요가 있다. 그것은 시와 회화가 분리되지 않고 일정한 한 계급, 즉 붓과 종이를 소유하고 또 그것을 통해 그들의 정신세계를 표출할 수 있는 어느 일정 계급에게 초점을 맞출 것을 요하는 것이다.[9]

즉 어느 일정계급에서 시와 회화가 같이 하는 현상이 보인다는 것인데, 그것은 '문인 산수화'라 불리는 것으로서, 여기에는 단순히 산수(山水)에 대한 경물 묘사나 자연에 대한 탐독, 또는 화폭으로의 담아냄(순수한 의미의 회화로서의 기록)으로서의 의미가 아닌 붓과 종이 위에 정신적인 것을 표출해 냄을 통해 도(道)를 닦았던 지식인들의 학문하는 자세가 깃들여져 있었다. 즉 문인산수화라는 시와 회화가 한 화폭에 같이 가는 이 형태는 시를 씀으로써 문자향유를 하고

9) 물론, 이러한 붓의 소유권이 문자 향유권과 반드시 일치함을 지적하는 것은 아니다. 이전부터 직업적인 환쟁이는 있었다. 하지만 그들에게는 같은 도구로 쓰여지는 문자에 대한 파악이 이루어지지 않았으므로 범위에서 생략한다. 다만 여기서는 붓에 대한 소유권 자체로만 논하는 것이 아니라 두 가지 영역을 모두 파악할 수 있었던 어느 일정계급으로부터 생산된 미학과의 연관성을 따지려 한다.

그것을 통해 정신적인 도(道)를 닦는 수련의 과정과 같은 맥락에서 회화가 지향되어 왔다는 것을 의미하는 것이다. 그것은 단순히 그림을 '그리는 것'과는 구별되는 일종의 동양의 비구상화와 같은 것이었다.[10] 그들의 그림에는 시를 써냄으로서 도달할 수 있는 정신적인 '도(道)'와 그 얻은 바를 실어나르고자[11]했던 지식인들의 간접이미지 구축에 대한 철학이 담겨 있었던 것이다. 그리하여 그림과 시가 함께 하는 이러한 문인산수화는 일차적으로 직접 시각으로 받아들인 자연의 경치가 심상과 결합하여 붓에 의하여 그림으로 완성되고, 이차적으로 싯구를 읊음으로서 그림과 함께 하는 두 번째 이미지작업이 이루어지도록 배려되어 있었던 것이다. 그림 속의 이 싯구는 그림과 함께 함으로서, 어떻게 보면 그것 역시 하나의 배치와 같이 한 '공간'을 점유함으로서 화폭 속의 또 다른 세계를 구축하고 있었던 것이다. 그리고 그 싯구는 다름 아닌 싯구와 같은 화폭에 있는 그림을 그리던 바로 그 붓과 종이에 의해 이루어지고 있었던 것이다. 둘이 지향하는 정신적 '도'는 그렇게 하나의 동일한 수단에 의해 통일되고 있었던 것이다.

---

10) 왕유는 그의 『산수론』에서 "무릇 산수를 그림에는 마음 속의 뜻이 붓보다 앞서야 한다.(凡畵山水, 意在筆先.)" (이상 『동양화논선』, 지식산업사, 1976, 35면 재인용)라는 의견을 펼치고 있다. 소식 역시 "대나무를 그림에 먼저 대나무가 마음 속에 그려져 있어야 한다(畵竹必先得成竹于胸)"(이상 『中國古代畵論發展史實』, 上海人民美術出版社, 1997, 100면 재인용)라고 하였으니, 그들의 그림은 단순히 '그려냄'에 있는 것이 아니라, 그들의 '뜻(道 정신적인 깨달음)'에 있었음을 알 수 있다. 따라서 이런 그림들이란 결국 일정계급에 속한 지식인들의 정신세계를 전하는 데에 그 목적이 있었다고 할 수 있다.

11) 중국에서의 지식인들의 '도'를 실어나르는 것에 대한 실용성 여부는 이미 '文以載道(문장을 씀에 있어서 도를 실어야 한다)'라는 분명한 지표로서 알 수 있는 일이며, 지식인들에게 그림을 '그리는 일'은 이러한 문장을 '쓰는 일'과 같이 취급되었음을 알 수 있다.

그림 1 金農, 《赤壁賦図》, 『詩畫合璧册』 중
(이하 그림에 대한 설명은 미주 참고)

왕유의 시를 음미해 보면 그 안에는 그림이 있다. 또 왕유의 그림을 볼작시면, 그 안에는 시가 있음을 알게 된다.

(味摩詰之詩, 詩中有畫,

觀摩詰之畫, 畫中有詩)

- 소식이 왕유의 시와 그림에 대해서 내린 평가[12]

위의 기록은 문인산수화를 잘 그리던 문인계급 가운데 하나인 왕유(王維)에 대한 시와 그림에 대한 평가이다. 소식의 평가에 의한 시와 그림이 일치되는 경지는 그 두 가지 표현방법의 경계가 분명하지 않기 때문에 가치가 없다는 것을 일러주기보다는 왜 그 두 가지가 서로의 영역 안으로 넘나들 수 있었는가를 일러주는 계기가 될 것이다. 또한 그것은 위에서 살펴본 바와 같이 중국 지식인들의 시와 그림에 대한 파악이 정신적인 '도'를 닦기 위한 공통된 하나의 수양에 있었다는 것을 보여주는 단서를 제공하는 것이다.

하지만 그림과 시를 함께 사유하는 이러한 방식이 모든 지식인들에게 있던 공통적인 현상은 아니었다. 그것은 당시의 지식인들의 문풍(文風)과 관련된 예술의식의 반영으로서, 특별히 '고문(古文)'을 숭상하던 이들에게만 보이던 공통점이었다는 점에 주목할 필요가 있을 것이다. 왕유의 시와 그림이 함께 하는 경지를 높게 평한 소식(蘇軾)과 같은 이는 왕유와는 시기를 달리 하는 지식인이지만, 중국문단에 복고풍이라는 동일한 노선에 선 인물로서, 공자(孔子)이래로 중국에 지속되어 오던 옛 것을 규명하고 그곳에서 참된 진리를 획득하려

---

12) 『中國古代畫論發展史實』, 上海人民美術出版社, 1997, 99면 재인용.

는 이들의 순환론적인 사고방식을 드러내는 정신상의 연대의식을 가진 이들 중 하나로 파악될 수 있다.[13]

그들의 이러한 회화와 문자를 통한 학문에 대한 동일선상의 인식은 그것이 예술로서의 '창작'이라는 의미보다는 이미지의 '기록'이라는 데에서 출발하고 있다. 중국인에게 있어 이미지는 곧 도와 같이 정신적으로 터득해야 할, 그래서 그러한 도를 함유하고 있는 것으로서 파악되고 있었던 것이다.[14] 따라서 빈 종이위의 (딱딱하지 않은)붓을 통해 표현된 것은 지식인들의 정신적 도를 상징하는 이미지에 대한 기록일 뿐이지 그 자체로 완전하게 그려 낼 수도 혹은 완전하게 그려서는 안되는 것으로 간주되었다. 그리고 그러한 정신적 도를 실어날으는 부정형(不定形)의 붓과 텅빈 공간의 종이는 정신과 합일되어야 완성될 수 있는 미완의 상태로 존재하게 되는 것이다. 객관적으로 그려내지만 그리고 충실히 묘사하지만 그것은 어디까지나 정

---

13) 순환론적인 사고방식에 대해서 김병종은 고정적인 토지에서 자연의 순환에 적응하는 농본주의 생활에서 그러한 것이 기인한 것이 아닌가 하는 의견을 내놓고 있다.(『중국회화의 조형의식연구』, 서울대학교출판부, 1989, 22면) 하지만 문인들에게 있어서 특히 이러한 순환적 사고방식은 공자의 '저술하되 짓지 않는다(述而不作)'와 같이 창작을 거부하면서 주나라로 부단히 돌아가려 했던 지식인들의 사고방식과 더욱 긴밀한 연관성을 가진다고 볼 수 있을 것이다. 특별히 '글은 도를 실어 날라야만 한다(文以載道)'는 사고방식으로 매체를 대하던 복고적 위치의 지식인의 경우 그러한 순환적 사고방식을 그들의 득도의 과정이라고 여겼을 것이며 지금의 현상(겉으로 드러나는 표면효과)을 중요시하지 않는, 오히려 지금의 현상을 통해 과거의 시간으로 돌아가려는 그들의 욕구가 시와 그림으로 표출되었다고 볼 수 있을 것이다. 또한, 명청(明淸)이래로 그림에 있어 '본뜸(擬)' '모방함(倣)' '곁으로 가서 있음(臨)'이라는 형식이 유행한 것이 그 시기 복고와 관련되어 있음을 알게 되면(『한국과 중국의 회화』, 학고재, 1999, 17~25면 참고 요) 이러한 순환적 사고방식에 대한 근본 뿌리가 단순히 지형학적 문제가 아닌 정신상의 유대에 있었다고 볼 수 있을 것이다.
14) 정신적인 이데아가 미학작품속에 내재하며 그것을 읽어낼 수 있다고 보는 사유는 플라톤적인 사유와 닮아있다. 그것은 이미지의 표면 확장이라기 보다는 안으로 세계를 넓히려는 정신적인 움직임이라고 볼 수 있다.

신적 세계에 다가가기 위한, 즉 완전한 순수한 의미의 이미지에 다가가기 위한 통과지점일 뿐, 그것자체의 이미지로서 특별히 의미하는 바는 없게 되는 것이다.

따라서 중국의 고전이미지에 대해 탐색하는 작업의 밑에는 글과 그림에 대한 그들의 사유와 기억, 그것을 저장하려는 움직임에 대한 근본적인 사유에 대한 통찰을 하게 됨을 의미하는 것이다. 그리고 그것이 '정신적 득도'에 초점이 맞추어져 있음을 알게 되는 것이다. 거기에는 그러한 과정의 형식적 표출인 흐트러짐(散)과 일정한 배치 (對)를 통한 이미지 전략이 있었던 것이다.

들뢰즈는 사건이 분산되면서도 통일체로서 나아가는 심리적 상태를 묘사한 이탈리아의 네오 리얼리즘을 언급함에 있어서 바로 이러한 '정신적 미학'에 대한 탐구를 놓치지 말 것을 당부하고 있다[15]. 사건에 대한 객관적인 묘사는 단순한 사건의 포착이 아닌, 심상의 연결 즉 머리 속의 이미지 산출이라는 것이다. 가장 객관적인 리얼리즘 안에서 그는 정신적인 이미지, 즉 '시간 이미지(Time image)'를 찾아냈던 것이다. 중국의 그림과 글자가 정신적인 이미지에서 출발하여 한가지 인식체계를 이루고 더 나아가 어떤 중국의 이미지를 구성한다면, 그것은 지금 들뢰즈가 말하는 그러한 시간 이미지의 미학을 고스란히 간직하고 있으며 그것이 중국고전이미지의 근간이 되는 것이 아닐까?[16]

---

15) *Gilles deleuse, transed by hugh tomlinson and robert galeta,* 『*Cinema 2*』*(Fifth printing; Minneaapolis:University of Minnesota Press, 1997), p.1*

16) 물론 들뢰즈가 말한 시간 이미지가 본인이 파악한 중국의 이미지 전략, 즉 득도라는 측면에 꼭 부합하는 것은 아니다. 그것은 단지 그가 말한 ― 적어도 그는 세 가지 이상의 시간이미지에 접근하는 방법을 말하였는데 ― 어느 한 종류의 시간이미지, 즉 선형적인 시간성을 가진 시간이미지에 한해서만 적용되는 것임을 밝혀둔다.

현대의 중국영화에서도 이러한 전통의식은 살아 있는 것일까? 아니면 정신적 탐구에 대한 미학적 형식은 서구의 모더니즘이나 리얼리즘의 전통을 흡수한 가운데 드러나는 단지 하나의 현상에 지나지 않는 것일까?

3. 이미지를 위한 시선의 이동

1) 눈의 상하좌우 움직임

　　위에서 살펴본 일정한 배치와 흩트리는 구조를 통한 형식적 배치법은 그것을 돋보이게 하기 위한 두 가지 시각 제어법과 만나게 된다. 그 첫 번째는 왼쪽에서 오른쪽으로, 혹은 오른쪽으로 왼쪽으로 이동하는 가로구성을 이루는 '좌우이동 시선법'이며, 그 두 번째는 아래에서 위로, 혹은 위에서 아래로 이동하는 세로구성을 이루는 '상하이동 시선법'이다. 즉 어느 한 방향으로 시선이 이동된다고 할 때, 그 시선의 이동시간에 따라 부분적으로 어느 한 공간과 함께 하도록 배치된 그런 시각 제어법이다. 그려질 당시의 공간과 시간은 한 폭의 그림이라는 또 다른 시간을 포함한 공간 안에서 일정한 시선의 흐름을 위한 단순 공간변형을 통해서 원래의 시간, 공간과 전혀 다른 이미지를 담게 되는 것이다. 그것은 확실히 보는 이의 시선을 제한하기 위해 제시된 시각 제어법이지만, 이렇게 주어진 한정된 시각 제어법으로 인하여 시각은 자유로와 질 수 있다. 그리고 이미

그림 2　元, 趙孟頫, 《鵲華秋色》, 國立故宮博物院 藏

지는 그렇게 정신적인 곳에 도달할 수 있게 된다.

그것은 바로 '두루말이식 구성'이라고 명명될 수 있는 것으로, 한 마디로 언제라도 그 공간을 '말을 수'있는, 즉 공간은 접혀졌다가 언제라도 다시 펼쳐질 수 있는 가변적 성질을 띤 특별한 형식을 지니고 있다. 그저 그것은 한낱 작은 종이와 비단이라는 매우 유연한 재질에서 기인할 뿐 인 것이다. 하지만 그러한 물질적인 두루말이가 펼쳐지면서 그 안에 담긴 정신적 공간이 펼쳐지게 된다. 또 이러한 두루말이에는 거는 것과 휴대하는 것 두 가지가 있으며, 바로 그것의 마는 방법에 따라 상하로 펼치는 것과 좌우로 펼치는 것이 있게 되는 것이다. 그리고 이렇게 말려 있었던 것이 '펼쳐져야' 그 그림의

감상이 완전히 완성되는 특성으로 인하여 시선은 그림을 한꺼번에 펼쳐진 한 전체로서 볼 수 있는 것이 아니라, 펼쳐지는 시간의 경과대로 혹은 그것이 위치하는 공간대로 위에서 아래로, 혹은 좌에서 우로 전체중의 일부로서 감상할 수 있도록 되어 있는 것이다. 그것의 전체적인 모습은 그것이 곡선의 상태에서 직선의 상태가 되는 한 지점에서만 가능하게 된다. 그리고 우리가 최종적으로 만나게 될 전체의 모습은 시간적으로 가장 마지막이 된다. 그것을 보는 이들은 그림이 펼쳐지는 시간과 공간에 따라 시각을 일정한 방향으로 이동하면서 전체 모습에 대한 개괄보다는 시간적으로 혹은 공간적으로 이루어지는 독립적 공간과 시간에 대한 감상기회를 제공받게

그림 3 王原祁《倣倪瓚設色山水圖》

되는 것이다.

　그것은 모든 것이 액자로 완성된 형태의 고정된 시선을 가리키는 것이 아니라, 시선을 따라 움직이는 눈앞에 펼쳐지는 공간 속으로 들어가는 감상자의 잠시 멈춰 기다리는 시간이 대기하고 있음을 가리키는 것이다. 시간은 공간을 따라 이동하면서 흘러간다. 따라서 관객은 유유자적하게 앞에 펼쳐진 공간 속에서 시선의 이끌림을 당하게 되는 것이다. 그리고 그것은 단순히 관객에게 그러한 공간과 시간을 '보여주는 것'이 아닌, 보는 이들의 동참을 요구하는 것이 된다. 관객은 그림 속에 형성된 공간과 시간으로 초대된다. 따라서 우리는 상하 혹은 좌우로 시선을 이동하며 어느 한 곳에 머물 수도 있으며, 혹은 그것을 따라 흘러가면서 서로 다른 것을 연결시켜 새로운 정신적인 세계를 그려 낼 수도 있다. 이것은 가시적으로 보여지지 않는 그 무엇을 관객만이 찾아낼 수 있다는 것을 의미하는 것이다. 그렇게 되면 관객의 영상이미지는 단순히 제시된 하나의 평면을 이루는 2차원의 회화 안에서 3차원적 자기만의 이미지 공간을 창출하게 되는 것이다. 그 공간에 '내'가 있게 된다. 그리고 나만의 '시간'이 그 공간 안에 들어가게 되는 것이다. 즉 2차원적 이미지는 시선을 좌우로 혹은 상하로 일정한 방향으로 혹은 분산되게 제어함으로서 그 안에 숨겨진 정신적인 도를 찾게 하고 관객만의 3차원적 영상이미지를 구성하게 되는 것이다.

　영화 《집으로 가는 길》(<我的父親母親(나의 아버지어머니)>, 廣西電影制片, 1999年出品)에는

그림 4 영화 《집으로 가는 길》

이러한 두루말이식 구성이 줄 수 있었던 시선 제어법이 카메라의 이동에 의해 그려지고 있다.

좌우로 펼쳐지는 카메라의 이동 공간 속에는 위에서 살펴 본 두루말이와 같은 풍경이 펼쳐지게 된다. 그것은 소녀가 처음 사랑을 만난 그 시점으로부터 사랑을 떠나보내는 시점까지 지속태로 보여지는 공간이며 또한 언제라도 사랑이 돌아올 것 같은, 그래서 추억의 시간이 지나간 공간이 된다. 이 공간은 따라서 왼쪽에서 오른쪽으로 무한히 펼쳐지며 바로 그 길을 바라보는 소녀의 회심 어린 시간과 일치하게 되는 것이다.

또한 문인산수화에서 보여지던 그림 속의 또 다른 이미지 구축으로서의 '싯구'활용은 다른 방식으로 이루어지고 있다. 그것은 이전의 문인 산수화에서 그림과 시가 함께 하는 방법대로 화면에 싯구를 적

그림 5 영화 《집으로 가는 길》

음으로서 차용된 것이 아니라, 싯구를 소리내어 '읊어주는' 청각적 효과로서 대치되고 있는 것이다. 처음 살펴보았던 중국의 전통시가 가지던 '청각적 미학'효과는 이렇게 그림과 소리가 결합된 영화 속에서 다시 빛을 발하게 된 셈이다. 영화 속의 소녀의 기쁜 마음 그리고 의미 있는 풍경은 선생님과 학생이 함께 읊어대는 싯구가 청각적으로 들려오는 부분이다. 소녀의 눈에 그의 사랑이 보이지 않아 아무 의미도 없는 공간에 이러한 소리가 부여되면 소녀는 생기를 얻게 되고 그로써 사랑의 의미를 알게 된다. 이렇게 현대 영화 속 청각적 이미지는 바로 문인화에서 보이던 싯구의 2차적 이미지 생성과 동일선상에 서게 되는 것이다.

2) 눈의 분산

위의 좌우나 상하로의 시선이동을 유혹하던 시선 제어법은 부분적으로 진행될 때는 '집중'을, 전체모습에 대한 개괄을 할 때는 '분산'을 요하는 매우 특이한 구조라 할 것이다. 집중을 요하는 부분적 공간에서는 상대적 시간을 가지는 것과 같은 양의 감정이입이 필요하다면, 시선을 모두 흩트리는 분산의 구조를 가진 전체공간에 대해서는 위의 경우와 정반대인 감정의 자제순간이 오면서 오히려 작품과 유리되어 객관적으로 바라볼 수 있는 미적 탐조의 순간에 대한 경험을 요하는 것이다. 부분에 대한 감정이입이 끝난 순간에 전체에 대한 감상이 오는데, 이때야 비로소 작품의 전체구조와 색감, 그리고 진정으로 물질적 표면효과에 대한 탐색을 시작하게 되는 것이다. 바로 이러한 2차원 미적 세계의 집중의 순간에 이어 분산의 시간을 가지는 방법은 3차원 공연예술에 와서 체현된다. 그리고 3차원적 공연예술에서는 회화에서 이루어진 것과 정반대로 먼저 전체적 감상이 그다음에 부분적 감정이입으로 행하게 된다. 즉 무대 위의 이미지는 전체적인 미적 관조가 선행되고 그 다음단계로 감정이입이 가능하게 된다.

경극 속의 '롱타오(龍套)'는 바로 그러한 목적으로 배치된 인물소품이랄 수 있다. 그들에게는 주어진 역할이나 대사도 없다[17]. 단지 무대 위의 아름다움을 위해 '배치된'무대효과 가운데 하나로서 기능할 뿐인 것이다.

죽 줄을 지어 나오느냐 장화를 벗는 모양으로 뒤집어져서 모양을

---

17) 이것은 서양극에서 보이는 행인 1,2 와는 다른 역할을 수행한다. 즉 행인 1,2 는 극 속의 '서사 안에서' 빠져서는 안될 한 인물로서 기능 하지만, 중국에서의 롱타오는 서사 속에서 기능하기 보다는 공연양식 속의 '무대효과에서' 빠져서는 안될 요소로서 기능하고 있다.

이루느냐 태극모양을 이루며 무대를 화려하게 할 것인가 하는 문제
는 순전히 그것의 미학적 문제와 연관이 될 뿐이며 그것이 극 서사
의 흐름 속에서 차지하는 위치는 매우 미미한 것이다. 그러한 무대
효과를 위한 배치는 어떤 중요한 것을 의미하는 사전 경고라던가 서
사적 기능을 하기보다는 그리고 극 속에서의 무엇을 의미하는 상징
기호로서 작용하기보다는 전체적인 무대미학을 위해 쓰여진 이미지
전략가운데 하나 일 뿐 인 것이다.

영화 속에서의 미장센과 같은 완벽한 화면효과 구성[18], 그것이 바
로 무대 위에서의 대칭을 이루는 것이며 그것이 바로 그림 속 그리
고 시 속에서의 배치와 마찬가지로 많고 적음의 대비, 흐름과 정지
의 대비 등을 이루게 되었던 것이다.

그림 6 京劇 《白蛇傳》 가운데 보이는 롱타오

그리고 미학효과를 가지기 위한 분산배치는 극 속의 이야기나 감
정이입과 다른 미적 층위에서만 존재의 가치가 있었던 것이다.

---

18) 실제로 롱타오가 몇 명이 나올 것인가 어느 곳에 배치될 것인가의 문제는 영
화 속의 미장센과 같은 효과를 이루게 된다. 물론 영화가 애시당초 연극과의
연관성을 떠나지 않는다는 사실에 비추어 본다면 서양영화에서의 미장센과 동
등하게 롱타오의 미적효과는 당연하다고 평가할 수 있을 것이다. 그리고 특별
히 중국영화 속의 중국전통이 깃들인 미장센의 효과를 낸다면 그것은 바로 이
러한 롱타오들의 활용법과 긴밀한 관련성을 지닐 것이다.

4. 상대적 시간과 이미지를 위한 미감

영화에서는 카메라 눈(앵글)의 움직임이 시간과 공간을 자유롭게 하고 있다. 특별히 중국무협을 소재로 한 영화의 경우, 시간과 공간에 대한 자유로움은 극치를 더하게 된다. 실제로 싸우는 것 보다 훨씬 과장되고 비현실적이지만 그것은 어떠한 현실묘사보다 더한 쾌감과 미감을 준다. 그리고 관객은 비현실적인 격투씬(scene)안에서 훨씬 더 현실적인 쾌감을 전달받게 된다. 최근 디지털 기술을 이용한 '동(動)-정(靜)-동(動)'19)의 움직임을 조절함으로써 얻게 되는 자세한 묘사는 관객들로 하여금 훨씬 더 '실제'에 가깝게 느끼도록 하고 있다.

그림 7 영화 《matrix》

어느 순간은 확대되었다가도 어느 순간은 잽싸게 지나간다. 그리고 정신적으로 긴장된 순간, 화면은 멈춘다. 이 모든 것은 마치 카메라의 편집기술에 그것이 달려 있는 것 같다. 그리고 그것은 현실이 아닌 영화에서만 가능한 화면이라고, 정확히 말하면 기술의 영역문제라고 생각해 버리게 된다.

하지만 실시간 공연되는 중국의 전

그림 8 京劇 《擋馬》

통극에는 물리적 시간을 간과한 움직임들이 있다. 실제 감정을 넣을

---

19) 이것은 실제적으로 영화 안에서 '빠른 움직임 - 순간정지 - 다시 빠른 움직임'이라는 차례를 밟는데, 중간의 정지순간은 '스톱모션(stop motion)'이나 '클로즈업(close up)'과 같은 효과를 발생하게 된다.

수 있는 최고조에 매우 **빠른** 이 동작들은 위험천만한 태도를 취하고 서 '정지'한다. 바로 위에서 살펴본 '빠른 움직임-순간정지-다시 **빠른** 움직임'의 움직임이 이루어진다. 그리고 모든 시간은 제멋대로 늘었다가도 줄어든다. 결과적으로 관객들에게 현실감이 전해지는 것이다. 움직임 속의 정지미학을 창출한 이러한 격투씬은 상대적 시간을 가지게 하는 것이다. 하지만 이러한 미적 감각을 던져 준 격투씬은 정작 서사의 중심부 바깥에 위치하고 있다. 그럼에도 불구하고 실제 상연 시간 가운데 가장 긴 부분을 차지하고 있는 것이다. 즉 중국의 전통극[20]에서 중요한 감정이입은 서사바깥에 위치하면서 '보여지는 행동'의 연속에 있다고 할 수 있다.

말하자면 앞에서 살펴본 시와 그림이 가질 수 있었던 부분적으로 행해진 상대적 시간과 공간에 대한 미학효과는 무대 위에서 이러한 서사바깥에 위치한 감정이입순간의 확대로서 이루어지고 있었던 셈이다. 시와 그림에서 정신적으로 얻을 수 있었던 그 무엇이 그림으로 그려지고 시로 쓰여지듯 공연에서도 정신적으로 얻을 수 있는 감정선과 맞닿은 부분만이 서사의 중심을 차지하고 있는 것이다. 그리하여 중국의 전통극에서 서사라는 것은 언제나 뻔하고 단순하지만 그러한 단순서사에 어떻게 감정이입을 그려낼 수 있는가에 따라 충분히 관객들과 함께 호흡할 수 있었던 것이다.

사실 중국의 전통극 안에는 많은 격투씬이 존재해 왔다. 이것의 원류를 따지자면 한대(漢代)의 각저희(角抵戱)로부터 시작하겠지만, 중요한 것은 단순한 씨름에 불과 하는 그리고 서사거리가 되기에 불충분한 잡기 형태의 연출이 어떻게 극 속으로 들어와서 극적인 미학효과를 거둘 수 있었는가 하는 문제에 있을 것이다. 왜 서사 속에

---

20) 여기서 말하는 중국의 전통극은 주로 현재에 볼 수 있는 중국고전극의 대명사 '경극(京劇)'을 지칭하는 것이다.

격투씬이 들어가야 하는가 그리고 그것은 무엇을 의미하는가. 상대적 시간과의 연관성은 무엇인가.

그림 9 漢代 百戲 공연모습

격투씬들이 관객의 흥미를 불러일으키는 지점은 바로 이 편과 저편으로 나누어 어느 한쪽을 지지하도록 유도하는 그러한 흥분상태와 결과론적으로 얻게 되는 야만적이고 원시적인 잔인함을 지닌 카타르시스[21]가 될 것이다. 그리고 '어떻게' 상대방을 제어하는가 하는 각 순간들의 다면체적인 구성은 관객들에게 격투에 참여하는 것 이상의 격투씬 자체가 주는 운동감에 의미를 부여하도록 유도한다. 이러한 종류의 카타르시스 위에는 위험천만한 순간에 대한 아찔함도 포함될 것이다. 따라서 한대(漢代)에는 이러한 각저희 말고도 기타의

---

21) 여기서 카타르시스는 배설의 의미를 가지고 있는 것으로, 흥분되었다가 자신이 지지하고 있는 쪽에서의 승리로 인해 순간 배설되는 기분을 말하는 것이다. 나를 대신하는 싸움꾼은 또한 그러한 잔인함이라는 사람들의 욕망을 몸에 실은 희생물로서의 기능할 것이다.

많은 서커스묘기와 같은 공연들이 자행되고 있었다. 극의 서사와 관련 없을 것 같은 이러한 위험천만한 볼거리들은 이후 극 속의 한 요소로서 편입되게 된다. 즉 정신적 쾌감을 맛보기 위한 상대적 시간부분은 감정의 최고조에 달하게 되고, 격투신과 묘기는 그러한 목적을 달성하기 위해 극 속으로 투입되었던 것이다.

그림 10
영화 성룡의
《Rush Hour》

그림 11 헐리우드 영화 《007》

　흥분과 비현실적인 다면체적 구성이 주는 실제와 같은 쾌감. 그것이 정서적으로 느끼는 상대적인 시간과 결합되면서 스토리 라인에 중대한 변화를 초래하게 된다. 스토리를 구성하는 플롯에 있어서 그러한 상대적인 시간은 물리적인 시간을 넘어서게 된다. 전체 스토리 라인에서는 간과할 수 있는 부분이 전통적 방식에 따른 플롯구성을 거쳐 확대되는 것이다. 그것은 바로 단순히 '보여주는 것'만이 아닌, 보고 참여하는 것으로의 유도인 것이다. 이것은 점이 면이 되는 순간[22]인데, 즉 일정하게 흘러야 할 선을 이루는 스토리 라인은 어느 순간에 뭉쳐져서 면으로 확대되고 결과론적으로 그것이 스토리라인의 어느 한 부분을 이루면서 진행되는 방식을 취하게 되는 것이다. 이러한 구성에서는 단순한 격투가 문제가 아니라 그러한 구성이 줄 수 있는 정신적 쾌감 자체에 중요한 방점이 가게 되는 것이다. 그것은 이야기의 흐름을 위한 배치가 아니라 바로 감정으로의 몰입, 그리고 정신적인 것으로의 초대를 위한 상대적 시간을 잠시 갖는 것을 의미하는 것이다.

그림 12
영화 성룡의 《Nice Guy》

그림 13 영화 성룡의 《Police story3》

　A와 B가 대치되는 구성 그 자체는, 어떻게 하여 상대방을 제어하였다는 것만으로 훌륭한 스토리를 가지는 것이 아니라, 그 둘

---

22) 졸고, 「느낄 것인가 읽어낼 것인가」, 『디자인 문화비평06』(안그라픽스: 2002), 323~324면.

의 대치상황에 대한 관객의 감정초대 그리고 그들의
감정몰입 유도가 있다면 그것만으로도 충분히 좋은
스토리가 될 수 있음을 의미했던 것이다. 이것이 바
로 성룡이 그 수많은 뻔한 스토리를 단 한번도 라인
을 바꾸지 않은 채 지속시키는 이유가 되는 것이다.

그림 14 영화 성룡의 《Accidental Spy》

즉 스토리라인의 흐름을 읽어내는 것이 아닌, 스토리 속의 감정으로
의 몰입을 위해 쓰였던 중국극 속의 격투신과 묘기들은 상업적 홍콩
영화 속에서 충분히 활용되었던 것이다.

그래서 중국 전통극 상연예술에서는 이러한 단순한 격투씬만으로
도 극 속의 절대적 시간을 늘여서 상대적 시간을 얻을 수 있었던 것
이다. 그리고 그러한 시간을 통해 얻게 되는 관객들의 쾌감을 적극
적으로 수용하여 새로운 운동미학을 구성하게 되었다. 그것은 단순
히 볼거리만을 제공하는 것이 아니라 그 자체로서 완
벽한 시간이미지를 가지기 위한 조건으로서 기능하도
록 말이다.

양편으로 나뉘던 진영은 상대적으로 대칭을 이루며
아울러 전통시에 보이던 기법과 같이 한 쪽이 직선인
경우 상대방은 곡선으로, 또 발의 공격에는 손의 수비

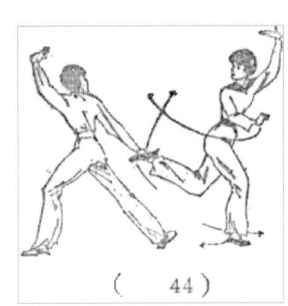

(44)

그림 15 京劇 把子 기본동작

로서 그 대비를 이루어 완벽한 운동미학을 구성하였던
것이다. 이것은 단순한 격투만을 의미하는 것이
아니라 그러한 감정의 승화를 불러온다. 그리고
눈앞에서 실제로 벌어질 수 있는 격렬한 싸움은
그것 자체로 묘사될 때 미학감을 주는 것이 아니
라 바로 이러한 변형을 통해, 그리고 완벽한 계
산아래서 감정 몰입을 더하며 또한 정신적 몰입

그림 16 영화 성룡의 《Accidental Spy》

그림 17 京劇 把子 기본동작

그림 18 영화 성룡의 《Shanghai-noon》

으로서의 시간을 가지게 되는 것이다. 야만적인 기분은 속으로 감춘 채 미학적 승화를 맛보게 되는 지점이랄 수 있을 것이다.

영화속의 성룡의 격투씬은 위에서 보이는 정교한 대칭의 미학을 이루는 동작이 카메라의 역동성에 의해 더욱 현실감 나게 펼쳐지게 된다. 그리고 그의 대칭 미를 이룬 동작은 실제로 일어날 수 있는 어느 격투씬보다도 훨씬 더한 실제감을 선사하게 된다. 완벽하게 짜여진 그리고 세련된 동작을 통해 그 안에 내재된 카타르시스를 느끼게 하며 실제감에 호소하게 되는 것이다. 따라서 곧장 걸어갈 길도 재주를 넘으면서 넘어가게 되며 높은 곳에도 이러저러한 곡절을 겪으며 위험천만한 상태로 아슬아슬하게 '기어'올라가면서 상대적인 시간을 가지게 된다. 그 시간은 바로 순간적인 위험의 시간이 길게만 느껴지는 그러한 시간인 것이다.

이렇게 되면 그의 액션씬의 시간은 관객의 심리에 부합하여 길어지게 될 것이다. 그리고 이것은 전체 영화스토리라인에서는 매듭지어진 시간으로서 존재하게 되고 또 스토리 라인을 방해하기까지 할 것이다. 그럼에도 불구하고 이러한 카메라의 자유로운 시간의 배열이 그의 영화를 존재하도록 만든다. 그리고 바로 그러한 '쓸데없는' 묘사만이 더욱 사실적인 미를 창조하게 된다는 사실이 우리를 주목하게 만드는 것이다.

5. 나오는 말

그렇다면 시와 그림, 그리고 전통상연양식에서 보이는 이러한 상대적 시간을 가지기 위한 정신에 호소하는 이미지 미학이 현대영화와 어떠한 관련성을 가지며 또한 무엇을 의미하는가?

중국전통방식에서 얻고자 했던 것은 하나의 일관됨을 가진다. 즉 정신으로부터 출발해서 정신적인 곳에 도달한다는 것이다. 상하로 길어지건 좌우로 늘여지건 상대적 시간을 가지기 위해서는 공간 속의 각자의 위치를 점해야할 필요성이 있었다. 그리고 상연 속에서는 그러한 따로의 공간이 서사를 방해하기까지 하였다. 그리하여 전체 모습 속의 그러한 상대적 시간을 가졌던 부분들에 대해서 가치를 부여한다는 것은 매우 가치가 없는 일처럼 보이기 쉽다. 산을 그렸으면 산이고 나무를 그렸으면 나무이면 될 것을, 산은 꼭대기만 그려져 있을 수도 있고 그 반대로 자질구레한 모든 묘사가 있을 수도 있다. 득도한 한 부분에 대해서만 확대되거나 혹은 생략될 수도 있다. 그래서 전체 화폭의 모습을 본다던가 혹은 전체 작품으로 봤을 때 이러한 감정이입의 순간을 지닌 부분의 모습들은 '부조화'스럽기까지 한 것이다. 그리고 대칭구도로 배치한 그것들이 전체 속에서 아무 의미가 없다고 판단되게 되면 미학적 의미를 잃는 듯 하다. 그 반대의 지점에 서있는 전체 모습에 대한 의미 역시 미적 관조에 지나지 않기 때문에 의미가 없어 보이는 것 같다.

그것은 부분적으로 잠시 잠깐의 감정몰입과 자체 미학을 완성시키고 있음에도 불구하고.

90년대 이후 중국의 6세대들의 영화가 서구 산업화에 물들어 그저 광고나 MTV와 같은 현란한 카메라 기술에 매달린 나머지 자아의식추구가 이루어지지 않았다고 한다.[23] 또한 그것이 소비문화에서

그림 20 영화 《墮落天使》

나타나는 한 경향으로 파악되기도 한다. 종잡을 수 없는 스토리 라인과 상세한 세부묘사, 그리고 현란한 카메라의 움직임들. 이것은 그렇게 소비문화 속의 현대인의 심리를 대변하고 있다고 평가된다. 한마디로 아무 의미 없는 화면들이 죽 늘어서 있다는 것이다. 그것이 미학은 아니다. 상품을 소비하듯 화면을 소비하였다고 판단한다. 하지만 이러한 상대적 시간들과 움직임 속의 정지와 같은 정신적 묘사는 단지 기술도입만의 문제라거나 소비문화와 관련된 소비양식의 한 패턴으로만 해석될 문제는 아닌 것이다. 그리고 '의미 없이' 아름다운 화면을 구성하지 않는다. 즉 서양만의 산물이거나 혹은 시대가 만들어낸 유행이 아니라는 것이다. 그 안에 흐르고 있는 상대적 시간들은 이미 중국의 전통적인 이미지 전략 안에서 겪을 수 있었던 미적 감흥이다. 나아가 그것은 어느 한 지역의 혹은 한 시대의 산물이 아닌 인간 내재적인 정신적 미 추구와 선이 맞닿아 있는 것이다.

연꽃으로 부처의 미소를 알아낼 것이냐 너스레를 통해서 엑스터시를 느낄 것이냐, 그것은 한가지에 도달하기 위한 서로 다른 방법일 뿐이다. 따라서 중국영화에서는 바로 이러한 감정이입과 객관적 미적 관조는 같이 가게 되며 모더니즘이라는 세례아래서 혹은 다큐멘터리라는 포장 앞에서 원래 있었던 전통을 자기도 모르게 드러내기도 하며 혹은 드러난 전통을 부정하기도 하는 것이다. 분명한 것은 시간이 지나도 같은 공간에서 이루어지는

그림 19 영화 《重慶森林》

---

23) 이상의 논의는 뤼샤오밍(呂曉明)의 「90년대 중국영화모습 가운데 하나: "제 6 세대"와 그에 대한 질의(90年代中國電影景觀之一:"第六代"及其質疑)」(『拓展中的影像空間』(北京廣播學員, 2000), 304면)에서 거론되었음.

경험과 기억의 축적은, 그리고 그들이 겪는 시간 속에는 수많은 전통의 영겁들이 함께 하고 있다는 것이다.

그리고 서양에게 '보여진' 타자화된 중국이라고 여겨지던 산물들도 그것이 인간에게 즐거움을 줄 수 있는 한, 협소한 포스트 콜로니얼로 해석될 문제가 아닌 진정한 '내심'속의 미학으로 자리 잡을 것이다. 그것은 가짜 전통24)이 아닌 나의 정신세계 탐구를 위한 미의 노정으로서 숙고될 것이다.

그림 21 영화 《matrix》

(김영미, 이화여자대학교 강사)

---

24) 가짜 전통에 대한 것은 중국내의 영화비평에서는 상당한 공격을 받은 것으로서, 우리가 흔히 알고 있는 제 5세대 감독들의 중국 전통 팔아먹기 작전에 대해서 '가짜 민속 코딩화(僞民俗編碼)'라는 오명을 씌워 주었다.(이상의 논의는 왕더셩(王德生)의 「지금 중국영화의 문화분석(當前中國電影的文化分析)」『當代電影理論論文選』(北京廣播學院, 2000), 326면), 라오쒀꽝(饒朔光)의 경우는 이러한 국외시장을 겨냥한 영화산업에 대해서 미적 가치의 절대적 기준을 반드시 국내수요에 둘 것을 당부하는 언조로 민족주의를 내세우는 국수주의 경향마저 보이고 있다.(「신시기 이후 10년간 영화사조의 변화(論新時期後10年電影思潮的演進)」『新中國電影50年』(北京廣播學院, 2000), 313면) 등에 모두 거론되어 있다.) 이 외에도 대부분의 대륙의 영화계 학자들은 국외에서 상을 탄 영화(가령 《패왕별희(覇王別姬)》라든가 《홍등(紅燈)》과 같은 것을 즐길 대륙의 관객이 없다고 한다)들이 결코 '중국의 전통'이 아니라는 것에 대체적으로 찬동하고 있다.

그림 1

金農, 《赤壁賦圖》, 『詩畵合璧冊』중, 출전:『중국회화의조형의식연구』, 김병
종 저, 서울대학교출판부, 1989년, 159면

<적벽부>는 왕유의 시와 화의 합일을 추숭한 소식의 작품이며, 금농은 왕유-
소식으로 이어지는 정신을 계승하려는 회화유파의 경향을 보여주고 있다.

그림 2

元, 趙孟頫, 《鵲華秋色》, 國立故宮博物院 藏, 『중국회화의 조형의식연구』,
154~155면

이 그림은 오른쪽에서 왼쪽으로 가면서 '뾰족한 산'과 '둥근 산'이라는 전혀
다른 모습의 산들을 보여줌으로서 한 화폭에 두 가지 다른 그림이 있는 듯한
느낌을 전달해 주고 있다.

그림 3　王

그림 4　영화 《집으로 가는 길》

하단부분은 펼쳐진 길 위의 장사(葬事)모습으로 여기의 이 '길'은 영화 내내
반복되어 나타난다. 또한 영화에서 그 길은 좌에서 우로 혹은 우에서 좌로 이
동하는 카메라의 시선대로 전개됨으로서 한 화면 안에 가둘 수 없는 두루말
이와 같은 편폭의 길이감을 주려 시도되고 있다. 다시 상단부분과 연관을 보
게 되며 그들과 관련된 주인공 둘이 클로즈업으로 위치함으로서 상하의 연관
성을 보여주는 동시에 서로 다른 미학효과를 보여주고 있다.

그림 5　영화 《집으로 가는 길》

선생님이 아이들과 함께 부르는 동요는 그녀의 마음을 움직이게 하는 요소로
작용하는데, 특히 이 영화에서는 시를 '쓰는'효과보다 '읊어주는'효과로서 문
인화와 같은 느낌을 전달하고 있다.

그림 6　京劇 《白蛇傳》

왼쪽은 《백사전》 수중전으로, 롱타오들이 물 속임을 표시하는 물색의 깃발을
흔들고 있다. 그녀들의 머리 위에는 물고기들 형상이 있음으로서 그녀들은
완전히 바다 속 한 '배경'으로 기능하고 있다. 또한 오른쪽은 《백사전》 가운
데 곤륜산전으로, 앞에 한 사람은 학장군이며 뒤의 여러 명은 그의 부하임을
나타내고 있다. 여기서 롱타오는 일대 다로서의 기능, 즉 미적인 효과를 위해
서 배치된 롱타오들로서, 사람으로 등장하지만 역시 이러한 배치 속에서는

완전히 그 무대 효과를 위해서 배치된 '배경'에 지나지 않음을 알 수 있다.

그림 7 영화 《matrix》
화면 정지된 모습은 그 최고조에 달할 때이며 이것은 디지털효과를 거쳤다.

그림 8 京劇 《擋馬》
실시간 이루어지는 공연에서 **빠른** 동작 사이의 잠시의 '정지'시간을 가짐으로서 **빠른** 역동적 미학을 더하고 있다.

그림 9 漢代 百戱 공연모습
한대 백희에서 상연된 프로그램에는 다음과 같은 것이 있었다.

잡기 부문	솥들기(扛鼎), 장대 오르기(尋橦), 원 사이통과나 칼 사이통과(沖狹), 높이 뛰어오르기(燕躍), 공 던지기(躍丸), 줄타기(走索), 칼 삼키기(呑刀), 불 내뿜기(吐火), 아이 목말 태우기(侲童)
요술부문	땅에 그림 그려 놓고 냇가로 바뀌게 하기(畵地成川), 입 속에 물로 양치하다가 뿜으면서 안개 만들기(漱水成霧), 칼을 삼켜 놓고 내뿜을 때는 불이 되게 하기(呑刀吐火), 모습 바꾸기(易貌分形)
기타	동물모양의 가면 쓰기, 큰 수레 타고 공연하기 등등

(이상은 『中國戱曲史話』, 12면)

그림 10 영화 성룡의 《Rush Hour》
그림 11 헐리우드 영화 《007》
그림 12 영화 성룡의 《Nice Guy》
그림 13 영화 성룡의 《Police story3》
그림 14 영화 성룡의 《Accidental Spy》
이와 같은 물이나 불, 칼 등 위험천만의 상황을 영화 속에 삽입하여 스토리와 상관없는 볼거리를 제공하며 관객들의 심리를 압박하는 게임과 같은 법칙은 헐리우드 영화의 공식이라고도 할 수 있을 것이다.

영화 《Die hard》

그림 15 京劇 把子 기본동작
이것은 파자공 가운데 다리를 이용하여 상대방을 제어하는 기술로서 "티아오 쿠웨이 씽(跳魁星)"이라는 전문용어가 있다. 여기서 보면 다리에는 팔, 곡선에는 직선으로 상호반대가 되는 짝끼리 공격에 대한 방어를 진행함으로써 역동미를 더하고 있음을 볼 수 있다.

그림 16 영화 성룡의 《Accidental Spy》

그림 17 京劇 把子 기본동작

이 동작은 무기(칼)를 이용했을 때의 공격과 반격법으로서, 자세히 살펴보면 곡선으로 내리치고 있는 것에 대해 직선으로 막고 있으며 공격의 자세가 일직선에 상하로 조정되어 있는 것에(다리가 한쪽이 들림)비해 상대방 수비측은 훨씬 더 안정된 자세로서(두 다리는 곡선으로 안정되어 있다)아래에 좌우로 조정되어 있음을 볼 수 있다.

그림 18 영화 성룡의 《Shanghai-noon》

위에 보이는 把子기본 동작과 정확히 일치하는 모습을 볼 수 있다.

그림 19 영화 《重慶森林》

움직임 속의 정지를 나타내는 이러한 화면 구성은 모더니즘계열로 파악된다. 그리하여 이러한 화면구성이 '도시'라는 소비문화공간 그리고 현대의 공간에서 이루어지게 하였다는 사실은 의미심장하다.

그림 20 영화 《墮落天使》

이 영화 역시 광고를 찍던 이들의 광고수법을 흉내내어 아무 줄거리가 없다고 비난받은 작품으로서 현대인들의 왜곡된 심리를 이러한 확대경을 통한 클로즈업으로 마무리됨을 볼 수 있다. 이것은 그들의 심리로 다가가 위한 그리고 그러한 심리적 묘사를 위한 기법으로 활용되었다는 점에서 역시 정신적 추구를 위한 한 기법임을 발견할 수 있게 된다.

*그림 19와 20은 홍콩영화로서 6세대 영화장면 구성에 법칙을 제공한 이들로서 선택되었다.

그림 21 영화 《matrix》

화면에서 보이는 일본의 다다미방과 중국홍콩 무술을 연상시키는 고공 낙하법 그리고 다시 가라데 옷을 입은 서양의 흑인과 백인은 지구촌의 모든 것이 섞여 있어 아무런 전통도 의미할 수 없는 국적불명의 화면이 되고 있다. 하지만 여기서 중요한 것은 그것의 전통이 무엇이냐를 따지는 것이 아니라 오히려 다음과 같은 질문을 가능하게 한다는 것이다. "그렇다면 무엇을 바로 잡을 것이냐"그것이 우리에게 내려주는 전통에 대한 진정한 해답일 것이다.

VII

고도춘몽(孤島春夢)

VII 고도춘몽(孤島春夢)

-홍콩영화 일람-

1. 들어가는 말

영화는 예전 같으면 상상도 못했을 새로운 의사 전달 장치의 하나로서 전화, 라디오 등과 함께 등장하였다. 그 후 영화는 많은 대중들에게 다가갈 수 있는 쉽고도 값싼 수단을 제공하였다. 이런 발명품들은 대중에게 필요한 정보를 제공함으로써 각종 사상을 전달하는 수단으로 환영받았다. 이제 영화는 누구도 부인할 수 없는 최고의 영향력을 지닌 의사전달 장치이다. 이를 잘 간파하고 있는 미국의 독점 자본가들과 다국적기업들은 헐리우드를 장악하여 대중의 귀와 관심을 사로잡고 그들을 세뇌하는 도구로서 사용하고 있다. 대중의 사고를 세뇌하는 작업은 과학적 차원이 되어버렸다. 여러 매체가 밝혔듯이 미국 정부는 자국의 영화를 십분 활용하여 팍스 아메리카나의 확산에 매진하고 있다. 그 결과 현재 세계 영화시장의 패권은 미국 영화가 잡고 있다고 해도 과언이 아니다.

한편, 과거 세계 영화시장의 변방에 놓여 있던 중국영화가 무서운 속도로 발전하고 있다. 중국영화(또는 중화영화)라고 하면 지역적으로 대륙영화와 대만영화, 그리고 홍콩영화를 함께 포함하는 개념이라고 하겠다. 또 언어적으로는 중국어─보통화와 광동화와 국어를 포함하는─를 사용하여 만든 영화를 가리킨다. 중국인 감독이 국외로 진출하여 찍은 영화는 작가 연구에 있어서는 포함시킬 수도 있겠다.

　　이전까지 대륙과 대만 및 홍콩은 자체적인 발전 과정을 보여 왔다. 그 중에서 홍콩은 정치, 경제, 사회, 문화적인 특수성으로 인해 아시아에서도 일찍부터 영화산업의 발전을 보여주었다. 홍콩은 영국의 식민지로서, 자유무역항으로서, 현대도시문명의 결정체라고 할 만 하다. 홍콩의 영화는 이처럼 홍콩 경제의 발전에 힘입어 성장하였다. 자연스럽게 동서양의 문화 교류가 깊이 있게 진행되었다. 그러나 그 결과 인류 문명의 장점 보다는 단점이 더욱 부각되었다. 영화가 오락성과 예술성 및 교육성(정치성, 사회성)을 담고 있다고 볼 때, 홍콩 영화는 철저하게 자본에 의해 대중의 현실적 고통을 마비시키는 오락성에 충실하였다. 홍콩이 '아시아의 진주'로 거듭 날 때까지 수많은 하층 노동자의 노동력이 착취되었다. 하늘을 찌를 듯 올라가는 마천루의 그늘 속에서 하층노동자들은 장시간의 노동으로 홍콩의 역사를 이어갔다. 홍콩의 대중에게 영화는 잠시 동안의 즐거움을 선사하였다. 때로는 애국심에 호소하기도 하고, 사랑에 호소하기도 하였으며, 때로는 코미디와 무술 장면으로 그들의 피로를 잠재워 주었다. 그러나 그것은 일종의 마약이었다. 영화사와 영화제작자 및 감독은 정해진 제작방식에 의하여 홍콩이 가라앉지 않고 계속하여 영롱하게 빛날 수 있도록 영화를 만들어 나갔다.

　　따라서 '홍콩영화'는 수많은 기호들이 씨줄과 날줄로 엮여져 있다.

북방화와 남방화로 대표되는 언어의 차이, 북방인과 남방인으로 대표되는 지역의 차이, 자본주의와 사회주의로 대표되는 사상의 차이, 정치와 경제에서 보이는 가치관의 차이, 서양문화와 동양문화로 대표되는 문화의 차이, 대륙으로 귀속된 이후의 탈홍콩 현상과 친중국 및 친대만계의 향방 등 다양한 성격이 어우러져 홍콩영화를 구성하여 왔고, 지금도 진행 중이다.

채홍성(茱洪聲)은 「홍콩영화 80년(香港電影80年)」이란 글에서 홍콩영화의 발전과정을 6시기로 구분하였다. 그래서 1913년부터 1930년까지를 맹아기로, 1930년부터 1941년까지를 성장기로, 1941년부터 1949년까지를 회복기로, 1949년부터 1966년까지를 번영기로, 1967년부터 1978년까지를 전환기로, 1979년부터 현재까지를 다원화시기로 나누었다. 이제 그의 구분에 따라 홍콩 영화의 발전 맥락을 짚어보도록 하겠다.

2. 홍콩영화의 과거

홍콩이 영화와 인연을 맺게 된 시기는 1897년이다. 다 알다시피 1896년 프랑스의 뤼미에르 형제가 영화를 발명하였다. 다음 해인 1897년, 뤼미에르 형제는 몇 명의 기술자를 동양으로 파견하여 자신들의 발명품을 선전하고 동양의 풍경을 담아오도록 하였는데, 그 첫 번째 기착지가 바로 홍콩이었다.[1] 그 후 여풍순(餘豊順)과 양소파(梁少坡) 등의 노력으로 기초적인 작업들이 이루어졌다.[2]

---

[1] 순수하게 상영만을 놓고 보면, 대륙의 상하이(上海)가 1896년 8월로서 가장 빨랐다.

[2] 1904년 여풍순은 외국에 나가 영화 상영 기술을 익히고 상영 장비와 작품을 사가지고 돌아와 장비를 대여하거나 작품을 상영하였다. 양소파는 홍콩에서

1) 맹아기

온전하게 홍콩인과 홍콩 영화사에 의해 만들어진 첫 번째 작품은 1913년에 나온 《장자가 아내를 시험하다(莊子試妻)》였다. 이 해 홍콩에서 '인아영화사(人我鏡劇社)'를 운영하던 여민위(黎民偉) —어떤 책에서는 여명위(黎明偉)라고도 표기함—가 홍콩 최초의 영화제작기구인 '화미영화사(華美影片公司)'를 만들어, 스스로 이 영화의 각본을 씀으로써 홍콩영화사의 시작을 알렸다. 이 작품은 월극(粤劇) 《장자의 나비 꿈(莊周蝴蝶夢)》 가운데 '무덤을 말리다(扇墳)' 단락을 개편한 것이다. 여북해(黎北海)가 감독을 맡았고, 여민위가 여주인공인 장자의 아내를 맡았으며, 여민위의 아내인 엄산산(嚴珊珊)이 부채질을 하여 무덤을 말리는 시녀 역을 맡았다. 엄산산은 홍콩의 의덕(懿德)사범학교를 졸업하고 신해혁명 당시 광동북벌군의 폭파부대에 참여하기도 했던 신여성이었다. 그녀는 《장자가 아내를 시험하다》에 출연함으로써 중국영화사상 첫 번째 여자 배우가 되었다.

그 후 여민위는 자금과 설비 부족으로 고전하다가 1921년 새로운 전기를 맞이하였다. 사촌형제인 여해산(黎海山)과 여북해의 자금 지원을 받고 양소파 등의 기술 지원에 힘입어, 5만원의 자금을 모아 '신세계극장(新世界戲院)'을 건립하였다. 이 후 1923년 5월에 '민신영화사(民新影片公司)'를 정식으로 출범시켰다. 민신영화사는 외국에서 신식 촬영기자재를 사들이고 헐리우드의 관문청(關文淸)을 고문으로 초빙하여 《홍콩의 풍

여민위가 장자의 아내역을 맡은 《장자가 아내를 시험하다》의 한 장면.

엄산산(중국 최초의 여배우)

《구운 오리를 훔치다(偸燒鴨)》라는 단편을 찍어 미국인 벤자민 브레스키가 투자하고 경영하는 상해의 '아시아영화사'에 출품하였다.

경(香港風景)》,《중국국민당전국대표대회》,《손문 선생의 북상(孫中山先生北上)》 등의 다큐멘터리와 《연지(臙脂)》 등의 드라마를 찍었다. 《연지》는 청대의 단편소설모음집인 《요재지이(聊齋志異)》에 실린 동명소설에서 소재를 끌어와 여북해와 여민위가 공동으로 감독을 맡고 여민위와 임초초(林楚楚)가 주연을 맡은 작품으로 상영 후 관중의 많은 호응을 받았다. 그러나 홍콩에 촬영장을 건립할 수 없는 등의 문제에 부딪히자 1926년, 민신영화사는 결국 근거지를 상해로 옮기게 된다. 그 뒤 홍콩의 영화 산업은 1930년 10월, 연화영화제작인쇄회사(聯華影業制片印刷公司)가 성립되어 새로운 전기를 마련할 때까지 답보 상태에 빠진다.

이렇게 해서 1913년부터 1930년까지를 홍콩 영화의 '맹아기'로 구분할 수 있다. 이 시기의 두드러진 특징은 내용과 형식 모든 면에서 중국의 전통문화의 모습이 부각되었다는 점이다. 형식면에서 볼 때, 이 시기의 홍콩 영화는 《장자가 아내를 시험하다》에서 보듯이 중국 전통 희곡예술과 밀접한 연관을 맺고 있다. 이러한 특징은 이후 홍콩 영화의 발전 과정에서 끊임없이 이어진다. 이는 대륙 영화의 시작[3] 과 맥락을 같이 한다. 내용 면에서는 '문화예술은 도덕성을 담보해야 한다(文以載道)'는 전통에서 출발하여 교육성과 사회성을 강조하는데 치중하였다. 이 시기의 주요 제작사로는 화미와 민신을 제외하고고 대한(大漢), 광아(光亞), 만천홍(滿天紅), 중화(中華), 홍콩(香港) 등의 회사가 있었으나 규모가 작고 오래 지속되지 못하였다.

---

[3] 대륙은 《정군산(定軍山)》이란 영화로 영화의 역사를 시작하였다. 이 작품 역시 나관중(羅貫中)의 《정군산》에서 단 세 장면을 뽑아 약20분 분량으로 촬영한 것이다. 북경의 풍태(豊泰) 사진관에서 진행된 이 촬영에서 당시 유명한 경수 배우였던 담흠배(譚鑫培)가 상군인 황충(黃忠)역을 맡았다.

2) 성장기

1930년 10월에 연화(聯華)영화제작인쇄회사가 성립되면서부터 1941년 12월 일본에 의해 홍콩이 점령되기까지의 기간이 홍콩 영화의 '성장기'이다. 이 시기에는 대관(大觀), 남월(南粵), 전구(全球) 등 50개가 넘는 영화사가 설립되어 광동어 영화를 제작하였다. 성장기의 11년 동안 위의 영화사들이 모두 550여 편의 영화를 만들었다. 아울러 1933년에는 최초의 유성영화인 《양심(良心)》(여북해 감독)이 제작되면서 홍콩 영화는 유성영화시대로 진입하였다.4) 이 시기에는 영화 시장이 확대되면서 다루는 소재도 다양해졌다. 그러던 중에 1937년 중일전쟁이 발발하였다. 이 역사적 사건은 홍콩 영화계에도 커다란 영향을 끼쳐 이후 항일과 애국의 소재를 다룬 많은 작품을 낳게 되는 계기가 되었다.

1937년, 광산소(鄺山笑)와 임곤산(林坤山) 등은 '화남영화계재난구원회(華南電影界賑災會)'를 조직하고 《최후의 고비(最後關頭)》(소이蘇怡·고리흔高梨痕·진피陳皮·조수예趙樹蘂 등이 공동 감독) 등 항전영화를 만들었다. 이 시기 항전영화의 대표작으로는 《생명선(生命線)》, 《여전사(女戰士)》, 《혈육장성(血肉長城)》, 《대의멸친(大義滅親)》, 《전운정루(戰雲情樓)》 등이 있다. 1937년 11월, 일본군에 의해 상해가 함락되자 채초생(蔡楚生), 사도혜민(司徒慧敏), 담우육(譚友六) 등의 유명한 영화제작자가 홍콩으로 피신하였다. 그들은 홍콩의 제작자들과 힘을 합쳐 항일 애국 영화를 대량으로 제작하였다. 그 가운데 채초생이 시나리오와 감독을 맡고, 이청(李淸)과 용소의(容小意)가 주연을 맡았으며, 신생영화사(新生影片公司)가 출품한 《전정만리(前程萬里)》,

---

4) 최근 연구에 의하면, 쇼브라더스 영화사가 1932년에 홍콩에서 찍은 《백금룡(白金龍)》을 홍콩 영화 최초의 유성영화로 꼽기도 한다.

유명한 희곡가 하연(夏衍)이 시나리오를 쓰고 사도혜민이
감독을 맡았으며, 노돈(盧敦)·봉자(鳳子)·여작작(黎灼灼)이
주연을 맡고 대지영화사(大地影業公司)에서 출품한 《백운
고향(白雲故鄕)》, 탕효단(湯曉丹)이 시나리오와 감독을 맡
고, 대관영화사에서 출품한 《민족의 함성(民族的吼聲)》 등
이 대표작이고, 이밖에도 《혈천보산성(血濺寶山城)》, 《유격
행진곡(遊擊進行曲)》,《고도천당(孤島天堂)》 등이 있다.

하연(夏衍)

　　성장기의 홍콩 영화 중에는 항일 애국 작품 이외에도 《철골란심
(鐵骨蘭心)》·《인해루흔(人海淚痕)》·《강도효자(强盜孝子)》 등[5]과 같
은 사회물, 《악비(岳飛)》(오초범 주연)·《홍승주(洪承疇)》(마사증馬師曾
주연) 같은 역사물, 《한밤의 총소리(夜半槍聲)》와 같은 탐정물, 《참룡
우선기(斬龍遇仙記)》 같은 민간고사물 등이 있었고, 광동어로 된 최초
의 유성영화인 《읍형화(泣荊花)》도 있었다.

《고도천당(孤島天堂)》

3) 회복기

　　1941년 12월 25일, 일본군이 홍콩을 점령하였다. 그 과정에서 홍

---

5) 《철골란심》은 양소파(梁少坡)가 시나리오를 쓰고 관문청이 감독을 맡았으며,
　석우우(石友宇)와 풍결정(馮潔貞)이 주연을 맡았다. 《인해루흔》은 장영(張瑛)
　과 황만리(黃曼梨)가 주연을 맡은 영화이고, 《강도효자》는 오초범(吳楚帆)과
　임매매(林妹妹)가 주연을 맡았다.

콩의 영화업계 종사자들 중 일부는 내륙으로 건너가 참전하기도 하였고, 일부는 동남아시아로 피신하였다. 따라서 1945년 8월, 일본군이 항복하고 홍콩이 다시 영국정부에게 인도되기까지 홍콩 영화는 공백기를 맞이하게 된다.

이로 인해 홍콩 영화의 실질적인 '회복기'는 일본군 항복 이후 1949년 말까지의 4년 동안이라 하겠다. 1946년, 비교적 규모를 갖춘 '대중화영화사(大中華影業公司)'가 설립되었다. 이 영화사는 국어(광동어와 대비되는 북방 표준어)를 위주로 3년 동안 34편의 작품을 제작하였고, 광동어 작품도 9편 제작하였다. 그중에서 《동병불상련(同病不相憐)》과 《세 여인(三女性)》 및 《풍설야귀인(風雪夜歸人)》 등을 대표작으로 꼽을 수 있다. 《동병불상련》은 주석린(朱石麟)이 시나리오와 감독을 맡고 고란군(顧蘭君)과 황하(黃河), 용소의 등이 주연을 맡은 작품으로서, 일제 점령기 상해의 어느 아파트에서 벌어지는 여러 인물들의 이야기이다. 《세 여인》은 악풍(岳楓)이 감독을 맡고 이려화(李麗華)와 나란(羅蘭), 진기(陳琦) 등이 주연을 맡은 작품으로서, 각각 출세 지향적이거나 나약하며, 타락한 세 여성의 서로 다른 삶을 조명하였다. 《풍설야귀인》은 오조광(吳祖光)이 시나리오와 감독을 맡고 손경로(孫景路)와 여옥곤(呂玉堃) 등이 주연을 맡은 작품이다. 대중화영화사는 이런 대표작 이외에도 다소 실망스러운 작품들을 대량으로 제작하다가 재정 압박을 이기지 못하고 1948년 6월 문을 닫았다.

1947년에 문을 연 영화영화사(永華影業公司) 또한 회복기에서 간과해서는 안될 주요한 회사이다. 이 회사는 자체적으로 영화촬영장을 만들고 외국으로부터 촬영과 인화·녹음·조명설비 등 장비 일체를 수입하여 많은 작품을 남겼다. 봉건세력에 저항하는 농촌 청년들의 모습을 그린 《화장(火葬)》(만악萬岳 시나리오, 원준袁俊 감독, 백양

白楊·도금陶金 주연), 도시 빈민의 비참한 생활과 자본가의
사치와 음탕한 생활을 폭로한《춘성화락(春城花落)》(가령柯
靈 시나리오, 정보고鄭步高 감독, 서수문舒繡文·왕미王微 주
연), 어민들의 복수를 다룬《해장(海葬)》(가령 시나리오, 정보
고 감독, 도금·왕반王斑 주연), 홍콩의 하층민 사회의 실상
을 다룬《춘풍추우(春風秋雨)》(오조광 감독, 서적舒適·여은呂
恩 주연) 등을 대표작으로 꼽을 수 있다. 아울러 훗날 격렬
한 논쟁을 불러일으킨《국혼(國魂)》(오조광 시나리오, 복만창

구양여천(歐陽予倩)

卜萬蒼 감독)과《청궁비사(淸宮秘史)》(요극姚克 시나리오, 주석린 감독)
도 제작하였다.

    1948년 후반에 내륙에서의 국공 내전의 형세가 공산당 쪽으로 기
울어질 때, 채초생·구양여천(歐陽予倩)·사동산(史東山)·장준상(張駿
祥)·가령·백양·서수문·장서방(張
瑞芳)·왕위일(王爲一) 등 대륙의 영
화계 종사자들이 국민당의 탄압을
피해 상해를 떠나 홍콩에 머무르면
서 기회를 틈타 속속 공산당 수복지
역으로 돌아갔다. 그들은 홍콩에 머
무는 동안 투자자들을 모아 대광명
영화사(大光明影業公司), 남군영화사
(南群影業公司), 대강영화사(大江影業
公司), 민생영화사(民生影業公司) 등
을 설립하였다. 이들은 대부분 국어
를 사용하는 작품을 만들었다. 광동
어를 위주로 하는 남국영화사(南國影

《연애의 법칙
(戀愛之道)》

業有限公司)도 있었다. 이들은 국어로 된《야화춘풍(野火春風)》, 《물위의 사람들(水上人家)》, 《연애의 법칙(戀愛之道)》, 《고요한 가릉강(靜靜的嘉陵江)》 등의 우수한 국어 작품과 《주강의 눈물(珠江淚)》 등의 우수한 광동어 작품을 남겼다.

《주강의 눈물》은 채초생이 제작을 맡고, 진잔운(陳殘雲)이 시나리오를, 왕위일이 감독을, 이청과 왕신(王辛)·장영 등이 주연을 맡은 작품으로서 예술과 사상 모든 면에서 두드러진 업적을 이룬 광동어 작품의 대표작이다. 그래서 '광동어 작품 가운데 정확하면서도 굳건하고 참신한 기준이 되었다'[6]라는 칭찬을 들었다. 이 작품은 국공내전 기간에 주강의 연안에 살던 농민 부부의 역경과 이별, 그리고 재회를 이야기하면서 당시 기층민들의 고단한 삶과 깨달음, 변화를 실감나게 묘사하였다. 이 시기의 또 다른 광동어 대표작으로는 《기약 없는 설움(此恨綿綿無絶期)》과 《만강홍(滿江紅)》이 있다. 《기약 없는 설움》은 노돈이 시나리오를 쓰고 감독을 맡은 작품으로서, 어느 소시민의 가정이 당시의 사회 속에서 가난해져 파탄에 이르는 과정을 생생하게 그려내었다. 《만강홍》은 진검(秦劍)이 시나리오를 쓰고 감독한 작품으로서, 늙은 중학교 선생님이 사회의 압력에 시달리면서 모순을 겪다가 깨달음에 이르는 과정을 다루었다.

회복기의 홍콩 영화는 모두 440여 편이 제작되었다. 그리고 위에서 언급한 몇몇 우수한 작품 등의 노력에 힘입어 홍콩 영화는 이후 현실주의의 전통을 계속 이어갈 수 있었다. 이 시기의 또 다른 성과는 홍콩 영화 최초의 총천연색 작품이 만들어졌다는 것이다. 1948년, 조수예가 만든 광동어 작품 《나비부인(蝴蝶夫人)》이 바로 그 것이다.

---

6) 비목 「《주강의 눈물》의 광채」, 1950년 2월 15일 홍콩의 「문회보文匯報」에 실린 글.

4) 번영기

1949년부터 1966년까지는 홍콩 영화 발전의 제4기로서 '번영기'이다. 16,7년 동안 매년 평균 200편 이상씩 총 4,000편의 영화가 제작되었다. 특히 1961년에는 최고 300편까지 제작되었다.

이 시기에는 대규모의 영화사들이 속속 등장하였다. 장성(長城), 봉황(鳳凰), 쇼브라더스(邵氏兄弟), 중련(中聯), 영화무업(電影懋業) 등의 영화사가 대표적인 제작사였다.

그 중에서도 쇼브라더스영화사가 홍콩영화사에 끼친 영향은 이루 헤아릴 수 없다. 쇼브라더스영화사의 역사가 홍콩영화의 역사라고 해도 과언이 아니다. 1925년 6월, 상해에서 설립했던 천일영화사(天一影片公司)를 기점으로 잡는다면, 이미 80년에 가까운 역사를 자랑한다. 소일부(邵逸夫:원명은 인방 仁枋)를 중심으로 아버지와 형들이 함께 20세기 아시아를 종횡무진 누비며 거대한 영화제국을 일으켜 세웠다. 그들은 창업 초기에, 동남아시아 각지에 흩어져 있던 화교들을 상대로 중국의 민간전설을 바탕으로 한 작품들을 상영함으로써, 화교들의 향수를 자극하여 기반을

소일부(邵逸夫)

굳혀갔다. 경쟁사의 견제와 부자간 형제간의 갈등이라는 어려움도 많았지만, 고비 때마다 경영 혁신과 과감한 재투자 등의 노력으로 이 시기에 최고의 성취를 이루었다. 소일부는 사장으로서의 권위보다는 규칙적인 생활과 영화에 대한 애정으로서 회사를 안정적으로 이끌었고, 소속된 감독들을 너그럽게 포용함으로써 당대 최고의 감독들을 보유할 수 있었다. 아울러 휘하의 감독들이 자신의 역량을 갖춘 뒤 독립하여 자신의 독립제작사를 설립할 경우, 이를 적극 지

원하였다. 또한 관중의 기호를 정확히 파악하여 시의적절한 작품들을 지속적으로 제작함으로써 홍콩 영화의 번영을 이끌었고, 아시아와 세계 시장의 개척에 힘을 쏟아 홍콩을 '아시아의 헐리우드'로 키우는데 중추적인 역할을 하였다. 쇼브라더스는 자사의 작품을 국제화하기 위한 노력으로 대륙과 대만 및 한국과 일본의 유명 감독을 초빙하여 작품을 맡기기도 하였다. 그래서 신상옥(申相玉) 감독은 홍콩과의 합작으로 《관세음(觀世音)》을 제작하였고, 정창화(鄭昌和)는 《천면마녀(千面魔女)》, 최경옥(崔慶玉)은 《산하혈(山河血)》 등을 제작하였다. 특히 정창화 감독은 쇼브라더스를 위해 《천하제일권(天下第一拳)》을 제작하였다. 이 작품은 미국과 영국의 배급사를 통해 서양에서도 상영되었다. 미국에서는 1천여 영화관에서 동시에 상영되었

는데, 이는 중국영화로서는 처음 있는 일이었다.

이 시기를 대표하는 감독으로 주석린과 이한상을 꼽을 수 있다. 주석린(朱石麟)은 50년대에 용마(龍馬)와 봉황 및 장성영화사 등을 중심으로 내용과 형식 면에서 걸출한 작품들을 많이 만들어낸 홍콩 영화계의 대두이다. 그의 대표작으로는 《잘못된 결혼(誤佳期)》(1951년), 《일판지격(一板之隔)》(1952), 《한가위 보름달(中秋月)》(1953년), 《교천지희(喬遷之喜)》(1954년), 《일년지계(一年之計)》(1955년), 《수화지간(水火之間)》(1955), 《신과(新寡)》(1956) 등이 있다.

주석린(朱石麟)

내전 이후 많은 홍콩 영화는 상해 등 내륙 도시민의 생활에 집착하는 기형적인 특징을 보였다. 그러나 주석린은 홍콩의 현실 문제에 초점을 맞춰 작품을 만들었다. 이것이 바로 주석린 영화의 가장 큰 공헌이다. 그래서 홍콩의 하층 사회를 살아가는 어느 청춘 남녀가

결혼을 준비하면서 겪는 각종 난관을 이야기(《잘못된 결혼》)하거나, 홍콩의 어느 직장인이 추석을 맞아 선물을 하기 위해 겪게 되는 사회의 각종 압력을 이야기(《한가위 보름달》)하거나, 홍콩의 중산층 가정이 해체되면서 겪는 고통을 이야기(《일년지계》)하였다. 주석린은 이런 작품들을 통하여 50년대 홍콩의 사회 현실을 충실하게 반영하였으며, 대도시에서 생활하는 각종 인물의 복잡한 내면세계와 인간 관계를 정확하게 표현하였다.

주석린 영화의 또 다른 업적은, 그가 '몽타주 기법과 단일렌즈를 사용하여' '인물과 이야기 전개 및 배경과의 상호 관계를 배합하는 데 뛰어났으며, 장면과 장면간의 대립 관계 속에서 이야기 구조를 전개해 나갈 때에 자연스럽게 주제의식을 이끌어 내는 기술이 뛰어났으며, 형상을 부각시킴에 있어 현실주의적 기법과 소박한 상징을 잘 활용하였다'[7]는 점이다. 아울러 주석린은 홍콩의 희극 영화 발전과 인재 양성의 측면에서도 막대한 공헌을 하였다.

번영기를 대표하는 또 다른 감독으로는 이한상(李翰祥)을 꼽을 수 있다. 그는 1954년 쇼브라더스 영화사에 들어가 9년 동안 24편의 작품을 감독하였다. 그의 매력은 화려한 기교와 소박한 내용을 겸비하였다는 점이다. 그는 특히 중국의 고대 생활과 고대 문화에 심취하여 중국적 풍취를 물씬 풍기는 민간설화를 다루기에 적합한 '황매조(黃梅調) 영화'를 제작하였다.

그가 만든 최초의 황매조 영화는 1958년에 출품한 《초선(貂蟬)》이다. 노래와 춤이 빠지지 않고 쉽게 배워 따라 할 수 있는 황매조의 특징을 충분히 활용하여 독특한 풍격을 창조하였다. 그 결과 이 작품으로 제5회 아시아영화제 최우수감독상을 수상하였다. 다음 해인

---

7) 임년동(林年同) <주석린>, <전후홍콩영화회고(戰後香港電影回顧)> 86면.

《강산미인(江山美人)》

1959년, 그는 또 다른 황매조 영화인 《강산미인(江山美人)》을 만들어 제6회 아시아영화제 최우수작품상을 받았다. 1963년, 그가 감독한 《양산백과 축영대(梁山伯與祝英臺)》가 대만에서 상영되었다. 이 작품은 대만영화사상 유례없는 성공을 거두어 타이베이에서만 연속 62일을 상영하였고, 입장권 판매량이 840만 원(신대만화폐NTY)을 기록하였다. 그 결과 같은 해 11월에 거행된 제2회 대만영화 금마장(金馬奬) 시상식에서 최우수극본상, 최우수감독상, 여우주연상(악대樂蒂), 최우수음악상(주란평周蘭萍), 최우수편집상(강흥륭姜興隆), 최우수배우특별상(능파凌波) 등 6개 부문을 석권하였다.

《양산박과 축영대》 이후 이한상은 쇼브라더스 영화사를 떠나 다수의 무리를 이끌고 대만으로 건너가 스스로 국련영화사(國聯公司)를 만들었다. 그 후 3년 동안 황매조 영화를 만들면서 대만 영화 발전에 기여하고 홍콩과 대만 영화의 교류에 일익을 담당하였다.

번영기의 홍콩 영화 작품을 결과적으로 놓고 보면 여전히 광동어 작품이 80% 정도로 절대적인 다수를 차지하였다. 중련(中聯)·신련(新聯)·화교(華僑)·광예(光藝)·영광(岭光)·홍면(紅棉) 등의 영화사가 주로 광동어 작품을 생산하였다. 광동어 대표작으로는 《어머니의 눈물(慈母淚)》(1952년 진검 감독), 《위루춘효(危樓春曉)》(1953년, 이철李鐵 감독), 《가가호호(家家戶戶)》(1954년, 진검 감독), 《인해고홍(人海孤鴻)》

(1958년, 이신풍李晨風 감독), 《인륜(人倫)》(1959년, 이신풍 감독), 《부모의 마음(可憐天下父母心)》(1960년, 초원楚原 감독), 《화굴유란(火窟幽蘭)》(1960년, 이철 감독), 《금옥만당(金玉滿堂)》(1963년, 좌기左幾 감독) 등이 있다. 광동어로 된 희곡물로는 《보련등(寶蓮燈)》, 《선궁염사(璇宮艶史)》, 《자차기(紫釵記)》 등이 있다. 특히 1949년부터 시작된 쿵푸 영화 《황비홍(黃飛鴻)》은 50년대에만 26편이 제작되어 시리즈물로서는 세계영화사상 최고의 기록을 세웠다. 대부분 호붕(胡鵬)이 감독하고 관덕흥(關德興)이 주연하였으며, 70년대까지 계산하면 84편이 제작되었다.

나머지 20%를 차지한 국어 작품으로는 앞서 언급한 주석린과 이한상의 작품을 제외하고도 이평천(李萍倩) 감독의 《설황세계(說謊世界)》(1950년), 왕위일 감독의 《화봉황(火鳳凰)》(1951년), 고이이(顧而已)·백침(白沉)·서적(舒適) 감독의 《신·귀·인(神·鬼·人)》(1951년), 도진 감독의 《일가춘(一家春)》(1952년)과 《사천금(四千金)》(1957년), 원앙안(袁仰安) 감독의 《아Q정전(阿Q正傳)》(1958년), 악풍(岳楓) 감독의 《거리의 아이들(街童)》(1960년), 역문(易文)의 《만파여랑(曼波女郎)》(1957년)과 《별·달·해(星星·月亮·太陽)》(1961년), 호금전(胡金銓) 감독의 《대지의 자녀(大地兒女)》(1965년) 등이 있다.

기술적 측면에서는 1953년, 조수예가 대관(大觀)영화사에서 홍콩 영화 최초로 입체영화인 《옥녀정구(玉女情仇)》를 제작하였으며, 1954년에는 최초의 와이드스크린 작품인 《신옥당춘(新玉堂春)》을 만들었다. 아울러 1957년에는 황탁한(黃卓漢)이 자유(自由)영화사에서 최초의 총천연색 국어 작품인 《용녀(龍女)》를 제작하였다.

5) 전환기

1967년부터 1978년까지는 홍콩 영화 발전의 제5기로서 '전환기'에 해당한다. 1966년에 대륙에서 문화대혁명이 시작되자 그 영향으로 1967년에는 홍콩에서 친대륙계와 친대만계가 충돌하는 사건이 벌어졌다. 그 후 친대륙계 영화사였던 장성과 봉황 및 신련 등의 주요 영화사들이 대륙의 정치적 풍랑에 휩싸이면서 제작 편수가 급감하였고, 결국 유명무실한 영화사로 전락하였다.

1960년대 홍콩은 이미 신구 문화와 동서양 문화와 혼재된 동양 최고의 무역항으로서, 그리고 명실상부한 국제도시로서의 면모를 갖추기 시작하였다. 그 결과 경제가 안정적인 발전을 보이면서 1970년대 중반에는 최고의 성장을 구가하였다. 도시민의 생활수준이 향상됨에 따라 영화계 역시 새로운 진로를 모색해야 했다. 이전까지 일반적으로 도덕과 교육적 측면만을 강조하던 홍콩 영화는 70년대부터 시작하여 새로운 변화를 보이기 시작한다. 첫 번째 변화는 영화를 오락형태의 하나로 인식하였다는 점이다. 이를 통해 관중의 스트레스를 해소하고 볼거리를 제공한다는 인식을 갖게 되었다. 두 번째 변화는 영화를 사회인식 형태의 하나로 인식하였다는 점이다. 관중은 영화에서 전개되는 사회 현실의 묘사를 통해 사회와 인생의 다양한 면모를 깨닫기 시작하였다.

그러나 전환기의 주류 영화는 역시 오락영화라 할 수 있다. 당시 자극적이고 관능적인 것을 추구하던 세계 영화 시장의 조류와 발맞추어 새로운 쿵푸 영화와 무협물이 70년대 초 홍콩 영화시장의 80% 이상을 차지하였다. 이를 토대로 하여 쿵푸 코메디를 비롯한 각종 희극물, 사회적 사건을 다룬 영화, 암흑가 영화 등 다양한 유형의 영화가 발전하였다. 이들 작품 가운데 절대다수는 비록 조잡하고 저속

한 모습을 보여주었지만, 텔레비전이 대량 보급되던 당시의 현실을 감안할 때, 영화의 생명력을 지탱해주는 역할을 했다는 점에서 아이러니가 아닐 수 없다. 아울러 각종 유형물의 발전은 이후 홍콩 영화 제작의 다원화 구조를 촉진시키는 데 밑거름이 되었다.

새로운 무협물의 대표작들은 1966년과 1967년 사이에 제작된 장흠염(張鑫炎)·부기(傅奇) 감독의 《운해옥궁연(雲海玉弓緣)》, 호금전 감독의 《대취협》, 장철(張徹) 감독의 《외팔이 검객(獨臂刀)》 등이다. 이 작품들은 구태의연하고 이야기 전개가 단선적이던 이전의 쿵푸 영화와 달리, 치밀하고 독특한 기교로 사실감을 주었고, 감동과 낭만을 선사하였다.

1970년대부터 새로운 쿵푸 영화는 묘사의 대상을 전환하여 '검객'보다는 '무술인'의 활약에 치중하였다. 그래서 세계적인 '쿵푸 영화'가 탄생하였다. 그 초기 대표작으로는 장증택(張曾澤) 감독의 《과객과 검객(路客與刀客)》, 왕우(王羽) 감독의 《용호투(龍虎鬪)》, 장철 감독의 《권격(拳擊)》, 나유(羅維) 감독의 《당산대형(唐山大兄)》 등이 있다. 특히 《당산대형》에서 주연으로 출연한 이소룡(李小龍)은 박력있는 동작과 신기에 가까운 무술로서 관중을 사로잡았으며, 이후 세계적인 스타가 되었다.

이소룡은 어릴 적부터 광동어 작품에 출연했던 유명 아역 배우였다. 이후 미국에서 대학을 졸업하고 도장을 운영하다가 1971년 홍콩으로 돌아와 영화계에 복귀하였다. 그는 《당산대형》 이외에도 《정무문(精武門)》과 《맹룡과강(猛龍過江)》 및 《용쟁호투(龍爭虎鬪)》(헐리우드와 홍콩의 합작영화)에 출연하였다. 이런 작품 속에서 이소룡은 평등과 존엄을 추구하고, 불의를 참지 못하며, 악인을 징벌하는 영웅의 형상을 창조하였다. 아울러 중국인을 멸시하는 외국인들을 혼내줌으로써 중국인들의 자존심을 높이는 데에 일익을 담당하였다. 또한 탁월한 무술기법을 선보여 전 세계 무술인들을 놀라게 하였다. 그 결과, 이소룡의 영화는 아시아는 물론이거니와 유럽과 미국 영화시장에까지 빠르게 파급되어 전 세계적인 '쿵푸 열기'를 불러 일으켰다. 그러나 안타깝게도 1973년에 돌연 사망함으로써 영화과 같은 인생을 마감하였다.

이후 홍콩 영화는 계치홍(桂治洪) 감독의《대가성(大哥成)》을 대표로 하는 광동어 사회폭력물, 초원 감독이 고룡(古龍)의 무협소설을 토대로 만든 환타지무협물, 광동 특유의 색채가 물씬 풍기는 유가량(劉家良) 감독의 남권(南拳)물 등이 쿵푸 영화의 맥을 이어갔다.

이 기간 동안 쿵푸 영화와 대적한 유일한 장르는 허관문(許冠文)·허관걸(許冠杰)·허관영(許冠英) 형제가 만든 희극물로서《반근팔량(半斤八兩)》을 대표작으로 들 수 있다. 1977년에는 홍금보(洪金寶)가 감독하고 출연한《삼덕 스님과 용미륙(三德和尙與春米六)》, 원화평(袁和平)이 감독을 맡고 성룡(成龍)과 석천(石天)이 출연한《사형도수(蛇形刀手)》와《취권(醉拳)》등의 작품이 이어지면서 홍콩영화의 새로운 장르인 '쿵푸 희극'이 탄생하였다. 성룡이 연기한 인물들은 생동감이 넘치고, 무예와 잡기를 겸비하여 건강한 웃음을 선사함으로써 새로운 인물 형상을 만들어 내었다. 이후 성룡은 홍콩을 대표하는 새로운 스타로 승승장구하였다.

전환기의 홍콩 영화는 매년 평균 100여 편의 작품을 제작하였다. 이 시기에 활동하였던 주요 영화사로는 쇼브라더스, 골든하베스트(嘉禾), 제일(第一), 장성, 봉황, 캐세이(Cathay 国泰), 허씨(許氏), 사원(思遠), 항생(恒生), 나유(羅維), 대영(大榮) 등이 있다.

6) 다원화시기

1979년부터 현재까지가 홍콩영화 발전의 제6기로서 '다원화시기'로 잡을 수 있다. 이 시기의 주요한 특징은, 다양한 유형의 영화들이 성숙단계에 넘기면서 상호 영향을 주며 깊이를 더하고 혼재되는 경향을 보인다는 점이다.

1979년, 홍콩영화계에는 '신조류(新浪潮)' 영화가 대두하였다. 서극(徐克)·허안화(許鞍華)·장국명(章國明) 등 TV방송국 출신의 3명의 젊은이가 감독으로 데뷔하여 각각 《접변(蝶變)》·《풍겁(瘋劫)》·《지점병병(指點兵兵)》의 작품을 선보였다. 서극은 《접변》에서 SF와 무협을 결합하여 새로운 무협물 장르를 제시하였으며, 숙련된 기교와 연출 솜씨로 관중의 이목을 사로잡았다. 허안화는 《풍겁》에서 실제 있었던 살인사건을 각색하여 각종 의혹을 풀어가는 추리물

서극

로 만들었다. 촬영과 편집 및 배경음악 등의 기술과 이야기를 이끌어가는 능력이 매우 탁월하였다. 장국명은 《지점병병》에서 경찰과 폭력배의 대결을 다루었다. 특히 조명에 신경을 써서 자연스러움을 강조하였다. 이 3편의 작품은 후에 '홍콩 신조류 영화의 고전'으로 일컬어졌다. 이후 엄호(嚴浩)·유성한(劉成漢)·방육평(方育平)·채계광(蔡繼光)·여윤항(余允抗)·담가명(譚家明)·황지강(黃志强)·선기연(선\[己?\]然)·단혜주(單慧珠)·옹유전(翁維銓)·딩기명(唐基明)·여대위(黎大煒)·황지(黃志)·장견정(張堅庭) 등이 뒤를 이었다. 이들은 《가리비(茄哩啡)》·《욕화몽금(欲火夢琴)》·《부자정(父子情)》·《영몽가락(檸檬可樂)》·《흉방(凶榜)》·《열화청춘(烈火青春)》·《무청(舞廳)》·《박하커피(薄荷咖비)》·《기렴구선내(忌廉溝鮮奶)》·《행규(行規)》·《살출서

영반(殺出西營盤)〉·《정매자(靚妹仔)》·《화살(花煞)》·《표착칠일정(表錯七日情)> 등의 신조류 영화들을 속속 내놓으면서 홍콩 영화계를 주도하였고, 깊은 영향을 끼쳤다. 그 결과 방육평(《부자정》과 《반변인》)과 허안화(《투분노해》) 및 엄호(《사수유년》) 등은 각각 제1회부터 제4회까지 홍콩영화 최고의 상인 금상장(金像獎) 최우수감독상을 시상하였다.

그렇지만 신조류 영화는 오래가지 못하고 1980년대 중반에 사라지고 말았다. 그러나 위에서 언급한 젊은 감독들이 이후 홍콩 영화의 주요 감독으로 자리를 확고히 하였으며, 세계 영화의 조류에 뒤쳐지지 않고 홍콩 영화에 새로운 피를 공급함으로써 다원화된 창작구조를 촉진시키는 데에 크게 기여하였다는 점에서 의의가 막중하다 할 수 있다.

이 시기에는 년간 100여 편의 작품이 만들어졌고, 주요 유형물로는 무협물, 희극물, 귀신물, 애정물, 문예물, 역사물, 인물전기물, 사회문제물, 비극물 등이 있다. 그중에서도 무협물과 희극물 및 귀신물이 주류를 이루었으며, 무협물의 변화 양상이 두드러졌다.

1982년, 장흠염(張鑫炎)이 감독하고 이연걸(李連傑)이 주연한 《소림사(少林寺)》가 《사형도수》와 《취권》의 뒤를 이어 쿵푸 영화의 뒤를 이었다. 쿵푸 영화는 이후로도 홍콩 영화의 주요 장르로 자리 잡아 1990년대 서극의 《황비홍》 시리즈에 이르까지 계속되었다. 쿵푸 영화는 1980년대 초에 새로운 진로를

《황비홍》

모색하여 '현대도시화'의 길로 들어선다. 즉 '도시무협물'이 탄생한 것이다. 시네마시티 영화사(新藝城公司)에서 1982년에 선보인《최가박당(最佳拍檔)》이 그 최초의 시도라 할 수 있다. 증지위가 감독하고 맥가(麥嘉)·허관걸·장애가(張艾嘉) 등이 주연을 맡은 이 영화는 시골의 배경과 전통 쿵푸의 모습에서 완전 탈피하여 국제도시를 무대로 특수기술을 사용하여 웃음과 재미를 주는 대형 액션물로 재탄생하였다.

아울러 '칼'에서 '무예'로 전해지던 무협물의 전통이 이 시기에 들어 '총'으로 바뀌었다. 1986년, 오우삼(吳宇森)이 감독한《영웅본색(英雄本色)》이 그 원조이다. 주윤발(周潤發)과 적룡(狄龍) 및 장국영(張國榮) 등이 연기한 작품 내 주요인물들은 모두 도시인으로서 손에는 총을 들었다. 그들이 총을 쏘는 장면, 전통의 쿵푸 장면을 연상시키는 민첩한 몸동작, 홍콩 영화의 장점인 잘 짜여진 동작 배치 등이 어우러져 최대의 효과를 이루어내었다.

도시무협물을 다시 소재별로 나누면 '경찰 영화'와 '암흑가 영화'로 구분할 수 있다. '경찰 영화'는 경찰이 어떻게 암흑가의 범죄 조직을 제압하는가에 초점이 맞추어져 있다. 이런 류의 영화는 언제나 인기순위에서 상위를 차지하였고 흥행성적도 좋았다. 1985년, 성룡이 시나리오와 감독 및 주연을 맡은《폴리스 스토리(警察故事)》가 대표작으로서 제5회 홍콩 금상장 최우수작품상을 수상하였다. 이어서 1988년에는《속 폴리스스토리(警察故事續集)》로 일본 동경영화제에서 최우수액션물감독상과 최우수남우주연상을 수상하였다. 또 한 명의 유명한 감독으로 이수현(李修賢)을 들 수 있다. 그는 자신이 감독하고 주연을 맡은《공복(公僕)》으로 제4회 홍콩 금상장 최우수남우주연상을 수상하였고, '중국어권 10대 영화 중의 하나'라는 평가를

주성치

《경성지련(傾城之戀)》

받았다. 이밖에도 진흔건(陳欣健)의 《신탐주고력(新探朱古力)》과 장국명(章國明)의 《아웃사이더(邊緣人)》 등이 있다.

'암흑가 영화'는 '홍콩 느와르'라고 불리면서, 암흑가 내에서의 '정의(동지애와 신뢰)'와 '죄악(배신과 암투)' 간의 싸움에 초점을 맞추었다. 그래서 《영웅본색》에서처럼 몇몇 인물을 영웅으로 묘사하고 있다. 이는 도덕을 중시하던 이전의 홍콩영화와 비교해볼 때 커다란 변화가 아닐 수 없다.

희극물은 '도시무협물'과 함께 현대 홍콩 영화의 양대 주류를 이루었다. 희극물은 다시 무협물과 결합하여 '무협희극'이란 새로운 장르를 만들어내었다. 성룡의 작품 이외에도 허관문의 《모델경호원(摩登保鏢)》과 맥가의 《여황밀령(女皇密令)》 등을 대표작으로 꼽을 수 있다. 아울러 주성치(周星馳)는 독특한 매력을 선보이며 '주성치 현상'을 불러일으켰다.

이밖에도 귀신물로는 《당도정(撞到正)》(허안화), 문예물로는 《경성지련(傾城之戀)》(허안화)과 《레드로즈화이트로즈(紅玫瑰白玫瑰)》(관금붕), 역사물로는 《수렴청정(垂簾聽政)》(이한상)과 《서초패왕(西楚覇王)》(선기연), 인물전기물로는《완령옥(阮玲玉)》(관금붕)과 《마지막 내시(中國最後一個太監)》(장지량), 비극물로는《연지구(臙脂扣)》(관금붕) 등을 대표작으로 꼽을 수 있다. 그리고 수량은 적지만 뛰어난 사회물들이 지속적으로 출품되어 '신조류'의 맥을 이었다. 장완정의《불법이민(非法移民)》, 임영동(林嶺東)의《감옥풍운(監獄風雲)》, 유국창(劉國昌)의《동당(童黨)》, 왕가위(王家衛)의《아비정전(阿飛正傳)》등을 그 예로 들 수 있다.

《감옥풍운(監獄風雲)》

이 시기에 활발하게 움직인 영화사들을 살펴보면 골든하베스트, 쇼브라더스, 뉴시네타운, 은도(銀都), 제일기구(第一機構), 영성(永盛), 영고(永高), 영가(永佳), 전영공작실(電影工作室), 사원(思遠), 탕신(湯臣), 허씨, 신곤륜(新昆侖), 서소명(徐小明), 맥당웅(麥當雄), 왕정(王晶) 등이 있다. 그중 은도기구는 친대륙계 영화사였던 장성과 봉황 및 신련 등의 뒤를 이어 대륙 정부의 의도를 반영하는 경우였다.

주목할 것은, 격주로 발행되는 「영화(電影)」의 주관 아래 1982년 제1회 '홍콩영화 금상장(金像)' 시상식이 거행되어 이후 홍콩 영화 최고의 척도가 되었다는 점이다. 또한 1992년 1월, '제1회 해협양안 홍콩영화감독 연구토론회'가 열리면서부터 대륙과 대만 및 홍콩 3곳의 영화 교류와 합작

왕가위(王家衛)

이 한층 힘을 얻게 되었다. 또 1977년부터 1994년까지 18회에 걸쳐 열린 '홍콩국제영화제'는 유명감독의 특별회고전과 주제별 상영 및 외국 우수영화 상영 등을 통해 홍콩 영화의 시야를 넓히는데 상당한 기여를 하였다. 홍콩예술센터(香港藝術中心)와 남방공사(南方公司) 등의 기구들도 홍콩 영화의 발전에 일익을 담당하였다.

3. 홍콩영화의 현재와 새로운 모색

90년에 이르는 역사를 통해 홍콩 영화가 지속적으로 성장 발전할 수 있었던 원인은 어디에 있을까? 경제의 성장에 힘입은 바가 크다.

또한 홍콩에서 영화는 대중의 오락 대상으로서 지금까지 시종일관 부동의 자리를 차지할 수 있었다. 이는 영화계 종사자들이 관중의 기호를 면밀히 관찰하고, 그 변화에 적극적으로 대응함으로써 가능한 일이었다. 1970년대, 홍콩인의 대다수는 성공을 위해 일에 매진하였다. 홍콩 사회는 전반적으로 남성 위주로 전개되었다. 따라서 영화 관객 역시 남성이 절대 우위를 차지하였다. 그 결과, 무협물과 희극물이 70년대 영화의 주류를 형성하였다. 그런데 1980년대에 이르러 많은 남성들이 어느 정도 성공을 거두고 안정을 찾게 되자 아름다움과 낭만 등 그동안 돌아보지 못했던 것들에 대해서도 관심을 갖게 되었다. 또한 여성들의 지위가 향상되면서 무시할 수 없는 관객층으로 대두하였다. 그러자 적지 않은 감독과 제작자들이 이러한 관객층의 수요에 부응하여 다양한 제재와 색채를 갖춘 작품들을 선보였다. 물론, 대중의 수요만을 좇다가 저급한 작품을 양산하는 경우도 많았다. 그럼에도 불구하고 다른 매체와의 생존 경쟁에서 살아남기 위해 관중의 기호 변화에 신속하게 대처하였다는 점에서 의의가 있다.

아울러 홍콩 영화는 '스타 시스템'을 잘 활용하여 생명력을 증대시킬 수 있었다. 이소룡·성룡·주윤발·홍금보·원표(元彪)·이연걸·장국영·양가휘(梁家輝)·주성치·장만옥(張曼玉)·왕조현(王祖賢)·임청하(林靑霞)·양자경(楊紫瓊) 등 수많은 스타가 고정적인 관중을 확보하면서 홍콩의 영화시장을 안정적으로 이끌었다. 제작비가 오르고, 신인 배우의 등용을 어렵게 한다는 점에서 단점도 엄연히 존재하지만, 흥행을 보장한다는 측면에서 불가결한 선택일 수밖에 없다. 아울러 홍콩처럼 짧은 촬영 기간과 다작(多作)을 위주로 하는 제작 현실에서, 이른바 '스타'들은 수많은 작품을 통해 각종 연기를 연마하여 '고도의 경지에 오른 배우'라 해도 과언이 아니다. 자고 일어나 보니 스타가 되었다고 하는 배우는 거의 없다. 따라서 '스타' 역시 '예술가'의 반열에 설 수 있는 자격이 있다.

마지막으로 홍콩 영화는 제작시스템과 배급체계가 잘 짜여져 있었기에 지속적으로 발전할 수 있었다. 1970년대 초에 골든하베스트의 사주인 추문회(鄒文懷)의 발의 아래 홍콩 영화계는 신속하게 '독립제작자 시스템'을 갖추기 시작하였다. 독립제작자 시스템이란, 독립제작자(대부분은 감독)가 모 거대제작기구(모회사)의 지원을 받아 위성영화사(자회사)를 차린다. 모회사는 자회사의 영화 제작에 자금을 지원하는 한편, 합의에 따라 소재와 시나리오 및 배우의 선택에 참여하고 배급을 책임진다. 이후 최종 이윤을 모회사와 자회사가 합의에 따라 분할하는 방식을 말한다. 인재의 배양과 영화의 발전이란 측면에서 독립제작자 시스템은 이전의 '공장식' 제작 시스템에 비해 매우 유리하다. 포부로 가득찬 젊은 감독이 재정적인 부담 없이 자신의 개성과 영화관에 충실하여 작품을 제작할 수 있고, 안정적으로 이윤을 창출할 수 있다는 면에서 더욱 그러하다.

한편 홍콩의 영화 배급체계는 독점적 '계열체계'이다. 거대 제작
사 및 배급사가 계열사의 영화관을 관할하고, 대부분의 영화에 대한
배급 권한을 장악하고 있다. 따라서 이런 거대 제작사에 소속된 독
립제작자는 배급에 대한 걱정을 할 필요가 없다. 물론, 이러한 계열
체계에 소속되지 못하면 시장에서 철저하게 배척당한다. 이러한 모
순을 해결하기 위해 소규모 전용관 등이 생겨나긴 했지만 전체 시장
상황을 고려할 때 미미한 부분을 차지할 뿐이다.

중국이 문화대혁명 등으로 문화적인 공백 상태에 있을 때 홍콩
영화계는 쿵푸 영화를 필두로 하여 중국과 중국문화를 전 세계에 알
렸다. 이는 누구도 부인할 수 없는 홍콩 영화의 공로이다. 홍콩 영화
는 관중이 관심을 가질 분야라면 무엇이든 가리지 않고 세분화하여
작품을 양산하였다. 이는 마치 각양각색의 요리를 전부 차려놓은 격
이었다. 그 누구도 이러한 식탁을 외면할 수 없었다. 그 결과 각 장
르와 분야에 대해 깊은 이해와 기술이 축적되었고, 영화의 선진국이
라 할 수 있는 유럽과 미국 및 일본에서도 홍콩 영화를 배우고자 노
력하였다.

그러나 현재 홍콩의 영화 시장은 전반적인 경기 침체와 영화 인
력의 대규모 이탈 등의 악재가 겹쳐 고전을 면치 못하고 있다. 자본
부족으로 인하여 홍콩영화의 핵이라 할 수 있는 독립제작자 시스템
자체가 무너지고 있는 형편이다. 조사에 의하면, 2002년 1월부터 11
월까지의 홍콩에서 제작된 영화는 84편이다. 이는 2001년의 126편에
비해 크게 모자랄 뿐만 아니라 92편으로 최저 제작편수를 보인 1998
년에 비해서도 떨어지는 수치이다. 아울러 홍콩에 약 1만여 명의 영
화업계 종사자 가운데 75% 가량이 실업상태 또는 반실업상태에 놓
여있다고 한다. 해적판 VCD와 DVD의 범람 또한 홍콩영화의 발전을

가로막는 커다란 걸림돌이다. 또한 안정적인 시장이었던 한국과 일본에서 관중들이 홍콩영화를 외면하였고, 97년 아시아 금융위기의 타격으로 동남아시아 화교를 기반으로 하던 시장을 잃게 되었다. 설상가상으로 홍콩 영화의 빈자리를 한국과 대륙의 영화가 대체하고 있는 상황이다.

이에 반해 중국의 영화 시장은 나날이 확대되고 있고, 이런 기회를 잡고자 외국의 자본이 끊임없이 몰려들고 있는 형편이다. 따라서 홍콩 영화계에서는 현재 "북쪽의 대륙만이 희망이다(北望神州)"라는 말을 되풀이하고 있다. 이러한 현실적 대안의 하나로서 홍콩의 영화계는 합작의 형태로 대륙으로 진출하고 있다.

이 와중에서 홍콩 영화는 최근 자구책을 찾아 부단히 노력 중이다. 그 첫 번째는 작품에 대한 내실 다지기이다. 그 결실의 하나가 《무간도(無間道)》이다. 이 작품은 여러 가지 면에서 향후 홍콩영화의 진로를 제시해주고 있다.

우선 이 작품의 가장 큰 장점은 탄탄한 시나리오에 있다. 시나리오 작가인 맥조휘(麥兆輝)는 장문강(莊文强)과 함께 3년 동안 수차례의 교정을 통해 시나리오를 완성하였다. 이는 과거 홍콩영화의 관례와 크게 대비된다. 1년에도 3,4편의 작품을 '뚝딱 만들어내던' 과거에는 심지어 완성된 대본 없이 즉석에서

《무간도(無間道)》

만들어내기도 하였다. 이에 비해 《무간도》는 탄탄한 시나리오를 바

탕으로, 홍콩 영화의 대명사처럼 여겨지던 '피'(지나친 폭력 장면)와 '웃음'(내용 없는 희극 장면)을 과감히 제거하여 모처럼 진지한 작품을 만들어내었다. 마치 거품을 뺀 실속형 상품을 연상시킨다. 둘째로 주목할 것은 이 작품의 감독인 유의강(劉偉强)이 '홍콩영화의 자식'이라는 점이다. 그는 중학교를 졸업하고 쇼브라더스 영화사에 들어가 촬영보조부터 시작하였다. 그 후 1986년부터 지금까지 약 30여 편의

크리스토퍼 도일

작품을 감독하였다. 이러한 경험을 바탕으로 그는 절제된 화면 구성능력을 보여주고 있다. 또 1년 간 총제작편수가 과거에 비해 크게 줄어든 현실이 오히려 하나의 작품에 심혈을 기울일 수 있는 계기가 되었다는 것이 매우 역설적이다. 아울러 시각효과고문을 맡은 크리스토퍼 도일(Christopher Doyle杜可風)의 색채미학이 작품의 깊이를 더하였다. 작품의 바탕색으로 '코발트블루'를 선택하여 인물의 내면 심리, 즉 자신의 현실에서 벗어나고 싶지만 벗어날 수 없는 고통을 부각시키는 효과를 극대화하였다. 셋째로는 배우들의 열연을 들 수 있다. 유덕화와 양조위는 두말할 나위 없이 홍콩영화를 대표하는 스타이다. 그들은 어깨에 힘을 빼고 농익은 연기로서 자신의 배역을 충실히 소화하였다. 아울러 황추생(黃秋生)과 증지위는 주연 못지않은 연기를 보여주었다. 그 결과 2002년 홍콩영화평론학회는 황추생에게 최우수남우조연상을 수여하였다. 마지막으로 대륙과의 협력체계를 들 수 있다. 《무간도》의 후반부 작업과 음향효과는 대부분 북경에서 이루어졌다. 특히 배경음악은 2백여 명에 달하는 북경의 한 악단이 맡았는데, 이는 단순히 전자음에 의존하던 과거 홍콩영화와는 큰 차별을 보여

준다.

《무간도》뿐만 아니라 대륙과의 협력은 이제 홍콩영화의 불가피한 선택이다. 앞서 언급하였듯이, 현재 홍콩영화는 대륙과의 합작 형태로 새로운 활로를 찾고 있다.

과거 대륙 정부는 수입영화와 합작영화의 내용에 많은 제재를 가하였다. 그래서 '주선율(主旋律:이데올로기 선전을 위주로 하는)' 영화의 제작을 독려하고 혼외정사와 소수민족, 종교, 도박, 폭력 등을 소재로 다룬 영화는 상영을 금지하였다. 그리고 '대륙에서 일어난 일'을 다루어야 한다는 전제가 있었다. 따라서 현재 홍콩과 대륙의 합작영화는 대부분 대륙의 시나리오를 바탕으로 만들어지고 있다. 그런데 2003년 1월 마카오에서 열린 제7회 해협양안 및 홍콩영화 연구토론회에서 중국영화감독협회부회장인 황건신(黃建新)은, 중국공산당 제16차 대표자대회 이후 변화된 영화정책을 발표하였다. 이후로는 영화의 내용이 꼭 대륙이 아니더라도 홍콩과 대만 및 기타 지역을 배경으로 중국인과 관련된 것이면 가능하다는 것이다. 그렇게 되면, 홍콩과 대륙의 합작사가 홍콩의 생활을 다룬 작품을 제작하는데 좋은 여건이 마련되는 것이다. 이밖에도 합작의 조건이 점차 완화되는 등 대륙의 정책 변화는 홍콩과 대만 영화의 사기 진작에 큰 힘이 되고 있다.

이밖에도 현재 홍콩영화를 포함한 중국 영화는 세계시장으로의 진출을 적극적으로 모색하고 있다. 중국 영화에 대한 외국인들의 관심은 기대 이상으로 높다. 2002년 한 해 동안 중국 영화협회에서는 싱가폴, 인도네시아, 말레이시아, 일본, 덴마크, 미국, 캐나다 등지에서 중국영화제를 개최하였고, 높은 성과를 올렸다. 그러나 외국인들의 중국에 대한 이해는 호감만큼 높지 않다. 아직까지도 '중국'이라고 하는 ‘신비스런 이미지’(동양을 대표하면서 생활풍습이 전혀 다른 아주 먼 곳의 왕국)와 ‘고정관념’(인구가 많고 가난하며 서양인의 관념에서는 도저히 이해할 수 없는 고립된 나라)에 사로잡혀 있다. 따라서 지금까지는 장예모(張藝謀) 감독의 작품처럼 ‘중국 특색’을 지닌 영화들이 환영을 받아왔다. 그러나 앞으로는 더욱 다양한 장르의 영화들이 세계시장에 선보일 것이다.

이러한 세계시장 진출의 일환으로서, 《첨밀밀》의 감독이자 Applause Pictures 행정책임자인 진가신(陳可辛)은 ‘범아시아화(泛亞洲化)’라는 용어로 홍콩영화의 진로를 설정하고 있다. ‘범아사아화’란, 한마디로 홍콩의 영화사가 아시아의 여러 국가와 협력하여 소재와 배우를 다국적으로 기용하고 작품을 공동 제작하여 이윤을 배분하는 형식을 말한다. 《천맥전기(天脈傳奇)》, 《잔다라(晚孃)》, 《견귀(見鬼)》, 《삼경(三更)》 등이 그 대표적인 예이다. 《천맥전기》는 대사를 영어로 처리하고 동서양의 배우를 기용하였으며, 일본인과 유태인 제작자를 유치하여 만든 다국적 작품이다. 또 《잔다라》는 태국의 고대문학 소재를 각본으로 하고 홍콩 여배우 종려시(鍾麗緹)가 출연하였으며, 태국어 대사를 채택한 작품이다. 《견귀》는 홍콩과 말레이시아 및 싱가폴 3곳에서 공동 투자하여 태국의 실제 사건을 소재로 싱가폴에서 찍은 작품이다. 아울러 《삼경》은 한국과 태국 및 홍콩 3곳의 괴담을 옴니버스 형식으로 각 지역의 감독이 맡아 찍어낸 작품이다. 한 마디로 이들은 ‘메이드 인 홍콩’이라는 딱지를 뗀 무국적 작품이라 하겠다. 그래서 일부에서는 이러한 작품에 대해 회의와 불만을 표시하기도 한다. 그러나 홍콩 감독인 고지삼(高志森)은 이렇게 말하였다. “앞으로 ‘홍콩영화’라는 단어는 없어질 지도 모른다. 홍콩영화는 장차 ‘중국영화’로 불리어질 것이다. 이것이야말로 홍콩영화가 진정으로 바라는 바이다." 이는 13억 인구를 가진 중국의 시장을 고려할 때 당연한 견해이다. 이러한 대륙을 제외하더라도 한국의 4천만 명, 일본의 1억여 명, 홍콩의 6백만 명, 싱가폴의 3백만 명, 태국의 6천만 명, 인도의 10억 7천만 명 등의 잠재적 관중수를 생각하면 아시아의 영화시장은 미국에 버금가는 황금시장이다.

이밖에 홍콩 정부에서도 최근 5천만 홍콩달러의 신용대출담보기금을 마련하여 홍콩영화의 자금 지원을 돕기로 하였고, 영화후반부 제작센터 건립 계획에 착수하였다.

또한 중국은 넓은 국토를 가진 나라이기에 지역에 따라 영화에 대한 기호도 차이를 보인다. 따라서 중국의 영화사들은 이러한 지역적 특색을 감안하여 영화를 배급하려고 고심하고 있다. 이 점에 있어서도 홍콩 영화는 다량의 광동어 작품을 제작했던 경험을 살려 중국영화의 발전에 일익을 담당할 수 있을 것이다. 일례로서《무간도》의 경우 지역별 특색을 고려하여 결말부분을 다르게 한 판본을 만들어 배급·판매하기도 하였다. 그래서 서로 다른 판본을 동시에 접한 관중들을 혼란스럽게 하는 사태가 벌어지기도 하였다.

4. 나오는 말

1980년대 이후 3곳의 영화는 각종 국제적 정치적 해결의 결과로서 이제 문화의 단절에서 새로운 결합의 시기로 가고 있다. 정치적으로나 문화적으로 단절되어 있던 3곳의 영화는 갈등과 충돌보다는 상호간의 교류와 학습을 통해 발전적인 방향으로 나아가는 추세이다. 따라서 중국영화는 이제 자체의 민족성을 담보로 하여 현대적인 조류에 뒤쳐지지 않고 꾸준히 발전하고 있다.

1997년 7월 1일, 홍콩은 중국 대륙으로 귀속되었다. 그 옛날 동양의 헐리우드로 불리워지던 홍콩은 현재 그 영광과 명성을 잃고 빛을 잃어가고 있는 듯 보인다. 과거의 영광은 어디서 비롯된 것인가? 아버지를 잃고 정에 굶주려 사는 유복자의 모습, 로빈슨 크루소처럼 난파된 배에서 떨어져 나와 생존하는 법은 익혔지만 끊임없이 과거의 생활로 돌아가고 싶어하는 생존자의 모습, 이 같은 허기 때문에 그들이 더더욱 거대자본의 결정체인 홍콩의 경제에 매달렸던 것은 아닐까? 그 배고픔과 목마름이 영화라고 하는 '춘몽'을 통해 투영되었던 것은 아닐까?

2050년 중국, 홍콩의 자치가 끝나는 날까지 홍콩 영화는 대륙이라는 세계 영화의 또 다른 구심점으로 흡수되는 과정을 밟을 지도 모른다. 그래서 이전까지 홍콩영화를 중국영화의 당당한 한 축으로서 대분류를 할 수 있었다면, 이후 언젠가는 독자성을 상실하고 소분류로 전락할 수도 있다. 이제 중국 대륙은 세계 영화 시장의 또 다른 구심점이 될 것이다. 그러나 한편으로 생각해보면 그 중심에 홍콩 영화계는 끊임없는 변신을 시도하여 그간에 축적해온 기술과 자본을 제공함으로써 중요한 역할을 할 수 있을 것이다. 헐리우드 역시 이러한 시장 변화를 예상하고 일찍부터 대륙 영화로의 진출을 모색하고 있다. 홍콩의 영화계 종사자들도 이런 변화에 발맞추어 다양한 진로를 모색하고 있다. 그러한 홍콩 영화의 저력을 꾸준히 가늠해볼 수 있기를 희망한다. 앞으로는 고도에서의 춘몽이 고향에서의 춘몽으로 이어질 지도 모르는 일이다.

(송철규, 동해대학교 교수)

영화로 쓰는 역사

VIII 영화로 쓰는 역사

– 허우샤오시엔(侯孝賢)의 '타이완 3부곡' –

1.

80년대는 아시아 영화의 중흥기였다고 할 수 있다. 장이머우(張藝謀)나 천가이거(陳凱歌)를 대표로 하는 중국 제5세대 감독들이 세계 영화계의 주목을 받으면서 한 시대를 풍미했고 타이완에서는 1983년부터 기존의 명절 대목을 위한 상업성 영화에서 탈피하여 이른바 '뉴웨이브(新電影)'로 불리는 새로운 예술 영화가 거대한 줄기를 이루면서 세계 영화계의 주목을 받기 시작했으며, 한국 영화도 독특한 소재와 영상을 매개로 아시아 영화 중흥의 한 축을 형성하면서 세계의 무대로 나아가기 시작했다. 이들 동아시아 3국 이외에 인도와 이란을 비롯한 몇몇 중동 국가들의 영화도 예술적 성취를 인정받으면서 전 세계 영화인들의 눈길을 끌게 되었다.

이 가운데 타이완 뉴웨이브 영화의 예술적 성취를 대표하는 감독들로 우리에게도 《구링지에 소년 살인사건(牯嶺街少年殺人事件)》으로 잘 알려진 양더창(楊德昌)을 비롯하여 천쿤허우(陳坤厚), 쟌훙즈(詹宏志), 완런(萬仁), 장이(張毅), 쟈오슝빙(焦雄屛) 등을 들 수 있는데, 이처럼 거대한 군단을 형성하는 젊은 감독들이 제작한 예술영화는 양질 양면으로 타이완 뉴웨이브의 컨텐츠를 대단히 풍성하게 증강시켜 놓고 있다. 그 가운데서도 국제적으로 가장 큰 주목을 받고 있는 감독은 단연 허우샤오시엔으로, 세계적인 관심을 한 몸에 받고 있는 타이완 뉴웨이브의 상징이라 해도 과언이 아닐 것이다.

1989년 9월 15일 타이완의 영화제작자 허우샤오시엔은 자신의 열 번째 작품인 《비정성시(悲情城市)》로 베니스 영화제에서 황금사자상

비정성시(悲情城市)

을 수상했다. 이 상이 그에게 주는 의미는 위대한 예술가로서의 국제적 인정에 그치는 것이 아니라 그가 추구해 온 현실에 대한 사고와 이에 대한 풍부한 영감과 표현에 대한 보편적인 인정이기도 했다. 현실과 역사에 대한 그의 사색과 성찰은 중국의 역사와 영화의 역사라는 두 가지 거대한 시간적 흐름이 만나는 지점에서 시작된다. 때문에 허우샤오시엔의 작품은 역사에 대한 전혀 새로운 관점과 서사방식을 지니면서 독특한 영상기법과 결합되어 영화 서사학의 또

다른 가능성을 열 수 있었던 것이다.

무엇보다도 허우샤오시엔의 삶 자체가 영화로 역사를 써야 하는 자신의 역할을 잘 설명해주고 있다. 그는 1947년 4월 8일 광둥(廣東)에서 태어났다. 당시는 중국 남부 지역이 막 일본의 점령에서 벗어나 또 다시 국공 내전의 와중에 빠져 들어가던 시기였고 결국 마오쩌둥이 이끄는 홍군(紅軍)이 장제스(張介石)가 이끄는 국민당군을 제압하면서 국민당군은 대규모 패잔병력과 무고하게 고통받는 민중을 이끌고 타이완으로 퇴각하게 되었다. 1947년 5월 17일, 허우샤오시엔의 부친은 바다를 건너 타이완으로 이주

허우샤오시엔(侯孝賢)

하여 도서(島嶼)의 북방에 위치한 신주(新竹)에 거주하게 되었고 1년 후에는 아내와 세 아들을 차례로 타이완으로 불러들였으며 자신의 건강 상태를 고려하여 가족 전체가 남부의 횡산(鳳山)으로 이주하게 되었다. 그리고 2년 뒤인 1949년 10월 마오쩌둥은 베이징에 중화인민공화국 정부를 수립했고 장제스는 수십 만 난민을 이끌고 타이완으로 퇴각했다. 정치와 경제 양면으로 미국의 지원을 등에 업은 장제스는 극도로 권위주의적인 정권을 형성하여 본토에서 출생하여 살아 온 타이완 주민들에게 이러한 체제를 조건 없이 수용할 것을 강제했다. 한편 대륙에서 건너온 수많은 주민들에게는 타이완에서의 생활이 유랑생활이자 과도 상태일 수밖에 없었다. 이에 대해 허우샤오시엔은 "우리 부모님 세대에게는 조상의 묘가 없는 타이완이 고향이

될 수 없었다. 하지만 내게는 반대로 중국 대륙이 아무런 의미도 없는 땅이었다."라고 말하고 있다. 수많은 동시대 타이완인들과 마찬가지로 허우샤오시엔 역시 이중 정신분열의 상태에 처해야 했다. 중국 공산당과 국민당 사이의 정부간 투쟁과 이주해 온 부모 세대와 타이완에서 유년 이후의 삶을 산 제2세대 사이의 간극이 그에게도 견뎌내기 어려운 고통이었던 것이다. 타이완의 뉴웨이브 영화가 허우샤오시엔과 같은 세대의 인물들이 중년의 문턱에 들어서기 시작한 80년대 초에 하나의 문화역량으로 형성되기 시작했다는 사실은 이러한 불확실성 속에서 성장한 제2세대가 사회의 주역으로 자리 잡기 시작했음을 의미하는 중요한 시대적 징표이기도 하다.

국민당 군대를 따라 타이완으로 이주한 중국인들은 타이완 섬에 뿌리를 내리면서 안정된 삶의 터전을 마련해 갔고 언젠가는 대륙을 수복하고 말 것이라는 대책 없는 염원으로 열심히 오늘날의 타이완 건설을 위해 노력했지만, 그 과정에서 타이완 섬이라는 땅의 문제와 이전부터 이곳에 살고 있던 사람들과 대륙 중국인들의 대규모 이주로 인한 사람의 문제, 그리고 이들이 서로 다른 관념을 갖고 살아야 하는 사회, 정치, 문화의 문제가 엇갈리고 착종되면서 역사와 세대에 확연한 갈등구조를 형성하게 되었다. 허우샤오시엔도 개발논리로 인권과 평등이 송두리째 희생되어야 했던 우리와 유사한 경제 환경과 성장과정을 보였던 타이완의 이주민 제2세대로 무비판적인 반공이념과 그것에 가려 보이지 않았던 종족 갈등, 그리고 언젠가는 떠날 곳이라는 땅에 대한 불확실하고 임시적인 관념 속에서 유년과 청년 시절을 보내면서 성장했고, 이러한 의식의 괴리는 그대로 그의 영화에 반영되었다.

허우샤오시엔의 영화들은 대부분 그의 유년시절의 기억들로 가득

채워져 있다. 특히 《살 때와 죽을 때》같은 작품은 허우샤오시엔 개인의 역사라 해도 과언이 아닐 것이다. 그리고 이러한 개인사의 서사가 집단 역사의 서사로 확대된 중요한 출발점이 바로 타이완 3부곡이라 할 수 있다.

2.

허우샤오시엔은 1973년 런이싱(任李行)이 제작하는 《마음속의 수많은 매듭(心有千千結)》의 현장기록을 맡으면서 영화계에 입문하여 조연출과 편극, 연출, 조감독 등 약 50여 편의 영화제작에 참여했고 1973년부터 1979년까지는 주로 천쿤허우(陳坤厚)와 레이청(賴成), 리싱(李行) 등과 함께 편극과 조감독 일을 전담했다. 그러다가 1980년부터 자신의 작품을 찍기 시작하여 《귀여운 그녀(就是溜溜的她, 1980)》와 《싱그러운 바람(風兒踢踏踩, 1981)》, 《고향의 푸른 잔듸(在那河畔的青草青, 1982)》 등 세 편의 작품으로 흥행에 상당한 성공을 거두었다. 언뜻 보기에는 당시에 유행하던 대중문학에 바탕을 둔 애정영화에 속하는 것 같지만 이 영화들은 허우샤오시엔의 일관된 서사 풍격을 착실하게 담아낸 작품으로 평가되고 있다. 이어서 1983년에 그는 완런(萬仁), 청쫭쌍(曾壯祥) 등과 공동으로 《샌드위치맨(兒子的大玩偶, 1983)》이라는 영화를 제작함으로써 타이완 뉴웨이브의 신기원을 열게 되었다. 그리고 《펑구이에서 온 사람(風櫃來的人, 1983)》, 《똥똥의 방학(冬冬的假期, 1984)》, 《살 때와 죽을 때(童年往事, 1985)》, 《연연풍진(戀戀風塵, 1986)》, 《나일강의 딸(尼羅河的女兒, 1987)》 등 다섯 편의 작품을 통해 자신의 고향과 그곳에서의 유년시절, 그리고 향토의 정취를 소제로 한 새로운 영화미학과 롱테이크(long take)와 프리즈 프

허우샤오시엔

레임(freeze flame), 블랭크 숏(blank shot) 등 희극성을 고려하지 않는 새로운 영상 기법으로 타이완 뉴웨이브의 중요한 지표를 마련하면서 착실하게 자신의 영화세계를 구축해 나갔다. 그리고 1989년에 마침내 《비정성시(悲情城市)》가 타이완 영화로서는 처음으로 국제 영화제에서 최고의 영예를 차지하면서 그는 본격적으로 향토와 유년의 기억 위주의 주제에서 시각을 역사로 돌리기 시작한다. 1993년에 제작된 《희몽인생(戱夢人生)》과 1995년에 제작된 《호남호녀(好男好女)》가 바로 그 결과물인데 이 세 작품은 이른바 '타이완 3부곡'이라는 이름으로 병칭된다. 이러한 일련의 영화 제작은 단순히 타이완의 영화현실을 반영하는 데 그치는 것이 아니라 허우샤오시엔 개인의 역사와 그가 속한 집단의 역사를 같은 섬 위에서 살아가는 민중의 삶에 용해된 그대로 담아냄으로써 역사를 박제화하지 않고 생생한 삶의 배경이자 사회를 인식하는 원리로 승화시키고 있다.

허우샤오시엔은 수세기에 걸친 외세의 침략과 식민통치를 경험했던 타이완은 계엄령이 해제된 이후에야 비로소 식민 관념을 제거하는 단계로 들어섰으며, 이러한 단계에서 가장 관건이 되는 작업은 바로 타이완 본토의 기억을 되살림으로써 타이완이 더 이상 역사의 객체가 아닌 주체임을 밝히는 것이라고 주장한 바 있는데, 이러한 주장의 영화적 실천이 바로 '타이완 3부곡'이라 할 수 있다.

3.

타이완 3부곡의 첫 번째 작품인 《비정성시》는 역사의 형식으로 타이완의 국가속성의 문제를 언급하는 동시에 현재 타이완 국민이 느끼는 국가 인정의 문제를 간접적으로 다루고 있다. 한편으로는 40년 동안 타이완의 관방 역사서술에서 소실되어 버린 타이완 역사의 기억을 제공하는 동시에 관중들에게 '2·28 사건'을 대표로 하는 타이완의 '조국회귀' 과정에서 드러나는 갈등과 충돌을 수많은 개인들의 다양한 삶에 용해시켜 보여주고 있는 것이다.

국가라는 개념을 형성하는 가장 핵심적인 요소는 '풍부한 기억유산의 공유'라 할 수 있다. 공동의 기억을 통해서 역사의 연속성과 집단이나 사회의 정체성이 조성되고 강화되는 것이다. 그러나 타이완에서는 장제스 정권이 마오쩌뚱에 패해 타이완 섬으로 퇴각하여 타이완 정권을 강점하면서 국가주의라는 화려한 수사를 앞세워 '기억

《비정성시(悲情城市)》

의 공유’를 무시한 채 타이완을 중국문화로 동질화시켰고 중국이라는 국가주체로 일체화시켜버렸다. 국민당 정권은 타이완 섬과 중국 대륙의 존재적 차이와 이질성을 전혀 의식하지 않거나 완전히 무시해버린 것이다.

그리하여 국민당 정부는 타이완에서 중국 전통에 대한 기억을 체계적으로 조작하고 보존해 나가는 동시에 타이완 원주민의 역사와 네덜란드(1642~1662)와 일본(1895~1945)의 식민지 시기가 남긴 복잡다단한 문화적 자산을 철저히 말살해 나갔다. 간단히 말해서 국민당 정권 치하에서 타이완과 중국의 차이는 아무리 사소한 것이라 해도 가차 없이 평가절하 되거나 매장되어 버렸던 것이다. 이러한 역사의 날조가 ‘2·28사건’과 ‘백색 테러’로 원상복구의 가능성을 완전히 봉쇄돼 버린 채 타이완은 중국의 일부, 혹은 또 다른 중국으로 변질될 수밖에 없었다. 그리고 그러는 사이에 타이완은 다국적 자본주의가 지배하는 포스트모던의 세계에서 아시아의 경제력을 대표하는 국가로 성장했고 이주민 제1세대는 정치와 경제는 물론 사회 전체를 리드하는 지도층의 자리를 제2세대에게 물려주게 되었다. 이주민 제2세대인 현재 타이완인들의 주류는 타이완에서의 기억만을 공유하고 있는 민중으로서 국가정체성 문제에 있어서 제1세대와는 엄연한 괴리를 나타내고 있다는 데 역사의 정리 문제가 자리하고 있는 것이다.

비정성시는 계엄 해제 이후 처음으로 ‘2·28 사건’을 대중매체 수단으로 다루면서 민중의 기억을 되살린 영화로서 역사의 왜곡과 오해에 대한 새로운 해석을 통해 이데올로기에 오염되지 않은 역사의 ‘새로운 재현’을 제공하고 있다. ‘2·28사건’을 전후로 하여 펼쳐지는 한 가족 3대의 일상생활 경험을 잔잔하면서도 날카로운 전개로 재현하고 있는 이 작품은 사실상 당시 타이완인들이 자신들의 집체를 위해 국민당 정부를 대표로 하는 중국 정권으로부터 받아야 했던 잔혹한 위협과 학살을 묘사한 것이라 할 수 있다. 여기서 말하는 '재현(representation)'이란 일정한 지식의 선택을 전제로 하는 '다시 보여주기(re-presentation)'라는 점에서 역사 영화가 아닌 이 작품이 갖는 독특한 서사방식에 충분한 설득력을 제공한다.

현재의 타이완 민중에게 있어서 '2·28 사건'의 역사적 의의는 국민당 군대의 학살과 폭행에 있는 것이 아니라 이 사건이 반영하는 타이완 국민 속성의 신화에 있다고 할 수 있다. 이에 대해 쟈오승빙은 영화《비정성시》전편을 관통하고 있는 중점은 타이완이 일본의 정치적 문화적 통치 하에서 어떻게 국민당 천하로 전면적인 전환을 겪어야 했는지를 밝히는 것이며, 이러한 구조는 동시에 포르투갈과 화란, 만청(滿淸) 정부 등 여러 통치세력의 전환을 계속적으로 경험해야 했던 복잡다단한 역사의 과정을 반영하고 있는 만큼 '2·28 사건'은 이 영화의 배경일 뿐, 진정한 주제는 타이완의 '국가속성의 정체성' 문제라고 지적하고 있다.

리오타르(J.F.Lyotard)는 역사가 자잘하고 무수한 이야기들로 이루어진다고 지적한 바 있다. 사람들이 듣고 말하고 연출하는 수천 수만개의 사소한 사건들이 작은 이야기를 만들고, 이 작은 이야기들이 모여 큰 이야기를 만들면서 마침내 커다란 역사라는 네트워을 구성한다는 것이다. 결국 역사는 무수한 다원성과 이질성, 우연성의 결합체인 것이다. 허우샤오시엔의 영화《비정성시》에서는 이처럼 복잡다단한 개인적 이야기들의 착종이 역사를 형성한다는 리오타르의 견해를 실증하는 작품이라 할 수 있다. 허우샤오시엔의 영화에서는 '역사의 연속성'에 대해 도전하면서 오랫동안 강제되었던 전통적 역사관과 타이완 정치사의 공공연한 진술을 부정하고 그 동안 배척되고 억압되었던 이야기(林씨 일가와 그의 친구들의 기억)들에 의존하여 역사와의 대화를 시도하고 있다. 때문에 공(公)과 사(私)가 자유롭고 솔직하게 결합된 이야기들은 역사서술의 개방된 텍스트를 형성하게 된다.

타이완 3부곡의 두 번째 작품은 타이완 포대희(布袋戱)의 대가인 리티엔루(李天祿)의 자전을 다룬 영화 《희몽인생》이다. 《비정성시》가

《희몽인생(戱夢人生)》

일본의 통치가 끝난 이후의 타이완인들의 상황을 묘사하고 있다면 이 작품은 타이완의 과거로 더욱 깊숙이 들어가 일제시대 50년의 생활상황을 그리고 있다고 할 수 있다. 타이완에서 계엄이 해제된 이후로 일본 통치 시기 타이완의 생활 상황에 대한 관심이 증대되기 시작했지만 국민당 통치시기에는 이 시기의 역사에 관해서는 언급된 사료가 매우 적었다. 허우샤오시엔은 타이완의 과거에 깊이 매장되어 있는 복잡한 감정과 기억들을 되살려야만 타이완이 어떻게 오늘날의 모습으로 성장할 수 있었는지 완전히 이해하고 국토 타이완에 대한 완전한 귀속감을 가질 수 있다고 지적하면서 지나간 일제시대가 현재 타이완의 사회와 문화, 그리고 삶의 태도에 미치는 영향이 갈수록 커지고 있다고

주장한다. 영화 《희몽인생》에서 허우샤오시엔은 다시 한 번 하층 사회의 각도에서 이러한 관방의 정치사를 처리하면서 타이완 포대희의 대가인 리티엔루의 일생을 통해 일제시대 타이완의 이야기를 강술한다. 리티엔루는 현재 타이완의 국보급 예술인으로 허우샤오시엔의 또 다른 영화 《연연풍진》에서도 할아버지 역으로 출현한 바 있다.

《희몽인생》은 지난 시절을 회상하는 자서전 형식을 취하고 있는데 서사 시간은 리티엔루가 출생하던 1910년에서 일본이 무조건 항복을 선언한 1945년까지로서 《비정성시》와 마찬가지로 영화 전편에 공개적인 이야기와 개인의 사적인 비밀이 교차되어 서술되는 독특한 서사구조를 갖고 있다. 개인의 관점에서 볼 때, 정치와 역사는 개인이 넘어야 하는 일련의 장애물에 지나지 않으며 개인은 살아가기 위하여 삶의 태도에 있

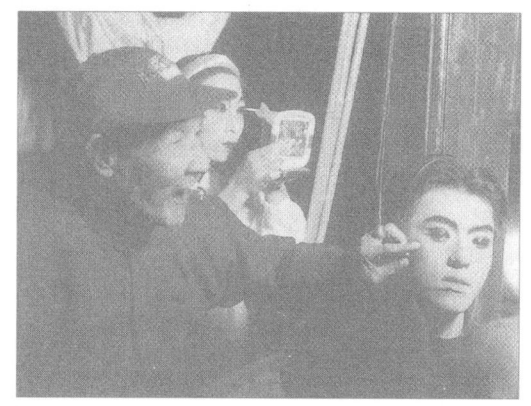

리티엔루(李天祿)

어서 수동적으로 이러한 장애물의 조정을 거치는 것뿐이다. 《희몽인생》에서 일제시대 초기의 격렬한 대규모 변화는 정치기관과 경제조직, 교육 및 교통제도에서 타이완 도시와 향촌의 외형은 물론, 생활의 모든 층차와 부분에 이르기까지 전면적인 조정과 변혁을 요구했지만 리티엔루의 일상 생활에는 별다른 영향을 미치지 못한다. 이 시기의 생활에 대한 그의 기억은 그저 사소한 일과 사건에 머물러 있다. 그는 학교에서의 제식교육을 견뎌내지 못해 항상 부모님으로부터 꾸중을 듣거나 처벌을 받았고 사춘기에 이르러 마침내 그는 집

을 떠나 포대회 극단을 따라 유랑을 시작한다. 영화의 서두는 간단하고 사실적인 방법으로 일본의 통치라는 정치상황과 리티엔루 가정이라는 생활공간을 소개한다. 일본 식민정권은 타이완의 현대화와 황민화를 위해 리티엔루의 가족들에게 변발을 자를 것을 강요한다. 그의 가족은 아무런 저항이나 불만 없이 이러한 명령에 따랐고 신민 통치자들의 강제적인 문화동질화에 직면하여 아무런 반항도 하지 않는다. 이들에게는 이러한 정치적 현실이 생활에 별 장애를 주지 않는 사소한 일에 불과했던 것이다.

《비정성시》에서와 마찬가지로 영화 전편에서 허우샤오시엔은 타이완 민중과 일본 식민자들과의 관계와 관련하여 관방 역사에서 드러내기를 꺼리는 면들을 노출시키고 있다. 당시 타이완에 거주했던 일본인들에게도 다분히 인간적인 면들이 있다는 것이다. 일본의 통치가 타이완 문화에 남겨 놓은 충격은 지금도 계속되고 있고 타이완인들은 일본과 일본 문화에 대해 여전히 복잡하고 모순된 정서적 태도를 보이고 있다. 진지한 적의와 함께 억눌린 회고정서와 미묘한 질투심이 뒤섞여 있는데, 이처럼 애증이 얽혀 있는 복잡한 관계를 제대로 이해하고 과거의 역사를 올바로 인식하는 방법은 일제시대의 기억을 되살리는 것밖에 없다는 것이 허우샤오시엔의 생각이고 그 실천이 바로 영화 《희몽인생》이다. 일본인들이 타이완인들에게 자행했던 폭행과 천대를 잊을 수는 없겠지만 식민 정부가 타이완에 세워 놓은 경제의 기초도 무시할 수 없다. 정치적 각도에서 보자면 일본은 타이완의 적일 수밖에 없겠지만 개인적 각도로 보면 일본인과 타이완인 사이의 인간적 교류와 안정적인 업무관계 역시 매우 중요한 것이다. 리티엔루 역시 일본 정부의 선전에 동원된 포대회 공연에 참여함으로써 전란의 시대에 가족들에게 안전한 거처를 제공할 수 있었고 포대회 공연으로 받는 월급으로 생계를 유지할 수 있었다. 일본이 투항했을 때는 분노한 타이완 군중의 손에서 일부 일본 군인들을 구출하기도 했다. 이처럼 리티엔루를 포함한 수많은 타이완인들에게 있어서 일본의 식민통치는 정치적인 문제가 아니라 살아남기 위한 생존의 문제였고 이러한 구체적 현실을 영화 《희몽인생》에서는 어떠한 이데올로기의 개입 없이 진솔하게 표현하고 있다.

과거를 다시 포착할 수 있는 방법은 기억의 형식 밖에 없을 것이다. 때문에 과거를 완정하게 재구성하는 것은 불가능하다고 할 수 있다. 또한 기억의 과정에는 취사선택이 개입하기 마련이라 특정한 의미를 갖는 사건이나 사물에 무게가 실리기 십상이다. 《희몽인생》에서 리티엔루의 기억은 항상 모호하고 희미하게 전개되기 때문에 기억의 초점이 유연시절과 청년시절에 집중되고 있다. 특기할만한 사실은 그의 신변을 지나쳤던 수많은 여인들의 형상이 기억의 큰 부분을 이루고 있다는 점이다. 할머니와 어머니, 계모, 그리고 아들이 출생하는 순간 그의 뇌리를 장악했던 또 다른 여인의 기억들이 다양한 인간군상을 형성하면서 '기억으로 서술하는 개인과 사회의 역사'를 채워가고 있는 것이다. 이처럼 희미해진 기억은 결과적으로 과거의 해체를 유발한다. 그리하여 허구도 역사도 아닌 또다른 과거가 재현되는 것이다. 마지막으로, 포대회라는 은유적 매체는 역사와 정체성, 그리고 과거의 진상을 밝힐 수 있는 가능성의 문제를 관통하는 하나의 장치로 작용한다. 포대회에 사용되는 나무 인형은 생명이 없기 때문에 사람의 조종에 의해 움직일 수밖에 없고 대화 자체도 이를 조종하는 사람의 몫이다. 허우샤오시엔의 영화에서 리티엔루의 일생을 희극의 형식으로 재현하는 것은 분명히 나무 인형들이다. 그럼에도 불구하고 리티엔루는 형화 속에서나 실제 생활에서나 포대희의 대가이다. 결국 그의 일생을 연출하는 것은 그의 존재가 아니라 그의 기억이고, 이러한 각화 방식은 영화의 내용이 리티엔루의 실제 기억이 아니라 편극자의 상상력에 의존하게 만드는 효과를 창출하는데, 이러한 기교 역시 허우샤오시엔 영화의 특징을 이루는 중요한 요소가 되고 있다.

타이완 3부곡의 마지막 구상은 1947년 '2·28사건'으로 감옥에 잡혀 들어갔던 한 정치범이 80년대 초 계엄이 해제되면서 갑자기 석방되어 포스트모던 시대의 다국적 자본주의와 세계화 교류의 국가라는 낯선 상황에 직면하는 과정을 묘사하는 것이었으나, 이러한 구상을 약간 변경하여 타이완사의 현재와 과거를 통해 역사의 본질에 대해 질의를 던지는 영화 《호남호녀(好男好女)》가 제작되게 되었다. 이

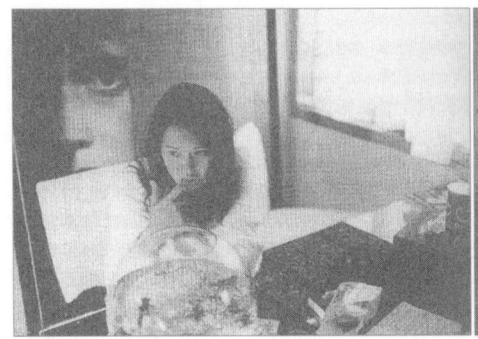

《호남호녀(好男好女)》

작품은 《비정성시》와 《희몽인생》에 사용됐던 해체의 기법으로 철저하게 압박 당했던 타이완인들의 '민중의 기억' 가운데 또 하나의 비극으로 자리잡고 있는 '백색테러' 시기를 그리고 있다. 50년대에 반공을 국시로 했던 국민당 정부는 또 다른 '2·28 사건'의 발생을 방지하기 위해 5천 명에 달하는 사람들을 처형하고 천 여명을 구금함

으로써 타이완 섬의 반정부 분자들을 완전히 제거하려 했다. 《호남호녀》는 당시의 한 영화배우의 삶을 축으로 삼고 있는데, 그녀가 출연하려고 하는 영화는 바로 3, 40대의 두 애국지사의 고통과 비참한 종말을 다룬 것이었다. 이들은 좌익 정치활동에 참여했다는 죄명으로 백색테러의 숙정 대상이 되어야 했는데, 항상 자신의 지난 일들에 대한 기억을 되새기기 좋아하는 젊은 여배우는 자신이 출연하게 된 영화의 인물인 두 타이완 애국지사들의 역사경험에 대해 깊이 있는 사고를 진행하게 된다.

《비정성시》와 마찬가지로 허우샤오시엔은 타이완 3부곡의 마지막 작품에서도 타이완과 대륙의 양립불가능한 역사적 관계를 검증하면서 중국 정권에 대한 타이완의 증오가 통치주체가 일제에서 국민당 정권으로 바뀌던 과도시기까지 거슬러 올라간다는 점을 암시하고 있다. 예컨대 '영화 속의 영화'에서 애국지사들이 겪는 고되고 힘든 삶은 대륙이 항일전쟁에 참가하고, 그 결과 그들 '대륙동포'들의 오해에 의해 구금과 학대를 당하면서 야기된다는 것이다. 이 작품은 《희몽인생》에서 희(연극)와 몽(꿈), 인생을 모호하게나마 구별지었던 것처럼 과거와 현재, 관방 역사와 개인적 진술, 기억과 상상, 채색과 흑백의 착종과 교차를 통해 역사적 진상의 다층적인 의미를 희화화하고 있다. 《비정성시》와 마찬가지로 《호남호녀》에서도 과거의 애국지사들의 삶에서 90년대 여주인공의 삶과 그녀의 가정, 남편에 이르기까지 여러 개인들의 이야기를 착종시키는 동시에, 복잡다단한 감정을 지닌 채 삶의 목표 없이 살아가고 있는 한 현대 여성과 이상으로 충만하여 국가에 몸을 바쳤던 과거 애국지사들의 삶을 극명하게 대비시킴으로써 타이완 역사에 있어서 두 가지 다른 시기의 사회 및 정치적 분위기를 환기시키고 있다.

4.

계엄해제와 민주사회의 성숙에 따라 타이완은 특수한 역사의 시점을 통과하고 있고 사회 및 정치적 개방과 문화활동에 대한 정부의 해금 덕분에 타이완인들은 국가의 정체성 확립에 커다란 힘을 얻고 있다. 그런 만큼 이미 잊혀져 버린 역사경험을 다시 복원시키는 것은 타이완인들이 자기정체성을 확립하는 과정에 있어서 매우 중요한 작업이라 할 수 있다. 허우샤오시엔의 '타이완 3부곡'을 비롯하여 기타 유사한 형식의 작품들은 이처럼 타이완 역사를 다시 보는 시각 형성에 중요한 촉매작용을 하고 있다.

역사를 새롭게 검증하는 과정에서 이미 '타이완국(臺灣國)'의 지도가 그려졌고 중국의 국가민족주의에 중대한 도전을 조성하면서 타이완 국가정체성의 복잡다단한 전통을 웅변하고 있다. 《비정성시》와 《희몽인생》, 그리고 《호남호녀》 세 편의 영화 속에서 오랫동안 침묵하고 있던 타이완의 소리가 부활되어 들리기 시작했고, 하나의 국토로서의 타이완의 지위를 외치는 소리가 점점 더 커지고 있다. 국민당의 대규모 탄압에 학살당한 원혼들뿐만 아니라 묻혀져 있던 개인과 가족의 사적인 기억들이 함께 부활하고 있는 것이다. 이처럼 '타이완 3부곡'을 비롯한 허우샤오시엔의 영화는 역사를 사화시켜 박제로 만들어 버리는 일반적인 '역사영화'와는 달리 현실적 삶과 기억 속에 역사를 용해시킴으로써 살아 있는 역사를 호흡하게 해주는 영화의 또 다른 중요한 의미를 만들고 있다. 이에 대해 허우샤오시엔 자신도 "내가 영화를 찍는 과정은 역사를 배우고 인식하는 과정이자 삶의 과정이요 인간의 과정이다." 라고 말한다. 역사와 삶은 결국 인간으로 귀결되는 것이다. 때문에 그의 작품은 사람들이 말하는 이야기를 가장 중시하면서 항상 인간을 위주로 한다. 이러한 사상체계 안에서의 허우샤오시엔의 영화 미학이 세속에 대한 편애를 조성하면서 세속을 초월하는 새로운 단계의 상상과 모색, 그리고 윤색을 가능하게 해주는 것이다.

(김태성, 호서대학교 겸임교수)

【참고문헌】

중국 초기 화극 극단 연구

馬森, 『馬森文集-戲劇卷 中國現代戲劇的兩度西潮』, 文化生活新知出版社, 1991.

馬森, 『當代戲劇』, 時報文化出版社.

葛一虹, 『中國話劇通史』, 文化藝術出版社.

吳若·賈亦, 『中國話劇史』, 行政院文化建設委員會.

陳白塵·董健, 『中國現代戲劇史稿』, 中國戲劇出版社, 1989.

전한(田漢)과 현대연극

田本相, 吳戈, 宋寶珍, 『田漢評傳』, 重慶出版社, 1998, 10.

張向華, 『田漢年譜』, 中國戲劇出版社, 1992.

何寅泰, 李達三, 『田漢評傳』, 湖南人民出版社, 1984, 1.

『田漢文集』, 中國戲劇出版社, 1983.

小谷一郎, 「日中近代文學交流史の中における田漢－田漢と同時代日本人作家の往來」, 『中國文化－硏究と敎育』, 漢文學會會報55號, 1997.

王衛國, 宋寶珍, 張耀杰, 『中國話劇』, 文化藝術出版社, 1998.

陳白塵, 董健 主編, 『中國現代戲劇史稿』, 中國戲劇出版社, 1989/1996.

趙聰 지음, 박재연 옮김, 『중국현대작가론』, 온누리, 1988.

劉平, 「關於田漢硏究的幾點思考」, 『中國現代當代文學硏究』, 1994, 12기.

藤井省三, 김양수 역, 『100년간의 중국문학』, 토마토, 1995.

葛一虹, 「田漢與外國文學」, 『外國戲劇資料』, 1979, 3기.

陸煒, 『田漢劇作論』, 南京大學出版社, 1995, 6.

『田漢專集』, 江蘇人民出版社, 1984.

전한(田漢) 《백사전(白蛇傳)》의 신화 읽기

J.C.Cooper, 『An Illustrated Encyclopaedia of Traditional Symbols』, 이윤기 옮김, 『세계 문화 상징 사전』, 도서출판 까치, 1994.

Joland jacobi, 이태동 옮김, 『칼 융의 심리학』, 을유문화사, 1996.

M. Eliade, 李東夏 옮김, 『聖과 俗 - 종교의 본질』, 학민가, 1983.

干甫, 『搜神記』, 臺北 里仁書局, 1981.

江蘇民間文學工作者協會和鎭江分會編, 『白蛇傳』(資料本), 1983.

金烈圭, 『韓國民俗과 文學研究』, 일조각, 1987.

김병욱 등, 『문학과 신화』, 예림기획, 1998.

羅哲文, 『中國古塔槪覽』, 外文出版社, 1996.

데이비드 폰태너, 최승자 옮김, 『상징의 비밀』, 문학동네, 1999.

莫高, 「<白蛇傳>研究的新信息」, 『<白蛇傳>論文集』, 浙江古籍出版社, 1986.

朴湧植, 『고소설의 원시종교사상연구』, 고려대학교 민족문화연구소, 1986.

백남극 · 심재한, 『뱀』, 지성사, 1999.

傅惜華 編, 『白蛇傳集』, 上海古籍出版社, 1987.

徐華龍, 「<白蛇傳>與飮食習俗」, 『<白蛇傳>論文集』, 1983.

峨嵋縣文化館 編, 『峨嵋山民間故事』, 四川人民出版社, 1981.

梁會錫, 「田漢의 <白蛇傳> 小考」, 『中國人文科學』 第九輯, 中國人文科學研究會, 1990.

엘리아데, 정진홍 옮김, 『우주와 역사』, 현대사상사, 1976.

吳同瑞 等 編, 『中國俗文學七十年』, 北京大學出版社, 1994.

吳出世, 『고소설에 나타난 기자설화 연구』, 동국대 대학원 석사학위논문, 1978.

王孝廉, 『水與水神』, 臺北 三民書局, 1992.

이상일, 『변신 이야기』, 밀알, 1994.

이인택, 『중국 신화의 세계』, 풀빛, 2000.

李曉桃, 「元雜劇中的神話原型解析」, 『藝海』(湖南省藝術研究所 主辦, 『藝海』 雜誌社), 1996.

田漢, 《白蛇傳》, 『田漢全集』, 中國戲劇出版社, 1983.

程薔, 「一個閃爍着近代民主思想光華的婦女形象」, 『<白蛇傳>論文集』, 1983.

조셉 캠벨, 빌 모이어스, 이윤기 옮김, 『신화의 힘』, 고려원, 1996.

拙稿, <白蛇傳> 研究, 한국외국어대학교 대학원 박사, 2003.

朱眉叔, 『白蛇系列小說』, 遼寧敎育出版社, 1993.

中國民間文藝研究會浙江分會, 『<白蛇傳>故事資料選』(內部資料本), 1983.

鎭江市民間文藝研究會編, 『鎭江民間故事』, 中國民間文藝出版社, 1983.

진기환, 『중국의 토속신과 그 신화』, 지영사, 1996.

칼구스타프융 외, 권오석 옮김, 『무의식의 분석』, 홍신문화사, 1993.

프레이저, 김상일 옮김, 『황금의 가지』, 을유문화사, 1999.

하인리히 침머 지음, 이숙종 옮김, 『인도의 신화와 예술』, 대원사, 1995.

杭州市文化局 編, 『西湖民間故事』(增訂本), 浙江文藝出版社, 1983.

황패강, 『日本神話의 研究』, 지식산업사, 1996.

Ⅳ 절대성에 대한 의심

가오싱지엔/오수경 옮김, 『버스 정류장』, 민음사, 2002.

오스카 G. 브로케트/ 김윤철 옮김, 『연극개론 : An Introduction』, 한신문화사, 2002.

빅터 터너/ 이기우·김익두 옮김, 『제의에서 연극으로』, 현대미학사, 1996.

王新民, 『中國當代話劇藝術演變史』, 浙江大學出版社.

高行鍵, 『對一种現代戲劇的追求』, 中國戲劇出版社, 1988.

程凱華 編著, 『中國話劇辭典』, 湖南師範大學出版社, 2000.

Ⅴ 중국영화의 성찰과 도전

김지석, 「인디, 환한 얼굴로 돌아보다」, 『씨네21』 제288호, 한겨레신문사, 2001. 2. 6.

박은영, 「쟈장커 인터뷰: "세대 구분보다 중요한 건 독립정신"」, 『씨네21』 제223호, 한겨레신문사, 1999. 10. 19.

박은영, 「플랫폼에서 자유를 기다리다」, 『씨네21』 제268호, 한겨레신문사, 2000. 9. 5.

이영재, 「1998부산PIFF 새로운 물결:소무」, 『KINO』 제45호, 키노네트, 1998. 10.

이지연, 「수렁에 빠진 첸카이거」, 『씨네21』 제359호, 한겨레신문사, 2002. 7. 2.

정성일, 「북경녀석들:천안문 '이후' 북경에서 살아가는 동세대의 슬픔과 좌절, 그리고 최건의 로큰롤」, 『KINO』 제55호, 1999. 9.

四方田犬彦, 최석규 옮김, 「중국영화의 제5세대론:장쿤자오와 천카이거」, 『영화예술』, 영화예술사, 1989. 12.

楊遠嬰, 「百年六代、影像中國」, 『當代電影』 第6期, 當代電影雜誌社, 2001.

편집부, 『2001키노 201감독』 제2권, 키노네트, 2001, 49면.

Lin YüSheng(林毓生), 이병주 옮김, 『중국의식의 위기』, 대광문화사, 1990.

Susan Hayward, 이영기 옮김, 『영화사전:이론과 비평』, 한나래, 1997.

陳 墨, 『張藝謀電影論』, 中國電影出版社, 1995.

戴錦華, 「電影史的文化和精神反思」, 『戴錦華訪談錄:犹在鏡中』, 知識出版社, 1999.

戴錦華, 『霧中風景:中國電影文化 1978~1998』, 北京大學出版社, 2000.

李澤厚, 『中國現代思想史論』, 東方出版社, 1987.

Xudong Zhang, Chinese Modernism in the era of Reforms, Duke University Press, 1997.

졸 고, 『초기 중국영화의 문예전통계승 연구(1896~1931)』, 한국외대 박사학위논문, 2002.

졸 고, 「중국영화가 서 있는 자리:《영웅》에 관한 잡설과 더불어」, 『미네르바』 2003 봄
호.

Ⅵ 현대 영화 속의 중국전통이미지 탐색

彭隆興 編著, 『中國戱曲史話』(第1版:知識出版社), 1985. 4.

孫盛雲 編著, 『戱曲表演把子功敎材』(第1版:中國戱曲出版社), 1986. 5.

胡克 酈蘇元 楊遠嬰 主編, 『新中國電影50年』(第1版:北京廣播學院出版社), 2000. 11.

胡克 酈蘇元 楊遠嬰 主編, 『當代電影理論論文選』(第1版:北京廣播學院出版社), 2000.
10.

苗棣 周靖波 主編, 『拓展中的影像空間』(第1版:北京廣播學院出版社), 2000. 10.

李平源 林木 編, 『中國古代畵論發展史實』(第1版:上海人民美術出版社), 1997. 4.

邱燮友 註譯, 『唐詩三百首』(第5版:三民書國 印行), 民國 75.

王暉 著, 『重溫死火』(第1版:人民文學出版社), 1997.

程季華 主編 李少白 編著, 『中國電影史』(第1板:北京電影出版社), 1981.

원갑희 편저, 『동양화논선』(제1판:지식산업사), 1976. 12.

한정희 지음, 『한국과 중국의 회화』(제1판:학고재), 1999. 3.

디자인문화실험실 기획 편집, 『디자인문화비평06』(제1판:안그라픽스), 2002. 5.

김병종 저, 『중국회화의 조형의식연구』(제1판:서울대학교 출판부), 1989. 10.

유평근·진형준 지음, 『이미지』(제1판:살림), 2001. 2.

레지스 드브레 지음 정진국 옮김, 『이미지의 삶과 죽음』(제1판:시각과 언어), 1994. 11.

로만 야콥슨 신문수 편역, 『문학속의 언어학』(제6판:문학과지성사), 2001. 6.

Gilles deleuse, transed by hugh tomlinson and robert galeta, 《Cinema 2》 (Fifth printing; Minnea-
apolis: University of Minnesota Press), 1997.

Ⅶ 고도춘몽(孤島春夢)

슈테판 크라머, 황진자 옮김, 중국영화사, 이산, 2000. 10.

陸弘石·舒曉鳴, 中國電影史 , 文化藝術出版社, 1998. 1.

鍾大豊·舒曉鳴, 中國電影史, 中國廣播電視出版社, 1995. 8.

程季華 主編, 中國電影發展史(1, 2), 中國電影出版社, 1963. 2.
中國臺港電影研究會, 香港電影回顧, 中國電影出版社, 2000. 5.
蔡洪聲 등, 香港電影80年, 北京廣播學院出版社, 2000. 11.
戴平, 香港電影業放映新傳奇, 亞洲週刊, 2002. 12. 30.
林沛理, 邵氏經典復活老片新光芒, 亞洲週刊, 2003. 1. 13.

Ⅷ 영화로 쓰는 역사

林文淇 等編, 『戲戀人生-侯孝賢電影研究』, 麥田出版社, 1990.
Olivier Assayas 等著, 『侯孝賢』, 國家電影資料館, 2000.
焦雄屏 編著, 『臺灣電影90新新浪潮』, 麥田出版社, 2002.
臺北金馬影展執行委員會 編著, 『臺灣新電影20年』, 臺北金馬影展執行委員會, 2002.
김영신 저, 『臺灣의 歷史』, 도서출판 지영사, 2001.

찾아보기

【현대중국의 연극과 영화 필진소개】

I 중국 초기 화극 극단 연구

강계철(한국외국어대학교 교수)

논문 「심경(沈璟) 희곡론 연구」, 저서 『세계연극의 이해』(공저)

II 전한(田漢)과 현대연극

권수전(한국외국어대학교 강사)

논문 「전한 화극 연구」외, 역서 『부생육기』

III 전한(田漢) 《백사전(白蛇傳)》의 신화 읽기

정대웅(한국외국어대학교 강사)

논문 「<白蛇傳> 硏究」외 다수

IV 절대성에 대한 의심

이정인(한국외국어대학교 강사)

논문 「가오싱지엔의 <彼岸> 연구」외 다수

V 중국영화의 성찰과 도전

임대근(한국외국어대학교 강사)

『공자를 살려야 중국이 산다』(공저) 외,

논문 「초기 중국 영화의 문예전통 계승 연구(1896~1931)」외 다수

VI 현대 영화 속의 중국전통이미지 탐색

김영미(이화여자대학교 강사)

논문 「초기 경극형태 연구」, 「느낄 것인가 읽어낼 것인가」외 다수

VII 고도춘몽(孤島春夢)

송철규(동해대학교 교수)

논문 「이어(李漁) <십종곡(十種曲)> 연구」외 다수, 저서 『중국고전이야기(1,2)』

VIII 영화로 쓰는 역사

김태성(호서대학교 겸임교수)

역서 『변경』, 『고별혁명』, 『상경』외 다수

강계철

한국외국어대학교 중국어과 졸업
서울대학교 대학원 중문학과 문학석사
대만국립정치대학교 중문연구소 박사과정 수료
성균관대학교 대학원 중어중문학과 문학박사
현재 한국외국어대학교 교수

저서 및 논문
「심경(沈璟) 희곡론 연구」
『세계연극의 이해』(공저)
『중국원명청희곡선』
『중국정기문선』
『중국희곡사』(역) 외 다수

현대중국의 연극과 영화

2003년 4월 30일 인쇄
2003년 5월 9일 발행

저 자 · 강계철 외
발행인 · 김흥국
발행처 · 도서출판 **보고사**
등 록 · 1990년 12월(제6-0429)
주 소 · 서울시 성북구 보문동 7가 11번지
전 화 · 922-5120~1(편집), 922-2246(영업)
팩 스 · 922-6990
메 일 · kanapub3@chollian.net
www.bogosabooks.co.kr

ISBN 89-8433-174-0
잘못된 책은 교환하여 드립니다.

정가 13,000원